2015湖北省社科一般项目（项目编号2015070）成果

荆楚文化
与唐诗研究

曾羽霞 ◎ 著

光明日报出版社

图书在版编目（CIP）数据

荆楚文化与唐诗研究 / 曾羽霞著. --北京：光明
日报出版社，2019.11

ISBN 978－7－5194－3250－8

Ⅰ.①荆… Ⅱ.①曾… Ⅲ.①地方文化—关系—唐诗
—研究—湖北 Ⅳ.①G127.63②I207.22

中国版本图书馆 CIP 数据核字（2019）第 223184 号

荆楚文化与唐诗研究

JINGCHU WENHUA YU TANGSHI YANJIU

著　　者：曾羽霞

责任编辑：杨　茹　　　　　　　　责任印制：曹　净

封面设计：李彦生　　　　　　　　责任校对：傅泉泽

出版发行：光明日报出版社

地　　址：北京市西城区永安路 106 号，100050

电　　话：010－63139890（咨询），010－63131930（邮购）

传　　真：010－63131930

网　　址：http://book.gmw.cn

E－mail：yrranyi@sina.con

法律顾问：北京德恒律师事务所龚柳方律师

印　　刷：三河市华东印刷有限公司

装　　订：三河市华东印刷有限公司

本书如有破损、缺页、装订错误，请与本社联系调换，电话：010－63131930

开　　本：170mm×240mm

字　　数：325 千字　　　　　　　印　　张：17.5

版　　次：2020 年 1 月第 1 版　　　印　　次：2020 年 1 月第 1 次印刷

书　　号：ISBN 978－7－5194－3250－8

定　　价：68.00 元

目 录

第三章　屈骚文化与唐代诗人　　87

绪　论

一、区域文化地理与文学的关系

作为构成了人类生活物质基础的地理环境，对人类文化有着制约作用。人们的生产、生活及所有活动都离不开所处的自然环境，但自然环境之间又有着很大的区别。人们总是在一定地域内结成一定的社会结构，不同地理环境下人们的生活方式、活动内容、经验感受都是不同的，由此形成的心理认知结构与思维方式也存在着差异。而这些内容都会制约文化的特质。较之近代，中国古代的交通不甚发达，因而地域因素对文化的影响更大。古代的学术、宗教、艺术、民俗等都是能见出一个区域文化共同特质的部分，也是区别于其他地域文化的主要内容。这在古代典籍中对南北不同的关注就可见一斑。然学术、宗教、艺术、民俗不是一成不变的，相邻地域的民俗土风会"相近习染"，学术因人才流动而获得传播，宗教则更容易浸润到不同的文化之中，艺术也会随着各种缘由被传播、理解和接受，因而一个区域的文化若不具有开放性与包容性，往往会停滞不前、故步自封。当然，能够成为特定区域的文化，往往能够保持其底色，吸收不同文化的精髓，舍弃其无法相融的，改造其可以相合的，将之化为养料，丰富自己的内涵，强化其特色。如关陇文化、齐鲁文化、燕赵文化、江南文化、巴蜀文化、荆楚文化、岭南文化、西域文化等文化区域，就是因其显著的文化特质、成熟定型的文化内核来划分的。这些主要地域文化构成了唐代文化的主体。各区域文化不断地延伸、交融，多民族文化不断地碰撞，形成了恢宏壮丽的唐代文化。

区域文化包括地理因素和人文因素。地理因素指的是某一地区的自然环境，这是浅层的条件；人文因素指的是历史沿革、人口迁徙、教育状况、风俗民情、方言、宗教等较深层的条件。

不同的自然地理环境会造成不同的自然景观与人文景观。北方的大漠风沙，南方的小桥流水，北方的西风烈马，南方的杏花春雨，都构成了不同地域的奇特景观。

就以荆楚之地而言，江汉之地的"大江奔涌、孤帆远影"[1]是一景；"深夜泊舟、暗江秋雨"[2]又是一景。三峡地区的"雷落巫峡、万流奔鳌"[3]是一景；"云雨濛濛、猿啼断肠"[4]又是一景。潇湘地区的"水天一色、风月无边"[5]是一景；"中流砥柱、银盘青螺"[6]又是一景。

神奇而独特的自然景观彰显着不同地域地貌的差异性，这些景观对人们的生活状况、风俗习性、精神气质都会有所影响。

自然景观的不同决定了不同地域人文景观的特殊性。

以唐代荆楚之地而言，荆州、襄阳之地的"汉水游女"与"大堤歌舞"是一景，湘潭地区的傩送、五月初五竞渡是一景，峡江地区女性"灼面成斑""十人九瘿"又是一景。其他各种奇怪的民俗土风，如湖湘男子"倒插门"、以巫代医、岁时踏歌等古老民俗在唐代都成了一种异于他地、引起流寓文人注意和批判的人文景观。

但即使是同一种人文景观，文人对其评价也会大不相同。如同是源自荆楚巫俗中祭祀歌舞的出游、狂欢，江汉地区获得了其俗"好游"的评判，峡江地区却被冠以"寝陋"恶习之名。

不同的自然地理环境造成了人们的风俗习性、精神气质上的差异。

《晏子春秋·内篇·问上》说："古者，百里而异习，千里而殊俗。"[7]风俗习性因不同地域而产生差异，即使同一地域的不同地区，也会稍有偏差，如《隋书·地理志》云："（沅陵郡）多杂蛮左，其与夏人杂居者则与诸华不别，其僻处山谷者言语不通，嗜好居处全异，颇与巴渝同俗。"[8]又如同是"好游"的习俗，襄沔一带表现为夜乐、大堤歌舞、江边采石佩戴（穿天节习俗）等，江汉平原表现为采桑、踏歌，峡江地区则表现为月夜汲水、对情歌等。

正如北方的大漠黄土赋予了北方人的豪迈刚强，江南的河湖水乡滋养了江南人的聪慧灵秀，荆楚之地的奇山秀水也给予了荆楚人奇慧多变、浪漫多情、自然随性、不拘一格的特征。《礼记·中庸》（孔颖达疏）云："南方，谓荆阳之南，其地多阳。阳气舒散，人情宽缓和柔；北方沙漠之地，其地多阴。阴气坚急，故人刚猛，恒好斗争。"[9]

《颜氏家训·风操》说："别易会难，古人所重；江南饯送，下泣言离……北间风俗，不屑此事；歧路言离，欢笑分首。"[10]也说明了不同地域地理环境下，人们的性情都会有所不同。

鲁迅在《北人与南人》中则说："北人的优点是厚重，南人的优点是机灵。"[11]南人的机灵在荆楚之人身上体现得很突出。楚庄王三年自敏，不悲不鸣，韬光养晦，以待时机，见时机成熟后便内肃朝政，外御强敌，终于"一鸣惊人"[12]，这正是一种政治上的机敏。《史记》还说"南楚好辞，巧说少信"，又说西楚人"其民多贾"[13]，经商需要很好的头脑，因而机灵就显得很重要。

区域文化地理环境的差异还造就了文学作品与文体风格的多样化。

王水照先生说："环境对于学术文化、文学创作的影响，乃是不争的事实。而在构成环境的人文的、自然的或两者交融的诸要素中，区域的人性化文化对文学活动的影响是最直接、最显著的。"[14]

前人对这一点多有论述，《隋书·儒林传序》云："南人简约，得其精华；北人深芜，穷其枝叶。"[15]

与北方"尚质"、精于义理不同，属于南方的荆楚一直以来都秉承着"尚情"的传统，诗多轻灵、精于巧饰。

《管子·水地》云："楚之水淖弱而清。"因而荆楚的歌谣具有水的柔性、灵性，同时具有水的奔放与浩瀚。如楚译《越人歌》"山有木兮木有枝，心悦君兮君不知"[16]与《孺子歌》（又名《沧浪歌》）"沧浪之水清兮，可以濯我缨；沧浪之水浊兮，可以濯我足"[17]，以及屈原所作《离骚》，其音调之柔和，节奏之舒缓，情感之缠绵悱恻，构成了荆楚文学中"绮靡以伤情""耀艳而采华"[18]的尚情特点。

区域文化的发达与否受到诸多因素的影响。其中，除了地理自然环境的差异决定的生产力的不同外，时代的变迁，政治上的重心转移，藩镇所寄以及统治者的好尚都是重要原因。

第一，经济发达的程度似乎具有决定意义，"凡是经济发达的地区，不仅因其物质条件优裕，而且社会相对安定，有利于学术文化的繁荣"[19]。荆楚地区的经济在东汉才开始起步，汉末六朝发生变迁，而随着经济的发展变迁，荆楚的文化中心由南阳转向襄阳再转向江陵，文化也随之呈现不同的阶段特点。至唐代，荆楚的江汉、襄阳一带，经济地位仅次于山东、关中、江南（狭义的）。荆楚除了农业技术较前代有了很大的提高，良田和洲泽获得一些开发外，手工业和商业也发展迅速。如襄阳就是"七省通衢"，有"南船北马"之便利，唐时来往此地的商人既有北方人，也有扬州贾、巴东客。因而娱乐事业和旅游业也很发达。荆州南朝时是军事重镇，常与扬州齐名，"荆城跨南楚之富，扬部有全吴之沃，鱼盐杞梓之利，充仞八方，丝绵布帛之饶，覆衣天下"[20]。唐时也因物产丰富、水陆便利吸引商人骚客、士女衣冠。鄂州更是后起之秀，商业的繁荣也令人刮目相看。

唐时荆楚的经济快速发展，虽不能与北方重镇相比，但也不容忽视。特别是荆、襄两地商业的繁荣，转运事业的发达，使得与之相对应的学术文化也快速发展起来，文学人才自然相对要多一些，文学家族也较荆楚其他地区繁盛。

第二，政治上重心转移，人口的迁徙也是一个重要原因。如西晋末年，由于北方动乱，人才南流，"关中膏腴之地，顷遭慌乱，人民流入荆州者十余万家"[21]，大部分是普通民众，也有士族阶层，"复弃中国去，远身适荆蛮"[22]。这时期的荆州涌现了一批学者、文人，文学家族也建立起来，还出现了"荆州学派"。南齐时，襄阳作为荆州八郡的中心，不仅汇聚了各地而来的人才，佛教也有所发展。《荆楚岁时记》所记的民俗文化交融形态就出现在这一时期。

又如唐朝天宝末年的安史之乱造成的移民大潮，史称"至德后，中原多故，襄邓百姓，两京衣冠，尽投江湖，故荆井邑，十倍其初"[23]。

伴随着人口的移动，文化的传播，荆楚文化接受外来文化的刺激和碰撞，在不断融合、更新中获得新的发展。

除了北方政权南移、政治动荡带来的人口变化，安定时期政治经济的变化等原因产生的人口流动也会对区域文化与文学造成影响。如在唐代安定统一的社会大背景下，随着国内政治经济联系的紧密，处于南北沟通、东西交接的中部地带的荆楚地区成了南来北往人们必经之要区。不论是北人南下或南人北上经商，仕宦之人南贬、赴任或士人漫游，人口的流动都会带来丰富的文化因素，唐初荆州就出现"流庸浮食者甚众，五方杂居，风俗大变"[24]的文化变化，而中唐时期大量的诗人南贬，使得荆楚之地成为诗人们寻求慰藉和寄托的精神家园，同时也成就了一些大诗人。这些诗人既受荆楚文化精神的熏陶，他们的文学创作又对荆楚的文学影响极大，如柳宗元、刘禹锡就是最典型的代表，这是相辅相成的。

第三，统治者对一种文化或一种文学文风时尚的倡导，也是文化文学发生变化的一个原因。南朝时，特别是梁朝时期，由君王到朝臣都尚儒雅、笃好文章，"故才秀之士，焕乎俱集"[25]。唐朝提倡兼收并蓄，儒释道三家思想浸润了各个区域，荆楚文人的文学素养与思想构成也无例外地具有多样并存的特点。如孟浩然、张子容、齐己等就在继承本土隐逸文化传统的基础上接受了中原文化思想，齐己还明显表现出佛道结合的地域特色。唐朝又重诗歌，主张以诗取士，时人皆忙于绝句、律诗的创作，而很少顾及其他文体创作。故而这一时期的骚类文体创作就大不如前朝。

总的来说，区域地理环境对文学的影响是比较复杂的，对区域文学的研究诚如章培恒先生所言："文学的地域研究却又难度甚大，一方面固然要对其研究地区的文学及其相关的各领域作比较全面的钻研，同时又要在整体上对当时文学发展有全局在胸。"[26]

二、荆楚文化与唐代文学研究的历史现状

近年来，古代文学与地域文化研究相结合成为重要趋向，其中魏唐时期各区域文化与文学的研究成为热点。针对唐代地域文化与文学方面的研究已有一定成果，具体表现如下。

首先，地域文化与文学的研究已具一定规模，渐成体系。对关陇、江南地域的研究最多。其次是河东地区、黄河流域等，对长江流域的研究特别是对荆楚地区的文化与文学研究显得比较薄弱。如王卫平《吴文化与江南社会研究》探讨吴文化的特质，分析江南历史文化所具有的独特魅力，认为江南区域历史文化是理解中国历史的关键，可以为中国社会的未来发展提供历史

的参照，见解深刻。刘士林《江南文化的诗性阐释》《江南文化精神》等系列专著，多角度总结江南文化发展历史，对江南文化精神特质与表现做出精辟细致的分析总结。费君清《中国传统文化和越文化研究》则从历史、文学、艺术等领域论述越文化在中国文明史上的地位，并做多层次、多视角的探讨。戴伟华《地域文化与唐代诗歌》创建唐文人籍贯与唐诗创作地点数据库，对地域文化与唐代文学研究做出重要努力。李浩《唐代三大地域文学士族研究》《唐代关中士族与文学》，景遐东《江南文化与唐代文学研究》等考察了地域文化与唐代文学的关系，论从史出，考论结合，创获颇大。

其次，唐代文学家族研究的兴盛也意味着近年来文坛对地域文学群体的关注。相对于社会历史学领域的研究来说，古代文学界对古代文化与文学的关系的研究显得比较晚，但20世纪90年代以来，也取得一些成绩。如刘跃进《门阀世族与永明文学》，程章灿《世族与六朝文学》，李浩《唐代三大地域文学士族研究》《唐代关中士族与文学》，曹道衡《兰陵萧氏与南朝文学》，阎爱民《汉晋家族研究》，田余庆《东晋门阀政治》，杨际平、郭锋、张和平《五—十世纪敦煌的家庭与家族关系》，方北辰《魏晋南朝江东世家大族述论》，王永平《六朝江东士族之家风家学研究》，郭锋《唐代士族个案研究——以吴郡、清河、范阳、敦煌张氏为中心》等，充分显示出古代家族研究的繁兴局面。近20年来家族文学的研究逐渐升温，许多硕博士论文皆以唐代文学家族为选题，如李红《唐代河东柳氏家族研究——以世系婚宦、迁移、家族文化为中心》（博士论文）、梁尔涛《唐代家族与文学研究》（博士论文）等大大丰富了这一领域。

区域文化的研究又分为整体研究与个案研究。整体性的研究注重宏观把握文学面貌的趋势和走向，针对唐代各文化区域的整体文化特征，从历史、地理等多角度介入，全面系统，有较深入的见解。不足的是容易忽视文学微观研究，往往陷于交叉领域，如人文地理学、历史学、社会学等不得自拔，乃至流于文学边缘。且这样的研究过于追究历史地理背景、政治经济原因等，对文学群体的个性化表达及区域文学成就的探讨就略显不足，尤其是对散文、小说、传奇的关注明显不够。

个案研究主要是针对某一地域某位诗人或某一家族的集中研究，典型结构为某某诗人与某地山水或某地某家族研究，特点是注重特殊微观，能够细致具体，一定程度上导出文学与文化发展规律，但受到理论局限，往往不能深入。据笔者统计，仅 2000—2014 年单篇涉及唐代某一诗人与荆楚地域文化关系的如《孟浩然与襄阳山水》《李白与荆楚文化》这样的文章达到百篇之多，约占唐代诗人与地域文化关系研究的论文的 20%，但与学界对其他地域文人、文学作品的关注相比，仍显不足。针对某一家族研究相关的论文（包括硕博士论文）则有 30 多篇，其中显赫的世家大族占 80%，如京兆韦氏、太原王氏、博陵崔氏、河东裴氏、河东柳氏等；少数民族家族文学占 10%，如河南元氏、藩将世家浑氏、独孤氏等；其他占 10%，如泉氏、吕温家族等，涉及荆楚的不到 0.1%。可见对唐代荆楚地区文学群体关注之少。

目前，唐代文学与区域文化的关系研究仍朝着纵深方向发展。无论是学术专著、学位论文还是期刊论文，选题视角更加多元化，研究视角逐渐开阔，考论结合，点面兼顾，这种情况十分可喜。在此方面比较突出的有赵昌平、陈尚君、蒋寅、戴伟华、李浩、孟修祥、尹占华、张伟然等学者。

仅以荆楚文化与唐代文学研究方面而言，则以孟修祥、张伟然、萧放、蒋建国、毛炳汉、周建军等为代表。

孟修祥在《楚辞影响论》一书中就楚辞对中国古代文学的影响做了全面细致的分析，又在《李白与荆楚文化》《荆楚歌谣的地域文化特色略论》《荆楚歌谣与楚辞》多篇论文中论及荆楚文化之于唐代诗人特别是李白的影响、荆楚歌谣的文化特色和荆楚歌谣与唐代竹枝词关系等问题，这些具体而精辟的论述显示了作者敏锐的艺术感受力和深邃的穿透力，对我们研究楚辞、楚地歌谣与唐代文学的关系，很有启发。

张伟然在《湖北历史文化地理研究》《湖南历史文化地理研究》两书中，对荆楚本土巫文化、蛮文化进行深入分析，充分考察了晋唐时期的佛教地理与历史文化格局的变迁，材料丰富，叙述生动，其间还涉及女性文化在唐代形成的独特景观。这为我们研究荆楚文化提供了新的视角，特别是为唐代的荆楚文化研究做出了贡献。

关于荆楚地区的地域文化与文学研究，大多集中在湖南、湖北分省文化与文学的研究上，将荆楚视为一个整体的文学现象来研究的不多。一些比较有代表性的如孙旋的《荆楚文化与湖北文学的审美品格》从文化传统方面阐释了湖北现代作家写作的文化源头，可谓追本溯源，但其关注点主要是近代作家群体，对古代作家的创作及地域特色一笔带过，因而只能窥出唐代荆楚作家群体的特质一二，不免遗憾。

蒋建国的《唐代湖南科举述评》则以翔实的资料分析了湖南科举产生的时期及地域分布。从唐代政治社会背景考察文人仕进，同时兼顾地域差异上的原因，将唐代湖南文人的心理分析得比较清楚。毛炳汉的《论唐代的湖南文学》，对唐代湖南的本土作家刘蜕、李群玉、胡曾、齐己，尤其是流寓湖南的作家李白、杜甫进行了论述，这属于由点到面的研究，剖析细致，重点突出，值得参考。

周建军的《唐代荆楚本土诗歌与流寓诗歌研究》一书，对唐代荆楚地区的本土诗人及流寓诗人分类考辨，从整体考察到微观个案研究都有涉及，是尤为详备的关于唐代荆楚文学的研究专著。

值得可喜的是，关于荆楚文化与唐代文学研究的研究论文近年来有所增长，据统计，2000—2014 年度具有鲜明荆楚地域特点的唐代文学研究论文有 60 多篇，其中硕博士论文约有 30 篇，博士论文如李园《孟浩然及其诗歌研究》、周建军《民族文学视野下的竹枝词研究》、张丑平《上巳、寒食、清明节日民俗与文学研究》、孙杰《竹枝词发展史》；硕士论文如肖献军《唐岳州诗歌研究》《唐洞庭湖诗与太湖诗比较研究》、王生平《中唐贬谪荆楚诗人诗歌主题探略》、刘红红《唐代潭州诗歌研究》、李倩《唐代三峡诗研究》、时靖《最多吟兴是潇湘——唐宋诗学中的潇湘意象》、罗漫《蹉跎游子意·眷恋故人心——论孟浩然的荆襄情结与其诗歌创作》、陈晓娥《唐代荆南地区文化历史研究》、熊芬《唐代长江流域诗歌研究》、马喜瑞《襄阳与唐代诗歌》、潘月《唐宋八大家与襄阳考论》、陈艳琦《唐代洞庭诗歌研究》、钟军《西曲研究》、李倩《唐代楚辞评论与拟骚创作研究》、王艳萍《气：孟浩然及其诗歌研究》、李春《唐诗对宋玉的接受研究》、李文江《唐代咏屈原诗研究》、李小燕《柳宗元诗文楚辞接受研究》、陈大为《唐五代湖北文人用韵研究》等。

此外，不少地方地域文化丛书，部分章节也涉及唐代地域文化与荆楚文学的关系。如由季羡林先生担任顾问、冯天瑜先生和林干先生担纲总主编的《中华地域文化大系》十九部，其中就包含罗运环主编的《荆楚文化》一部，资料翔实、内容丰厚、全面系统、主次分明，从科技、经济、教育、文学、艺术、民族、宗教、民俗等不同领域研究荆楚文化在每一个时代的特征及其发展演变。又如由全国近200位专家历时8年写就、《中华文化通志》编委会编的系列丛书，是中华民族历史上第一部系统、全面的文化通志，该书分为序卷和十典百志。十典涵盖十大地域文化，其中就有张正明、刘玉堂撰写的《荆楚文化志》，通过横竖交叉的方法，梳理了荆楚文化发展的详细发展脉络，揭示了荆楚文化的特质、分衍状态、流迁趋势及荆楚文化和其他地域文化的碰撞、交流、融合，内容详尽全面，见解精辟独到，还提供了许多新的观照视角和方法，给本书很多启示。

总的来说，唐代荆楚文学与荆楚文化的研究虽有一定成就，但仍显不足，可开拓的空间很大。

第一，目前荆楚文化与唐代文学的研究还停留在单个作家或一类作品上，即论及唐代荆楚诗人时以个案研究为主，如对孟浩然、齐己等本土作家，李白、杜甫等流寓作家的研究，数量大，质量高，而其他二三流荆楚诗人则少得多或根本不提及。论及某一类诗歌则主要以洞庭湖、襄阳、三峡为中心，而未从宏观角度把握和审视荆楚文化，在对地域诗歌的探索中凸显荆楚文化的特质。

第二，内容与方法上，目前学界对于文化与文学关系的研究一般采用历时的论述方式，以社会学、人文学、心理学、历史学等视角来观照区域文化与文学的发展，宏观与微观相结合，究其变化，索其根源，追求点、面俱到，过去、现在、未来都要论及，很少出现"只见树木，不见森林"的。但许多学者在注重文学与其他学科交叉研究的同时容易疏忽文学文本，过多地探讨历史、地理、经济、政治、文化背景等方面，游移到了文学边缘，给人一种只见其藤架，不见其繁花的错觉。当然，这对不同学科的学者来说，知识面的扩大能扩宽我们的研究视野，更全面、完整地把握研究对象，跨学科的研究是未来大势所趋，但作为古代文学研究者而言，立足于文本，才能使行文更紧密，研究目的更明确。

第三，缺乏系统性的比较性研究，如唐代荆楚文化与其他地域文化之间的比较，唐代荆楚与其他地域文学家族群体之间的横向比较，以及唐代与其他朝代荆楚地域文化之间的纵向比较等。

第四，从荆楚文化对唐代的影响方面，荆楚文化的构成成分如何在唐代文学中发挥功能，其构成部分如何影响唐代诗人及社会发展，以及唐代荆楚本土诗人及家族的研究有待丰富深入。

本书将在前人的基础上，致力于荆楚文化与唐代诗歌的研究，通过对具有代表性的荆楚文化传统的溯源、辨析与比较，阐释有着深远历史底蕴的荆楚文化如何在唐代文学中被激活并发挥作用。从唐代文化重心南移的过程中，探讨唐代荆楚文化的地位、特征、精神内涵及发展嬗变，从而进一步发扬荆楚文化传统，并将荆楚文化与唐代文学的研究推向深入。

三、主要内容、研究方法与结构

"荆楚"，是一个有丰富内涵的复合概念，它兼具历史、地域与文化三种特性。作为春秋战国时期重要方国的荆楚，不仅在地域上曾经拥有南部中国，成为战国时期疆域最为辽阔的国家，而且创造出独具风采的荆楚文化。荆楚文化不但是长江中游民众取之不竭的文化资源，同时亦参与了中华文化的构建，与中原文化一道成为中华文化的主脉。以《楚辞》为代表的荆楚文学既是中国文人诗歌的起始，又是浪漫主义文学的源头，和以《诗经》为代表的北方写实诗歌双峰并峙，成为中国诗歌的重要基石。《楚辞》奠定了南方诗歌以抒情和想象见长的浪漫诗歌的基调，并长久对文人的心态、诗歌体制、诗歌主题风格及艺术表现产生深远影响。

伴随着魏晋南朝开始的文化中心的南移，荆楚文化对中原文化进一步吸收、融合、转型，在唐代南北文化融合的大背景下，荆楚文学，特别是诗歌和散文，得到进一步发展，内涵上从崇武向尚文转变，刚性向柔性转变，审美上由狂放奇诡瑰丽向自然清新转变。这种转变呈现出一种新旧交替与并存，传统的刚性有所保留，荆楚文化呈现刚柔并济的特征，这一转型也与初盛唐文风向中晚唐嬗变相一致。

唐代荆楚地域的文化地位不及关陇、山东，也不及世家众多的江南，本土诗人和家族数量也不能与之相比，但荆楚深厚的历史文化底蕴使得荆楚文人在思想上和人生态度上往往不同于其他地域文人，如自成一家的孟浩然以其高旷淡远的隐逸情怀在唐诗中独占一席；李群玉以其逍遥快意的精神气质、"清怨"的诗歌风格别具一格；齐己则以儒道结合、山川体悟的地域特色与其他诗僧迥异。荆楚人的多巧慧、喜艺术、不拘一格、随性多变、刚柔并济、自然包容等个格，在本土诗人身上表现得淋漓尽致。荆楚的秀美山川、奇特风物、深厚历史、神话传说、民俗风情等又无时无刻不在吸引唐代诗人进行创作。有唐一代，流放、贬谪至荆楚或在荆楚有过漫游经历的诗人所创作的文学成果几乎占所有贬谪诗人创作的一半。不但数量可观，且质量颇高。如李白、刘禹锡、柳宗元、元稹、刘长卿等在寓居荆楚之时创作的诗文就带有鲜明的地域特征。由于经受政治上的失意与挫折、饱受去乡离土之苦，这些诗人与本土荆楚文人相比，对荆楚文化的感受更为深切，他们优秀的文学素养与奇特的荆楚地域文化相结合，在文学创作中体现出一种自由灵动、狂放不羁的审美与艺术个性，充分反映了荆楚文化对他们思想气质上的影响。他们身上既彰显着荆楚文化的独特神韵，又体现着不同文化交融的痕迹。他们给荆楚文化带来了新鲜的血液，丰富着荆楚文化的内涵，他们在荆楚留下的足迹，随着时间的推移最终成为荆楚文化的一部分。

本书除了侧重探讨这一荆楚之地特有的人文精神内涵外，还特别关注楚辞以来的"骚怨"精神、"发愤以抒情"的浪漫作风以及"尚情"传统如何在唐代诗文中进行表现，进而探寻荆楚文化与唐代文学发展的内在关系，最大限度还原荆楚之地文学创作的历史渊源与文学贡献。

本书对相关资料进行细致分析，主要采取考释、描述的方法，尽可能复原重要唐代荆楚文学的真实面目；同时对各种史料加以分析归纳，力求通过零散的个别材料的联系、比照，探讨荆楚文化特质与唐代文学现象的内在联系，以丰富的个案研究反映规律性的内涵。

研究方法上，主要通过史料考证、文本分析，以严谨的态度、切实有效的实证方法展开研究。定量分析与定性分析结合，力求全面占有文献资料，将历史、文化、民俗与文学材料结合起来，通过科学比较、归纳、综合得出结论。紧扣文学研究自身的特质，尤其重视诗歌、骚体文、山水散文及传奇等文本。

本书分为五章，第一章主要是概述荆楚文化的历史发展，通过对荆楚文化历史的溯源，探讨其在演变过程中对其他文化的吸收与借鉴，在此基础上概括荆楚文学的基本特质；第二章分析唐代荆楚文学发展状况与特征，对荆楚本土文人及文学家族创作进行清理，分析本土文人创作在地理上分布不均衡的政治、经济、文化等原因，进而探寻唐代荆楚之地特有的人文精神内涵，挖掘这种人文精神在荆楚本土文人和本土家族创作中的实际表现和影响。第三、四、五章选择了屈骚精神、荆楚神女传说、荆楚歌谣三个具有代表性的荆楚文化传统与唐代诗文中出现的文化现象相联系，寻找荆楚文化传统的发展嬗变与唐代文学兴衰之间的内在联系，以此来说明荆楚文化在唐代诗歌中是如何被激活的。可以看出，本书对荆楚文化传统在唐代诗歌中的构成分别对应唐代文学中的三个方面，即屈骚主题、神女主题、民俗主题，这也是为了突出荆楚文化与其他地域文化不同而做出的安排，不求面面俱到，但求突出重点，实际上也是要通过截取唐代诗歌中具有明显荆楚地域特征的几个点来粗窥唐代荆楚文化之全貌。

注 释

1 见李白：《黄鹤楼送孟浩然之广陵》："孤帆远影碧空尽，唯见长江天际流。"彭定求等：《全唐诗》，中华书局，1999 年，第 1790 页。以及《渡荆门送别》："山随平野尽，江入大荒流。"彭定求等：《全唐诗》，中华书局，1999 年，第 1791 页。

2 见白居易：《浦中夜泊》："暗上江堤还独立，水风霜气夜棱棱。回看深浦停舟处，芦荻花中一点灯。"又张籍：《宿临江驿》："楚驿南渡口，夜深来客稀。月明见潮上，江静觉鸥飞。"彭定求等：《全唐诗》，中华书局，1999 年，第 4887、4320 页。

3 见沈佺期：《巫山高二首（一作宋之问诗）》其二："电影江前落，雷声峡外长。"又孟浩然：《入峡寄弟》："壁立千仞峻，众流万壑奔。"彭定求等：

《全唐诗》，中华书局，1999 年，第 1027、1623 页。

4 见吴商浩：《巫峡听猿》："连云波澹澹，和雾雨濛濛。巫峡去家远，不堪魂断空。"《全唐诗》，中华书局，1999 年，第 8859 页。

5 见崔季卿：《晴江秋望》："尽日不分天水色，洞庭南是岳阳城。"彭定求等：《全唐诗》，中华书局，1999 年，第 3347 页。

6 见许棠：《过洞庭湖》："四顾疑无地，中流忽有山。"刘禹锡：《望洞庭》："遥望洞庭山水翠，白银盘里一青螺。"彭定求等：《全唐诗》，中华书局，1999 年，第 7021、4142 页。

7 《晏子春秋》，诸子集成本，国学整理社，1935 年，第 89 页。

8 魏徵等：《隋书》，中华书局，1973 年，第 897 页。

9 李学勤主编：《十三经注疏·礼记正义》，北京大学出版社，1999 年，第 1427—1428 页。

10 颜之推：《颜氏家训》，中华书局，2007 年，第 60 页。

11 鲁迅：《鲁迅全集》，人民文学出版社，1981 年，第 435 页。

12 司马迁：《史记·滑稽列传》，中华书局，1959 年，第 3197 页。

13 司马迁：《史记·货殖列传》，中华书局，1959 年，第 1173 页。

14 王水照：《北宋洛阳文人集团与地域环境的关系》，《文学遗产》1994 年第 3 期。

15 魏徵等：《隋书》，中华书局，1999 年简体版，第 1148 页。

16 刘向：《说苑·善说》，卢元骏注译：《说苑今注今译》，台湾商务印书馆，第 367 页。

17 《孟子·离娄上》，李学勤主编：《十三经注疏·孟子注疏》，北京大学出版社，1999 年，第 196 页。

18 刘勰：《文心雕龙·辨骚》，范文澜注，人民文学出版社，1958 年，第 47 页。

19 王会昌：《中国文化地理》，华中师范大学出版社，1992 年，第 123 页。

20 沈约：《宋书》，中华书局，1974 年，第 1540 页。

21 陈寿：《三国志·卫觊传》，裴松之注，中华书局，1959 年，第 610 页。

22 王粲：《七哀诗》，萧统编，李善注：《昭明文选》，上海古籍出版社，1986 年，第 1087 页。

23 刘昫等：《旧唐书》，中华书局，1975 年，第 1552 页。

24 乐史：《太平寰宇记》"荆州"，文渊阁四库全书本。

25 李延寿：《南史·文学列传》，中华书局，1975 年，第 1762 页。

26 李浩：《唐代三大地域文学士族研究》序言，中华书局，2002 年。

第一章

荆楚文化传统的形成
及主要特征

第一节 "荆楚"的概念

先秦时期的"荆楚"的基本内涵包括有三：一、"荆""楚"皆乃木名，因楚地盛产荆，故以此为部族名称，荆、楚同义，一地两名；二、因建国荆山而得名，先荆后楚，荆为楚旧号；三、先楚后荆，因秦人讳"楚"而改楚为荆。其实这三种内涵可以视为"荆楚"发展变化中的阶段性表达。最初的荆、楚取之本义，而后作为地名，再作为国名，春秋时期先改荆国为楚国，而秦统一后又以荆称呼楚地、楚人。

从"荆""楚"的本义来讲，荆、楚本为植物名，同物异名，指一种柔韧性较好的木本植物。《说文》云："荆，楚木也。"（卷一）"楚，丛木，一名荆也。"（卷六）在古代，荆还作为一种刑具，"负荆请罪""大受荆楚"等语由此而生。

荆作为地方名称，最初可能出现在夏朝，禹伐三苗，控制长江中下游后，设立了传说中的古荆州，《尚书·禹贡》曰："荆及衡阳惟荆州。"[1]此处的"荆"指"荆山"，在今湖北南漳县。而荆州，古为荆族居住之地。《周礼·夏官·职方氏》对夏九州之一的荆州有具体的记述："正南曰荆州，其山镇曰衡山，其泽薮曰云梦，其川江汉，其浸颍湛，其利丹银齿革，其民一男二女，其畜宜鸟兽，其谷宜稻。"[2]

"荆"，同时又是古代楚国的别称，因楚国建国于荆山一带，故名。

周代庚桑楚《洞灵真经》云："诸侯殷觐曰：荆，楚之旧号也。盖时楚大，诸侯共朝于楚。"[3]《春秋·庄公十年》曰："荆败蔡师于莘。"杜预注："荆，楚本号，后改为楚。"[4]说明了先荆后楚的变化。

由于"荆，楚本号"，又出现了先楚后荆的情况。《史记》卷七三《白起王翦列传》下裴骃《集解》引徐广的话："秦讳楚，故云荆也。"[5]与之佐证的是《吕氏春秋·音初》："荆，楚也。秦庄王讳楚避之曰荆。"[6]秦庄王，嬴姓赵氏，本名异人，后改名为楚，故又称"嬴楚"，或简称"子楚"。

古人"为尊者讳，为亲者讳，为贤者讳"[7]，因而自秦庄王之后，秦人一直是以楚的旧名"荆"来称呼楚人的。

"荆楚"连用成为专门的地域名词，最早见于《诗经·离颂·殷武》："挞彼殷武，奋伐荆楚……维女荆楚，居国南乡。昔有成汤，自彼氐羌，莫敢不来享，莫敢不来王，曰商是常。"[8]这里的"荆楚"与"楚"是一个概念，均指楚国，后来，《晏子春秋·内篇·问上第七》云："吴越受令，荆楚惛忧，莫不宾服。"[9]《墨子·兼爱》云："南为江、汉、淮、汝，东流之，注五湖之处，以利荆楚、干越与南夷之民。"[10]《楚辞》中的《大招》亦云："自恣荆楚，安以定只？"[11]可见"荆楚"之称，春秋战国时期就已经约定俗成。

先秦时期"荆楚"与"楚"是同一个概念，因而楚史也是荆楚史。正如张正明先生在《楚史论丛·序》中所说："楚史，它既是荆楚国家史，也是荆楚民族史，又是荆楚文化史。"[12]但据史学家的看法，严格说来，"荆楚"的地域概念，比"楚"的地域概念要狭窄一些。

秦汉时期，将故楚之地分为东楚、西楚、南楚三块，彭城以东的江淮地区称为东楚，彭城以西的淮北平原、江汉平原称为西楚，淮河以南直至江西、湖南则称为南楚。司马迁在《史记·货殖列传》中记述时人的区域观念，将江陵郢都一带归入"西楚"，虽然"荆楚"的说法不再流行，但"西楚"却作为"荆楚"的一个中心地域，常常运用于口，直到唐后期，还有"西楚"的说法，"荆部雄藩，地惟西楚，总五都之要会，包七泽之奥区"[13]，也说明是荆楚的核心地域。

《汉书·地理志》以战国初期的国土为依据，将楚地限在今两湖及汉中、汝南一带，也即长江中游，特别是以江汉平原为中心的今湖南、湖北地区，这当然是受到当时监察区域的影响，以汉武帝时期设立的荆州范围为主，兼及豫州之域的汝南郡。但这种划分对后世的影响较大，六朝时期，就直接将这一地区称为"荆楚"。而后荆楚所指的地域范围还有进一步缩小的趋势。如盛弘之《荆州记》所言："元嘉中，以京师根本之所寄，荆楚为重镇，上流之所总。"[14]这里的"荆楚"就特指荆州一带。

南北朝后期由于"荆州"在军事上的重要地位，荆州所辖管地域变化极大，宋时设郢州，分隔荆州与湘州，荆州辖域由宋初的 31 州变为 12 州。梁朝灭亡之后，江陵为西魏占领，雍州、荆州长江以北都被魏占有，而江南之荆州与湘州为陈所有。这样一来，特指荆州的"荆楚"在地域所指上便出现了比较模糊混乱的局面，直到隋朝的初步规划，才逐渐清晰起来。

唐代在隋代的基础上对郡界进行了一些整理，又设立了诸多方镇（道），但道的设立破坏了一直以来《禹贡》"荆及衡阳惟荆州"给人们的印象，因此唐人并不按照行政区域所指来言说指称原楚国故地，而是继承汉魏以来的观念，仍以"荆""荆楚""楚"等地域概念称呼其核心地域。又由于楚国故地所涉地域甚广，便有"秦楚""淮楚""桂楚"等说法，以便与"荆楚"区分开来。

荆楚又不仅仅是一个地域名词，就民族和文化方面而言，"荆楚"意味着一个具有独特的文化特性的民族联盟，意味着由北方南迁王族后裔和南方蛮族通过长期融合而产生认同的一种特色鲜明的文化传统。《左传》记载楚国艰辛创国的历程："昔我先王熊绎，辟在荆山，筚路蓝缕，以处草莽，跋涉山林，以事天子。唯是桃弧、棘矢，以共御王事。"[15] 随着时间的推移，荆楚之人在先民文化的基础上，不断与他族文化碰撞，不断吸收他族文化来丰富自己，同时保持自己的特色，创造出与他族显著不同的原生态文化。对此，《史记》《汉书》都有记载。

《史记》卷一二九《货殖列传》：

> 楚越之地，地广人稀，饭稻羹鱼。或火耕而水耨，果蓏蠃蛤，不待贾而足，地势饶食，无饥馑之患，以顾呰窳偷生，无积聚而多贫。是故江、淮以南，无冻饿之人，亦无千金之家。[16]

《汉书》卷二八《地理志》：

> 楚有江汉山林之绕。江南地广，或火耕水耨。民食鱼稻，以渔猎山伐为业。果蓏蠃蛤，食物常足……信巫鬼，重淫祀……[17]

关于荆楚作为文化概念，今人曾从多方面进行探索，力图勾勒其轮廓。

如王建辉、刘森淼所著《荆楚文化》，便将荆楚文化分为三个子文化，即江汉文化、湖湘文化和江淮文化，并以湖湘文化为荆楚文化的中心。[18] 这是比较合理的。

萧放在《〈荆楚岁时记〉研究》中则指出："汉魏以后的荆楚是一个地域概念，它有一定的政区范围，但不严格对应行政区划，它侧重地域的文化性，是一种文化区位，所以荆楚有时涵盖了整个江南地区。"[19]

肖兵在《楚辞文化》也有论说。他将荆楚本土文化划分为三层内涵："一、楚国版图里（尤其是核心地带——江汉平原和彭蠡湖域）先住民的文化；二、向湘西、湘南、川、黔、滇、桂播迁而又保持'先楚'固有色彩的文化；三、楚人在其先住民文化基础上，多少吸收他族因素，长期创造具有自己的特色，与外族显著不同的'原生态'文化。"[20]

因此，本书也主张将"荆楚"视为一个内涵丰富的复合概念，兼具历史、地域、文化三种特性。由于本文研究的是唐代荆楚文学，我们试从众多的唐代诗文中撷取一些有代表性的来粗窥唐人关于荆楚的概念。

> 杜甫《宿青溪驿奉怀张员外十五兄之绪》：浩荡前后间，佳期付荆楚。[21]
>
> 窦牟《洛下闲居夜晴观雪寄四远诸兄弟》：荆楚岁时知染翰，湘吴醇酎忆衔杯。[22]
>
> 朱庆馀《送崔秀才游江陵》：樽前荆楚客，云外思萦回。[23]
>
> 白居易《寄元九》：元君在荆楚，去日唯云远。[24]
>
> 雍陶《再下第将归荆楚上白舍人》：长倚玉人心自醉，不辞归去哭荆山。[25]
>
> 罗隐《早春巴陵道中》：波泛洞庭猵獭健，谷连荆楚鬼神妖。[26]
>
> 齐己《送人游衡岳》：荆楚腊将残，江湖苍莽间。[27]
>
> 齐己《寄朗陵二禅友》：潇湘曾宿话诗评，荆楚连秋阻野情。[28]

第一首杜甫诗中的"青溪驿"在四川犍为峨眉山附近，因此这里的荆楚是广义的，暗示三峡附近也被包括在内。第二首中"荆楚"是与"湘吴"对举，是泛义的荆楚，是一个模糊的概念，大致可推测在靠近北方文化区域的今湖北地区和河南的一部分。第三、四首皆指的是江陵一带。当时元稹在江陵，故白居易称他在荆楚。第五首中荆楚指荆山一带。第六首中"巴陵"在今湖南岳阳，和第七首的看法类似。第八首中"朗陵"在今河南，齐己说他与友人中间隔着荆楚，故这里的"荆楚"已将湖南的衡岳潇湘一带都包括在内，且北边的界限也比较明晰，基本上将南阳地区也包括进去，其界限延伸至商山附近，杜甫《寄张十二山人彪三十韵》说："商山犹入楚，源水不离秦。"[29]宋之问也在《游陆浑南山自歇马岭到枫香林以诗代书答李舍人适》中说："西见商山芝，南到楚乡竹。"[30]故而唐人眼中，荆楚北边的界限应该就在商山附近，与秦楚接壤。

尽管唐人整体上对荆楚的感觉还比较模糊，但荆楚的中心地域十分明朗，以汉水、湘流域为中心，包括今天湖南、湖北全部地域，但并不局限于两湖地区。文化上的内涵更偏重北边一些，因为能感受到荆楚岁时习俗对北方洛阳造成影响的话，荆楚的文化中心应该在南阳附近。又如：

> 王昌龄《送李十五》：怨别秦楚深，江中秋云起。[31]
> 杜甫《小园》：由来巫峡水，本自楚人家。[32]
> 孟浩然《广陵别薛八》：士有不得志，栖栖吴楚间。[33]
> 白居易《南湖晚秋》：有兄在淮楚，有弟在蜀道。[34]
> 王昌龄《送谭八之桂林》：客心仍在楚，江馆复临湘。
> 罗隐《忆夏口》：襟带可怜吞楚塞，风烟只好狎江鸥。[35]

从前面几首诗中的描写已经可以看出，唐人对荆楚的描述主要还是以地域和文化分野为主，秦楚、巴楚、桂楚、吴楚之界限大致清晰，再结合后面几首诗歌来看，荆楚北部主要以商山为界，与秦楚接壤，西部的边界在峡江一带，与巴渝相接，东部则至夏口，与吴楚相望。因此，唐人心目中的"荆楚"范围大致指的是以两湖为中心，北接秦地，南至袁州、郴州、韶州、朗州，西连巴东，东至夏口的广大地区。

值得注意的是，唐代除了"荆楚"外，还有"荆南""南荆""南楚""湘楚"等称呼，如：

> 杜甫《秋日荆南述怀三十韵》：秋雨漫湘水，阴风过岭梅。[36]
>
> 杜甫《秋日荆南送石首薛明府辞满告别奉寄薛尚书颂德叙怀斐然之作三十韵》：荆门留美化，姜被就离居。[37]
>
> 钱起《适楚次徐城》：去家随旅雁，几日到南荆。[38]
>
> 杜甫《南楚》：南楚青春异，暄寒早早分。[39]
>
> 钱起《送襄阳卢判官奏开河事》：因思郢川守，南楚满清风。[40]
>
> 刘长卿《送青苗郑判官归江西》：南楚凋残后，疲民赖尔怜。[41]
>
> 张祜《送客归湘（一作荆）楚》：此路千余里，应劳楚客吟。[42]

这几个概念中，"荆南"主要按当时的行政区域划分。唐后期，朝廷设立了许多方镇（道），其中有"荆南"节度使，所辖地区为江陵为中心的中部地方、澧水流域和沅水下游地区，具体包括澄、朗、峡、夔、忠、归、万等八州。辖区比行政区的江陵府大，兼有川东及湘西北各一部分。"南荆"则指荆州一带，"湘楚"主要指的是湖南，"南楚"指湖南、江西一带，来源于上文提到的司马迁《史记·货殖列传》中对故楚地区的划分，"衡山、九江、江南豫章、长沙，是南楚也"[43]。唐代"东楚""西楚"的使用极少，《全唐诗》涉及二词的只有零星几首，如王昌龄《送郑判官》："东楚吴山驿树微，辎车衔命奉恩辉。"[44]"南楚"却常在诗中出现，所指范围大致沿袭这一概念。

我们以历史、地域为线索，侧重从文化类型来限定本文的荆楚范围，既将荆楚文化视为一种历时性的文化，即楚地疆域从古至今所形成的文化，又考虑唐代文人对荆楚理解的实际情况来界定。本文所论之荆楚，包括湖北、湖南的全部及川东、皖西、黔东、豫南的一部分地区。具体指唐代山南东道南部的襄州、邓州、荆州、复州、归州、峡州、夔州；江南西道中西部的鄂州、岳州、潭州、衡州、永州、道州、郴州、邵州、连州、澧州、朗州；淮南道西部的安州、黄州；黔中道东部的辰州、巫州。本文要探讨的"荆楚文化"指的是在这一地域发展成熟并具有独立性的文化。既包括荆楚之地上层社会流行的文学、哲学、艺术等文化，又包括以民间传说、民间歌谣为主的荆楚民间文化，以及反映荆楚之人生活习俗的世俗文化。

如非特意交代，荆楚文人在本文中，泛指在这一地域内的本土文人与流寓文人，"本土文人"指的是籍贯属于这一区域且有创作留存的唐代文人，"流寓文人"指的是在此地域内流贬、为官、寓居、漫游并有文学创作的文人。"荆楚本土家族"则指籍贯属于这一地区且有文化传承的唐代家族，主要群体有：荆州岑氏（一说邓州岑氏）、襄州杜氏、襄州张氏、邓州庾氏、邓州赵氏、澧州李氏、袁州郑氏、潭州欧阳氏、江夏李氏等家族。"荆楚寓客家族"则指世代客居、寓居于荆楚，在荆楚有较长的生活经历，具有一定文学创作与活动，并有文化传承的家族，如荆州段氏家族。

第二节　荆楚文化与江南文化

荆楚文化有其自身特定的内涵及外延。从广义上看，荆楚文化源远流长，内涵丰富，荆楚文化指自古以来栖息在荆楚这块土地上的各族人民在长期的历史过程中形成的具有独特个性的各种精神文化及物质文化的总和；从狭义上讲，则是指自古以来荆楚本土人物和各时代移民及流寓者所共同创造的文化精神，并逐渐积淀凝固而成的荆楚人性格。荆楚文化应该是一个复合体，从历史发展来看，既包括最早生息于荆楚之地的原生文化，又包含作为主流文化传入的中原文化；从文化构成来讲，既包括上层文化、精英文化，又包含世俗的大众文化。

荆楚文化中既具有稳定的原生态特质，如祝融以来的火文化、原始的巫文化带来的尚赤、尚左、尚东与崇巫的特点；又具有不断因时代变化等衍生的特质，如忠君爱国的品质，浪漫多情的作风及兼容开放、开拓进取的精神。

荆楚文化的特质在一定程度上与江南文化有很大相似，如由南方水文化孕育出来的聪慧灵动、刚柔并济、兼容并包等特色，然亦有很大不同，如荆楚文化崇巫，江南之地崇文；荆楚之人性格是刚中带柔，江南则柔中带刚；荆楚多慧才、奇才，江南多俊才。荆楚之人好钟鼓，江南之人好丝竹，故而"楚奏铿鍧，吴声浏亮"[45]；荆楚文学之中多忠君爱国、悲壮哀怨之气，充满浪漫瑰丽的想象，虚幻多情；江南文学之中则多山水烟云之思、男女离合之情，或疏淡或绮艳，充满自然温暖的生活之气。荆楚的尚情传统突出，其"尚情"之风不仅仅指将人世间各种悲情、伤情、离情、怨情、痴情宣泄至极致，违背"温柔敦厚""中庸"之道，还是以一种移情、有情的眼光看待自然万物的审美习惯，而江南文化中虽也重情，却达不到这样的程度，或很少能做到这一点。

从纯粹的地理区域来讲，江南在很大程度上是与"长江以南"这个概念等同的，此即为广义的江南概念。从"江南"一词的出现到后来的频繁使用中，人们都是泛指今长江以南、南岭以北包括湖南、江西及湖北长江以南的广大地区的。如《尔雅·释山第十一》载："河南，华。河西，岳。河东，岱。河北，恒。江南，衡。"[46]这里的"江南"取"江之南"的广义。

先秦时期，因为楚国逐渐强盛，楚文化代表着南方文化，因此"江南"与当时"荆楚（楚）"所指的范围基本相同，但隐约以湖北长江以南、湖南、江西一带为主。如《史记·五帝本纪》载舜帝南巡，"崩于苍梧之野，葬于江南九疑，是为零陵"[47]。《左传·昭公三年》云"王以田江南之梦"[48]，这里的江即长江，梦即云梦泽，春秋时期为楚王的游猎区，范围在长江中游南北的两湖地区，包括洞庭湖和后来形成的江汉平原的核心部分，"方九百里"[49]。

东汉时，荆襄之地也称"江南"。王逸《楚辞章句·离骚序》云："其子襄王，复用谗言，迁屈原于江南。"[50]《后汉书·刘表传》："时江南宗贼大盛……唯江夏贼张虎、陈坐拥兵据襄阳城，表使越与庞季往譬之，乃降。江南悉平。"[51]这两例中的"江南"将跨长江以北的荆州、襄阳也包括了进去。

这种情况延续到唐初，高祖武德四年，"孝恭入据其城（江陵），诸将欲大掠。岑文本说孝恭曰：'江南之民，自隋末以来，困于虐政……是以萧氏君臣，江陵父老，决计归命'"[52]。

永嘉南渡之后，"江南"概念在指长江中下游以南的地区的同时，越来越多地偏向南朝朝廷，尤其是以建康为中心的吴越地区。如《晋书》："吴歌杂曲，并出江南。"[53]《南齐书》："江南地方数千里，士子风流，皆出其中。"[54]

唐代设立诸多方镇（道），贞观年间将天下州郡划分为十道，其中江南道所指，包括今浙、赣、闽、湘及江苏、湖北、四川长江以南、贵州东北部的广大地区。开元十一年又将江南道划分为江南西道、江南东道和黔中道三部分，安史之乱之后，又在各个地区设立节度使、观察使，统领州县。由于地理区域的明确划分，与南北朝以来的指称习惯，唐人心目中的"江南"，其内涵较之前代要清晰确定许多，或所指范围为以湖南、江西为主的长江中游以南地区，比江南西道稍稍宽泛一些；或指长江下游以南的吴越，包括以苏州、杭州为中心的江南东道地区。

前一种指称习惯，"江南"与"荆楚"概念存在交叉重合的情况，如李嘉祐《夜闻江南人家赛神，因题即事》："南方淫祀古风俗，楚妪解唱迎神曲。……帝女凌空下湘岸，番君隔浦向尧山。……听此迎神送神曲，携觞欲吊屈原祠。"[55] 诗题中的"江南"就是特指沅湘一带。

韦庄《寄江南逐客》："二年音信阻湘潭，花下相思酒半酣。记得竹斋风雨夜，对床孤枕话江南。"[56] 贾至《巴陵寄李二户部张十四礼部》："江南春草初幂幂，愁杀江南独愁客。"[57] 李群玉《江南》："斜雪北风何处宿，江南一路酒旗多。"[58] 贾至这首诗作于贬官岳州司马时期，李群玉是澧州人，这首诗里的"江南"当指澧州一带。因此这几首诗里的"江南"都主要指湖南。

白居易《南湖早春》："不道江南春不好，年年衰病减心情。"[59] 这首诗是白居易在江州所作，江南所指为江西一带。

后一种指称，在王湾、李白、独孤及、皇甫冉、孟郊、杜牧、韦庄等诗人笔下都有体现，如白居易《忆江南》，王湾《江南意》（一作《次北固山下》），又如韦庄《题许浑诗卷》："江南才子许浑诗，字字清新句句奇。"[60] 韩愈《送陆畅归江南》："举举江南子，名以能诗闻。"[61] 多不赘述。

从"江南"概念的发展演变可以看出，历史上，荆楚与江南的地域文化关系很复杂，从广义的"江南"含义来讲，长江以南都称为"江南"，甚至长江以北的荆襄之地也可以称为江南，则江南文化是将荆楚文化包括在里面的；而从广义的"荆楚"指楚国故地的话，至春秋时期楚国已经囊括了南方绝大部分地区，楚灵王在位时甚至将版图延伸至吴越。"荆楚"与"江南"在很大部分上重合，荆楚文化和江南文化则呈现交叉模式。

从狭义的"江南"内涵来说,"江南"仅仅指吴越一带,那么"荆楚"与"江南"是两个不同的区域,荆楚文化与江南文化所指也是两个独立的区域文化。荆楚文化与江南文化同属于南方文化的范畴。

中国古代很早就有了南北文化之分别,从先秦时期楚地的民歌被称为"南风"[62]开始,就有了比较明确的南北文学之分,而《楚辞》更是被视为南方文学的代表,与《诗经》为代表的北方文学相提并论。其后,《史记》《汉书·地理志》《文心雕龙·物色》《颜氏家训·言辞篇》等都对不同地域的水土环境影响其文学特质进行了论说。《隋书·文学传序》中总结魏晋以来文学发展规律,对南北文风差异进行了精辟的概括:"自汉魏以来,迄乎晋、宋,其体屡变,前哲论之详矣……江左宫商发越,贵于清绮,河朔词义贞刚,重乎气质。气质则理胜其词,清绮则文过其意,理深者便于时用,文华者宜于咏歌,此其南北词人得失之大较也。若能掇彼清音,简兹累句,各去所短,合其两长,则文质斌斌,尽善尽美矣。"[63]

南方文化的范围所指比较宽泛,淮河、秦岭以南的广大区域内的文化都可以称为南方文化。除了狭义的荆楚文化与江南文化,它还包括巴蜀文化、闽文化、岭南文化。南方文化是一个整体概念,荆楚文化与江南文化都具有南方文化的特征,但南方文化不足以全面概括其下的区域文化。

尽管先秦时期,南方文化与楚文化为同一所指,但随着时代的发展,历史的推移,已经不能用南方文化代替荆楚文化,也不能将南方文化的共性特点视为荆楚文化的特点。我们探讨唐代荆楚文化,自然要兼顾历时性与共时性,既要了解荆楚文化的历史发展,也要从唐代的社会背景、唐人的地域观念和文化观念出发,考察荆楚地域的民俗民情,归纳其特征。

第三节 从自称"蛮夷"到诗书礼乐之邦

自荆楚立国,境内蛮族广布,《后汉书·南蛮传》追述道:"楚武王时,蛮与罗子共败楚师,杀其将屈瑕。庄王初立,民饥兵弱,复为所寇。楚师既振,然后乃服,自是遂属于楚。鄢陵之役,蛮与恭王合兵击晋,及吴起相悼王,南并蛮越,遂有洞庭、苍梧。秦昭王使白起伐楚,略取蛮夷,始置黔中郡。"[64]

可见当时蛮族之强大。文中所谓"蛮""蛮夷"显然不是单一民族概念，而应当是一些有着某种共同文化特征的文化集团。蛮文化意味着接近自然的原始野性，自由奔放而不拘一格的个性与精神。

西周至春秋时期，楚在华夏国家的眼中就属于蛮夷之邦，楚国也自称"蛮夷"。《国语·晋语八》："昔成王盟诸侯于岐阳，楚为荆蛮，置茅蕝，设望表，与鲜卑守燎，故不与盟。"

因为"蛮夷"很大程度上意味着野蛮落后，除了进茅蕝用以缩酒之外，并没有特别值得关注的地方，文化上远远不能与中原相比，因此正统的中原诸国不予承认它的地位。如《国语》《公羊传》《穀梁传》等史籍的记载中将楚人视为蛮夷，就是证明。

尽管不得中原诸国的承认，不被中原王室予以尊位，楚国君主却并不自卑，不但自己称王，还以强悍的武力扩张使得中原诸国无法忽视。《史记·楚世家第十》载：

> 三十五年，楚伐随。随曰："我无罪。"楚曰："我蛮夷也。今诸侯皆为叛相侵，或相杀。我有敝甲，欲以观中国之政，请王室尊吾号。"随人为之周，请尊楚，王室不听，还报楚。三十七年，楚熊通怒曰："吾先鬻熊，文王之师也，蚤终。成王举我先公，乃以子男田令居楚，蛮夷皆率服，而王不加位，我自尊耳。"乃自立为武王，与随人盟而去。于是始开濮地而有之。
>
> 五十一年，周召随侯，数以立楚为王。楚怒，以随背己，伐随。武王卒师中而兵罢。[65]

熊通称"我有敝甲，欲以观中国之政"，已有不将中原诸国放在眼里的意思，而"王不加位，我自尊耳""乃自立为武王"，在诸夏眼中更是大逆不道。这种充满霸气的言行在其他楚国君主身上也可看见，如熊渠封其长子康为句亶（今湖北江陵）王，次子红为鄂（今湖北鄂城）王，三子执为越章（今安徽间地）王。这在诸夏眼中，无疑是一种僭越的行为，但熊渠称"我蛮夷也，不与中国之号谥"，表示对中原地区礼制的不屑。他为国君时，将楚国势力扩展到长江南岸和中下游，为以后楚国问鼎中原，成为五霸之一打下了基础。

熊通因周王室将弱小的随国叫去数落一番并隐隐透出对楚国的轻视，一怒之下再次伐随，这种行为除了为战争扩张找借口，还有重要的一点，就是自开国创业以来楚先民形成的民族自豪感和强烈的自尊心使然。

从熊绎到熊渠是楚国的开山创国时期，"筚路蓝缕"的创国艰辛，使得楚先民在对身为蛮夷的自我认同外，形成了一种不屈服中原的意志和执着的民族进取心；而创业带来的成就和身为"文王之师"鬻熊后代的身份使他们有着强烈的自尊心，不容许别人对他们轻看。楚国国君熊渠反复强调"我蛮夷也，不与中国之号谥"，楚武王熊通狂妄自称："我蛮夷也。今诸侯皆为叛相侵，或相杀。我有敝甲，欲以观中国之政，请王室尊吾号。"[66] 这些都能说明楚民族这种自信自强、倔强傲然的特点。

从司马迁《史记》中所述楚国兴衰史可以看出，楚国先祖也是黄帝的后代，历代君王也以北方王族后裔的身份自豪，而在"蛮夷皆率服"后，"荆楚"才凝聚成一个有着独特文化特性的民族联盟，即包括北方南迁的王族后裔和南蛮族群，他们经过长期的抗争与融合，最终形成了共同的文化传统和民族品格，因此这个民族"非夏非夷""亦夏亦夷"[67]，在先秦民族结构中显得十分特殊。

从熊绎至熊渠开山创国，历尽艰辛为楚国打下基础，经过楚武王、楚文王、楚成王的东征西讨，到楚庄王时励精图治、成就霸业，至武灵王时，楚国的版图已经达到吴越，成为南方最强的国家。随着楚国的版图不断扩张，楚国的地位终于在春秋末正式得到华夏的认同，楚国政治经济的巨大进步也推动着楚国的文化迅速发展起来。

尽管楚国君王一再强调"我蛮夷也"，但对南方土著而言，楚是华夏，因为它的先公是周成王分封来的，且楚王室所宣扬的及后来周世衰微，北方移民所带来的文化[68] 始终是占据主导的中原文化，孔子所在的春秋末期，楚文化已经显出了自己的特性，它既有别于中原文化，又不同于蛮夷文化，是兼采二者之长，具有包容性、开拓性的地域文化。

一方面，从熊渠开始，每一代的楚国君主都努力加强民族融合，致力文化建设，他们采取开明的文化政策，主动吸收南方蛮文化和学习中原文化，将二者融合起来，从而使得南蛮族群逐渐开化，楚文化特性逐渐形成；另一方面，由于早期楚国独特的地理位置是西有险阻，东有平野，进可攻退可守的丹阳一带，"恰好位于靠近豫西南的鄂西北，便于楚人在自己文化传统的基础上，兼采华夏和蛮夷之所长而用之"[69]，从而创造出一种独特的荆楚文化来。

此外，还有荆楚之地原始部落农耕文化的影响。张正明先生在《楚文化史》中认为仅仅是中原文化与蛮文化的融合还不足以显出荆楚文化的特性，在华夏文化与蛮夷文化之间还存在一种主源文化，如调和剂一般使它们能够很好地融合，这种主源"即祝融部落集团崇火尊凤的原始农业文化，它左右着楚文化的发展方向。如果没有这个主源，江汉地区要么华夏化，要么蛮夷化，不会生出一个楚文化来。若主源可推到祝融，华夏文化是干流，蛮夷文化是支流，那么三种文化交汇合流，就成为楚文化了"[70]。

正是在文化的不断交融与发展中，楚先民逐渐摆脱了"蛮夷"的称号，春秋末期，楚国已经以诗书礼乐之邦自居。楚申包胥到秦国求援时说："吴为封豕、长蛇，以荐食上国。"[71]可以看出，这时期楚国已自称为"上国"，而将后起的"吴"称为夷邦了。

从自称"蛮夷"到自称"诗书礼仪之邦"，可以看到荆楚文化逐渐形成的轨迹，这其中有历史发展的必然性，也有南北方文化交流的互动原因。一方面，上层社会的文化政策、文化观念和文化主张决定着主文化的发展方向和不同文化之间的融合程度。楚国贵族积极学习华夏语言，熟知华夏典籍，不但将中原文化使用在外交场合，还常到日常生活之中引《诗》言志，如《左传·宣公十二年》载楚庄王引《诗·周颂·武》曰："武王克商，作《颂》曰：'载戢干戈，载橐弓矢。我求懿德，肆于时夏，允王保之。'又作《武》，其卒章曰：'耆定尔功。'其三曰：'铺时绎思，我徂维求定。'其六曰：'绥万邦，屡丰年。'"[72]另一方面，文人对民间文化的采集、编撰与整理是另一种意义上的再创作，这种活动促进了不同地域文化的交流。如春秋时期，从南方土壤中滋生的民歌，也流传于北方。以《诗经》中的《周南》《召南》为代表。"二南"是西周末年周宣王命召公南征以后，产生于江汉流域的诗篇。其中最有名的篇章为《诗·周南·汉广》："南有乔木，不可休思，汉有游女，不可求思。汉之广矣，不可泳思，江之永矣，不可方思。"[73] 这样的诗歌在一定程度上经过了加工处理，因而既有北方民族诗歌的特色，又表现了江汉流域民族独特的文化传统与情趣。

事实上，荆楚文化在先秦并不落后，相反还璀璨无比，春秋时期，楚国就有了自己的历史典籍。《孟子·离娄下》云："王者之迹熄而《诗》亡，《诗》亡然后《春秋》作。晋之《乘》、楚之《梼杌》，鲁之《春秋》，一也。其事则齐桓、晋文，其文则史。孔子曰：'其义则丘窃取之矣。'"[74] 楚国的史书《梼杌》与晋国史书《乘》及鲁国的《春秋》一样被孔子吸收，写在孔子所编的史书之中，从"其文则史"的评价来看，这时期的史书都质朴无文，直言其人其事。

楚国也不乏史学家与文学家，如左史倚相，能读《三坟》《五典》《八索》《九丘》；观射父则能知前代之典，"能做训辞，以行事于诸侯"。先秦时期"文史不分家"，这些人学识渊博，既能教化"蛮夷"，又能推动楚国文化事业的发展。

文学方面，除了载于《诗经》的"二南"之诗，还有当时流传甚广、到如今仍可以看出其原形的楚地歌谣，如《尸子》《孟子家语》所载，《左传》《礼记》中提及的《南风歌》，《庄子》《孟子》所载的《沧浪歌》，《孟子·离娄上》所载的《孺子歌》及《说苑·善说》所载的楚译《越人歌》等。这些诗歌作为荆楚诗歌的源头，代表着那个时期楚国文学的成就，对后世的诗歌影响深远。

春秋时期百家争鸣，除了《老子》，道家有《鹖子》《文子》《蜎子》《老莱子》《长卢子》《鹖冠子》《老成子》《楚子》等，农家有《野老》，兵家有《楚兵法》等。这些都在《汉书·艺文志》有所记载。

这时期，能凸显荆楚浓郁的地域特色，取得极高成就的当属以屈原为代表的楚辞。屈原所著《离骚》《九歌》《天问》等开创了楚辞这种具有鲜明地域特色和民族特色的新诗体，其文学成就远远超出了所处的时代。继屈原之后，宋玉以其高卓的才情，极尽铺张之能事，创作了五彩缤纷的《高唐赋》，为汉大赋的产生拉开了序幕。

王逸在《离骚序》中将《离骚》与《诗经》并列，太史公则认为《离骚》

"虽与日月争光可也"[75]。宋景文公曰："《离骚》为辞赋之祖，后人为之，如至方不能加矩，至圆不能过规矣。"[76] 宋人黄伯思更是对楚辞的特点进行了阐释："盖屈宋诸骚，皆书楚语，作楚声，名楚物，故可称之为楚辞。"[77]

楚辞对中国古代诗歌产生的深远影响，所谓"衣被词人，非一代也"[78]，不仅仅表现在后世文人对骚体的争相模仿和创作，如先秦宋玉、唐勒、景差，汉代枚乘、司马相如、刘向、扬雄，唐代李白、柳宗元等人都有骚体、仿骚之作；还表现在屈原那种忠君爱国、忠直不屈，追求理想"虽九死其犹未悔"的精神的时空穿透力和感染力。屈原作品的流传，意味着屈骚精神不断被理解、认同、契合、共鸣，它深深地烙印在中国文人的心灵之上，成为后世文人受挫之时能从这里受到鼓舞，失意之时能从这里寻求安慰的一块精神净土。

而屈原"发愤以抒情"的浪漫传统也成为后世文人励志的一个楷模和目标，如司马迁就以屈原为榜样而完成了鸿篇巨制《史记》等。

除了史学、文学、哲学上的成就，楚人绘画、音乐、舞蹈、工艺等方面也很出众。荆楚乐舞以"艳"著称，风格独特，汉代宫廷就常常以楚歌舞为兴，魏晋南北朝楚地歌舞仍余韵不绝。南朝西曲的产生与流行，就是对楚地歌舞的一种继承和回味。楚人的青铜冶炼工艺、丝织刺绣工艺以及髹漆工艺，无不精彩绝伦、美轮美奂，流传千年仍大放光彩。

在不断的文化交融的过程中，荆楚文化特性基本稳定，永嘉南渡之后，随着政治经济重心的转移，大量北方移民涌入南方，以及统治者对儒雅时尚的倡导，荆州[79]俨然成为诗书礼教之邦。《隋书·地理志》云："自晋氏南迁之后，南郡、襄阳皆为重镇，四方凑会，故益多衣冠之绪，稍尚礼义经籍焉。"[80]至隋唐时期，尽管少数一些偏远地区仍有蛮夷留存，如《太平寰宇记》称澧洲一带风俗"少杂夷獠"[81]，《隋书·地理志》则云："（沅陵郡）多杂蛮左，其与夏人杂居者则与诸华不别，其僻处山谷者言语不通，嗜好居处全异，颇与巴渝同俗。"[82] 这些山区的居民还保持着原始的野蛮风气，巫风盛行，而其他与汉人杂居的则已经被同化，"与诸华不别"。

荆楚之地的蛮夷之风气逐渐被消解，杜牧就以黄州而言，曾称："古有夷风，今尽华俗。"[83] 黄州近江汉之地，"在大江之侧、云梦泽南"[84]，在唐人的观念里，仍归属楚的范畴，宋代还有"黄州楚国分三户"[85]的说法。《北梦琐言》云："江陵在唐世，号衣冠薮泽，人言琵琶多于饭甑，措大多于鲫鱼。"[86]
这固然和北方士族大量南迁有关，但也说明唐时候大部分故楚之地的蛮夷之
风已经被革除一新。

第四节　荆楚文化的主要特征

先秦时期荆楚之地的辉煌成就，随着时间的推移，渐渐被历史尘封，但
其沉淀下来的文化传统，却长盛不衰。除了为人熟知的青铜文化、楚辞文化，
还有许多文化传统为后代所继承和发扬。至唐代，属于先秦时期的荆楚文化
传统特征发生了一些改变，有的延续，有的弱化并消失，但其核心的部分还
是保留了下来。我们从文化发展的历时性特点和隋唐时期荆楚文化的共时性
特点出发，归纳荆楚文化的特征，基本有如下几点。

一、念祖重孝、忠君爱国

从最初楚先民在穷乡僻壤中顽强发展到楚立国，历时数百年，"筚路蓝
缕"的艰辛使楚先民充满民族自豪感与强烈的自尊心。楚人又不断与四周强
邻斗争、融合，经历了千年之久才终于强大繁盛，形成了强大的民族凝聚力。
长期处于夹缝中生存的环境使楚人养成了以民族利益为中心的心理，念祖、
忠君、爱国便成为楚文化精神中最重要的组成部分。

楚人将先祖始兴之地称为圣地，并习惯沿用旧居之名。楚国先祖鬻熊居
住在丹淅二水之间的丹阳，其曾孙熊绎移到荆睢二山之间，仍称其地为丹阳，
熊绎之子孙熊挚别封于夔，仍以丹阳为居所之名。除此之外，今湖北枝江、
安徽当涂还有名为丹阳的地域。楚人对先人的格外尊崇，不但表现在沿用先
祖旧地之名，还表现在对先人之墓的看重。据《史记》载，白起拔郢时，第
一件事便是"烧先王墓夷陵"[87]。楚人重视先人之故地，自然也将先人墓地
视为最神圣的场所，它凝聚着楚国文化创造的财富，是楚人的精神象征，是
民族认同感和归宿感的所在。白起烧先王墓，借此摧毁楚人的意志，瓦解楚
人的民族意识，其用心是不言而喻的。

楚人时常歌颂先祖的勤劳、勇敢、开拓精神，以先人的创国经历来激励

后人，如春秋时期楚庄王称霸中原，显赫一时，却不因此懒散懈怠，常向国人"训之以若敖、蚡冒筚路蓝缕以启山林。箴之曰：'民生在勤，勤则不匮'"[88]。

念祖是饮水思源，不忘本，反映到后世荆楚人心中，便是恋家祭祖的行为，因而荆楚文学中多怀土恋阙的主题。屈原在《离骚》开篇自述身世，缅怀皇考大父，追忆远祖近宗，就是受这种念祖重孝传统的影响使然。

楚人念祖往往是与忠君、爱国联系在一起的。荆楚多忠君爱国之士，表现在诸多方面，在民族危亡之时挺身而出，奋力施救，或自发战斗，或失败后慷慨赴死，在个人遭受不公平待遇时仍能忧国忧民，都能反映这种品质。

如楚昭王十年，吴人破郢，有蒙谷冒生命危险为国家保存"鸡（离）次之典"，卖羊肉为生的屠羊说主动护卫昭王出逃，又有申包胥自发入秦求救，无不体现这种忠君爱国精神。正如申包胥在解救国家危机成功后所说"为君也，非为身也"[89]（《左传·定公五年》），个人的利益得失在国家民族利益之前不值一提。后来，在却吴复楚过程中，楚地人民自行组织起来反抗吴军，"奋臂而为之斗""无将率（帅）以行列之，各致其死"[90]（《淮南子·泰族》）。

楚人在民族大义之前悍然不畏死，又如《左传·僖公二十八年》中所载武王之子屈瑕在伐罗战败后自缢，子玉在城濮之战后引咎自缢，[91]都是以死来谢君王与国人。

楚人在文艺上表现的民族气节也令人可歌可泣。屈原被流放而仍以香草、美人比附其高洁品性，在《离骚》中表达振兴楚国之理想及忧国忧民之思；在《招魂》中追悼楚怀王；在《国殇》里替阵亡的楚国勇士招魂，都是这种忠君爱国精神的表现。

二、多奇才、慧才，利于艺术

荆楚地区自古以来多水，人多聪慧多情，利于艺术。先秦时期，荆楚之地地势西高东低，西部秦岭、武当山、大巴山、巫山、武陵山等山脉耸立，东部则是广袤的云梦泽，而不是后来由长江、汉水冲积起来的江汉平原，"云梦者，方九百里"[92]，沧海变桑田，云梦泽不断缩小，六朝时期，云梦薮泽由九百里缩为三四百里："周三四百里，及其夏水来汇，渺若沧海，洪潭巨浪，萦连江沔。"[93]遂演变为水土肥沃的江汉平原。"汉水川原连梦泽"[94]就是唐宋时期荆楚之地的大致风貌。

六朝至唐，荆楚境内江河与湖泊广布交织，长江支流有自北向南的汉水，自南向北的湘水、资水、沅水、澧水等，汉水支流则有丹水、均水、白水、涢水、蛮水、襄水、汎水等，这些水域都"可以浮舟筏巨川"[95]。荆楚境内湖泊更是多不胜数，《水经注》中所记载有名的湖泊就有 30 个左右，而其他大大小小无名湖泊则不下数千。

因水系发达，河湖众多，荆楚之地被称为"江国"或"泽国"，如唐代杜甫《泊岳阳城下》称"江国逾千里，山城仅百层"[96]，清末民初著名学者刘师培亦言："楚国之壤北有江汉，南有潇湘，地为泽国。"[97]

水乡泽国的秀丽风景，常常引得诗人不惜笔墨加以描绘，如唐代雍陶《送徐使君赴岳州》："渺渺楚江上，风旗摇去舟。"[98] 钱起《送严士良侍奉詹事南游》："日夕望荆楚，莺鸣芳杜新。渔烟月下浅，花屿水中春。点翰遥相忆，含情向白苹。[99] 司空曙《下武昌江行望涔阳》："雪隐洲渚暗，沙高芦荻黄。渔人共留滞，水鸟自喧翔。"[100] 由于荆楚之地河湖纵横，往往多洲、屿，水生植物长于旁，鸥鹭等水鸟栖于上，远远望去，令人有烟云之思。许多隐士居住的地方也是秀水环绕，远处有渔烟桂棹兰桨，近处有粳稻荷香，说不出的幽雅风致："衡茅古林曲，粳稻清江滨。桂棹为渔暇，荷衣御暑新。"[101]

水之轻缓使人闲雅、从容不迫，谋定而后动，因此荆楚多出慧才，如春秋时期的蔡声、子言、百里奚，战国时期的伍子胥、范蠡、文种，汉末三国时期的诸葛亮、庞统、司马徽等；水之湍急，则使人易怒、激动、机敏、多变，果敢，胆大而奔放，因而荆楚之地多出奇才，如楚狂接舆、"力拔山兮气盖世"的项羽、"多智近妖"的诸葛亮、被称为"天下无双"的东汉江夏人黄香[102]等；水之泽被万物，对万物有情，则使人浪漫多情，唤起对自然拟人化的想象，如屈原、宋玉、王逸、孟浩然等。

荆楚多才，春秋最盛，三国其次，诚如清代洪亮吉所言：

　　春秋时人材惟楚最盛，其见用于本国时不具论，其涉及他国时，蔡声子言之已详，亦不复述。此外则百里奚霸秦，伍子胥霸吴，大夫种、范蠡霸越，皆楚人也。他若文采风流，楚亦较胜他国。不独左史倚相能读《三坟》《五典》《八索》《九丘》也……其后诸子百家亦大半出于楚。《史记》：老子，楚苦县历乡曲仁里人。《艺文志》：道家老莱子、文子、鹖冠子，皆楚人。孔子、墨子，皆尝入楚。公孙龙、任不齐、秦商皆楚人。庄子虽宋蒙县人，而踪迹多在楚。环渊、尸子、长卢、陈良，楚产也。许行亦楚人。鬼谷子、皇甫谧俱楚人。荀况则尝为蓝田令……至辞赋家则又原始于楚。屈原、唐勒、景差、宋玉，诸人皆是。盖天地之气，盛于东南，而楚之山川又奇杰伟丽，足以发抒人之性情。故异材辈出，又非仅和氏之璧、隋侯之珠，与金、木、竹箭、皮、革、角、齿之饶，所得专其美也。[103]

荆楚多奇才，与荆楚之地的山川之奇杰伟丽密不可分，如唐代王勃言："南国多才，江山助屈平之气。"然楚国之才往往不被重视，不但有"楚才晋用"的现象，且如屈原因忠直敢谏而被谤流放的例子也很多。由此唐代大诗人李白在《鞠歌行》中不无感叹说：

> 玉不自言如桃李，鱼目笑之卞和耻。楚国青蝇何太多，连城白璧遭谗毁。荆山长号泣血人，忠臣死为刖足鬼。听曲知宁戚，夷吾因小妻。秦穆五羊皮，买死百里奚。洗拂青云上，当时贱如泥。朝歌鼓刀叟，虎变蟠溪中。一举钓六合，遂荒营丘东。平生渭水曲，谁识此老翁。奈何今之人，双目送征鸿。[104]

除了唐代王勃、李白之言，宋代宋祁也说"江山之助，出楚人之多才"[105]，宋、元之际的吴文正在《赠襄阳高凌霄翼序》中则说："东汉以来荆楚号多奇才，盖其遍地便于用武，智计之士往往出焉，驰骛一世而立功名者常有人也，斯其可谓人中之豪杰矣乎？"[106]虽指的是襄阳一带，也适应于荆楚。

清人王士禛称宜城"山川顽劣而多产才士"[107]，如"宋玉、王逸、马氏五常"等，可见"楚国多才"已成公论。

荆楚之地的慧才、奇才大多有文采，如先秦时期老子有《道德经》五千言，字字珠玑；秦汉时期项羽有《垓下歌》，将楚歌中的悲壮哀怨特色发挥得淋漓尽致。三国时期诸葛亮有《前出师表》《后出师表》，文辞恳切，感情真挚，一改公文不适合抒情的传统看法，是后世公文抒情叙志的典范。

魏晋南北朝时期荆楚之地也不乏文才，如宗炳、宗夬、刘坦、乐霭、刘之遴、范云、庾肩吾、费昶、王台卿、阴铿、宗懔、岑之敬等都有诗留存。

唐代荆楚诗人，据陈尚君《唐代诗人占籍考》，多达 126 位，其中有开宗立派的孟浩然，又有诗名稍显的齐己、李群玉、胡曾、张祜、郑谷、韩翃、秦韬玉等。

三、浪漫多情、瑰丽想象、刚柔并济

在水系发达的地域生活，荆楚之人不可避免受到水的特性的影响，水的流动、周转、明澈和变化，陶冶着楚人的情操，令他们如水一般活泼、自由、灵动、奔放、多变，也如水一般的多情、浪漫、热爱幻想。

荆楚文学、哲学与北方的文学、哲学的庄重、严谨不同，都带有一种活泼、抒情、浪漫、虚无的风貌。正如刘师培在《南北文学不同论》一文中指出："大抵北方之地，土厚水深，民生其间，多尚实际，南方之地，水势浩洋，民生其际，多尚虚无，故所作之文，多为言志、抒情之体。"[108] 这是有道理的。

老子言："上善若水，水善利万物而不争，处众人之所恶，故几于道。"[109] 水"善利万物而不争"的智慧，表现在荆楚文人身上就是一种隐逸的豁达与淡然，表现在文学中，则是自然而不拘一格、奔放随性、顺情而发的品性。如先秦时期广成子、庚桑楚、老莱子、鹖冠子，汉代黄敬、葛洪，汉末三国时诸葛亮、庞统、司马徽等都有隐行。隐逸诗歌则有先秦时期的《道要》《水仙操》《楚狂接舆歌》，秦代《题石》，汉代《丹诀》《楚樵者歌》《於忽操》《洗药池》等。而"天下莫柔弱于水，而攻坚强者莫之能胜"[110]，则表现在楚国在强邻环伺中积弱变强，在战争中以少胜多、以弱胜强的政治军事智慧，也表现在刚柔并济的文学风格上。

《管子·水地》云："楚之水淖弱而清。"因而荆楚的歌谣具有水的柔性、灵性，同时具有水的奔放与浩瀚。如楚译《越人歌》"山有木兮木有枝，心悦君兮君不知"[111] 与《孺子歌》（又名《沧浪歌》）"沧浪之水清兮，可以濯我缨；沧浪之水浊兮，可以濯我足"[112]，以及屈原所作《离骚》，其音调

之柔和，节奏之舒缓，情感之缠绵悱恻，构成了荆楚文学中"绮靡以伤情""耀艳而采华"[113]的尚情特点。

因为尚情，荆楚文人行文间往往带着一种浪漫的气息。屈原根据沅湘一带民间巫祭歌舞改编创作的《九歌》，无论是湘君、湘夫人，还是那痴情的山鬼，也都充满了神秘浪漫气息。而在《离骚》中，屈原对"香草""美人"意象的大量使用，对"美政"理想的执着追求，在虚幻世界里寻找精神的家园，都是理想化和浪漫化的表达。不仅仅是《离骚》中诗人辗转周天，与重华等神仙在仙境中遨游，又四方宓妃诸女展示出诗人瑰丽的心思，有无穷的想象力，且《湘君》《湘夫人》《山鬼》《少司命》《国殇》《涉江》《九辩》《招魂》中展现出来的光怪陆离的神仙鬼魅世界，都是诗人天马行空、奇情幻想的结果。这些篇目中流露出的哀怨凄婉、悲凉肃杀之气，与《诗经》中所谓的"乐而不淫、哀而不伤""温柔敦厚"的风格主张完全不同。

荆楚的浪漫传统还表现在艺术、思想等各方面。如东周时期荆楚漆器上飘逸的凤尾纹，长沙出土的帛画中的人神形象塑造的怪诞表现方法（人兽合体），前人叙述已多，不再赘述。

荆楚之人不仅浪漫多情，感情细腻而容易激动，具有水乡泽国特有的柔性，且也正因其感情之自然随性，"易发怒"，动辄轻言生死，又具有刚性的一面。

荆楚之人的刚性表现在尚武之风上。楚人好武之说历来已久，从楚墓中出土的众多兵器可以看出先秦时期楚人喜战好斗的特点。这自然与先秦时期楚国特有的地理环境（居于东西南北之中）、政治背景（强邻环伺）分不开，《左传·襄公十八年》还有关于楚国国君"主社稷而不出师，死不从礼"[114]的记载，这种礼法中原地区闻所未闻；而若是楚君王一直不起兵征战，会被怀疑其贪图安逸而遗忘先人之志，可知其尚武之传统已经深刻印在了楚人的思想观念里。

楚人喜欢佩剑，屈原《离骚》与《涉江》中就有"带长铗之陆离"的诗句。《史记·货殖列传》言西楚之地"其俗剽轻，易发怒"[115]，《论衡·率性》说楚俗"促急"，都是形容荆楚之人情绪容易激动、动辄以武力解决事情的例子。

魏晋时期的阮籍《乐论》云："楚越之风好勇，故其俗轻死……轻死，辄有蹈火赴水之歌。"[116] 这主要指的是汉魏以来的楚声因荆楚之人"好勇""轻死"而显得慷慨激越。

宋人言"夫淮汉之俗大抵略同""其民敦实雄健，涉历世故，颇知用武"[117]。

宋元之际的吴澄也指出："自昔荆楚多奇才剑客，其气劲，其才可用，异于江以南之俗。"[118]

清代湖南巡抚陈宝箴言湖南之地："其民气之勇，士节之盛，实甲于天下。"[119]

楚人的强悍果敢一如上述所言，在唐诗中，唐人对荆楚之地彪悍的民风还有说法，如杜甫《赠苏四徯》："君今下荆扬，独帆如飞鸿。二州豪侠场，人马皆自雄。"[120]

荆楚文化刚性的一面还表现在荆楚文人的清狂"狷狭"、豪放洒脱上。《文心雕龙·辨骚》就说《离骚》"依彭咸之遗则，从子胥以自适，狷狭之志也"[121]。

荆楚之人的刚性品格决定了其文学作品慷慨激越、荡气回肠的特点。无论是《楚辞》在内容和形式上表现出来的悲壮、顿挫还是汉高祖《大风歌》中表现出来的慷慨激越，都能体现这一点。

荆楚之人的柔性品格又决定了荆楚文学瑰丽多变、不拘一格、"尚情"的特点。这从《楚辞》、项羽《垓下歌》等文学作品中情感抒发的缠绵悱恻、酣畅淋漓可以窥见一斑。

荆楚文化的刚性特征与柔性特征，是并存的两个方面，早期刚性特征十分显著，魏晋南北朝后，柔性特征更突出一些，但刚性特征始终存在，刚中有柔，刚柔并济，构成了荆楚文学独特的文学风貌。

四、崇巫

楚人崇巫的习俗是从楚先民那里传承下来的。楚巫官观射父所说"民神杂糅，不可方物。夫人作享，家为巫史"[122]，正是楚国崇巫的真实写照。

楚国崇巫，与楚先民在原始社会出生、生产力低下，对自然中神秘力量充满不解、好奇与渴望是分不开的。楚人认为天地山川都具有某种神秘的力量，而能与这种力量沟通的就是巫，巫通过某种神秘的仪式将"天"的旨意传达给民众，因而在先秦时期，巫的地位很高。

巫分男女，"在男曰觋，在女曰巫"[123]。巫觋一般是具有智慧，掌握某些知识的"先知"，周代各民族及其部落都有巫的存在，然楚国巫风最重。楚国有世代为巫官的家族，即观氏。楚国的大巫观射父被视为国宝，昭王不明的天地之事、祭祀之事都需要向他请教，可知其地位。先秦时期巫、史不分家，大巫一般都能博古通今，对文化的传承与传播起到重要的作用。如巫觋司祭祀鬼神之事，必然以神话传说为凭据，先秦时期的神话传说很大一部分有赖于巫觋的不断搜寻与汇集整理而得以保存和流传下来。

巫觋与鬼神沟通的方法有祭祀、卜筮两种。祭祀以山川、星辰和祖先为主要对象，反映了先民的山川崇拜、祖先崇拜等原始意识。据《左传·哀公六年》载，昭王曾言："三代命祀，祭不越望，江、汉、雎（同雎）、漳，楚之望也。"[124]卜筮则以消疑解难、预测前途为主，楚人重卜几近痴迷，卜尹就是专为国家社稷行卜的官职，而民间之人遇诸事皆以行卜的结果为据，可以说，行卜与事神已经成为楚人生活中不可缺少的一部分。

先秦时期，荆楚之地地广人稀，民族众多，除了贵族上层所在的都邑与交通相对发达的平原地区盛行巫官文化，其他如西部地区及一些山区丘陵地带还处于原始巫文化范围，在"夫人作享，家为巫史"的巫风影响下，楚人生活各方面都染上了神秘的巫风色彩。《山海经》，屈原所作《九歌》《招魂》等，都能看出其地盛行巫风的状况。

秦汉时期楚地崇巫的传统被继承，《汉书·地理志》说楚人"信巫鬼，重淫祀"[125]。至隋唐，《隋书·地理志》云："大抵荆州率敬鬼神，尤重祠祀之事。"[126]

唐代，巫风在荆楚民间仍然盛行，如皇甫冉说："吴楚之俗与巴渝同风，日见歌舞祀者。"李嘉祐《夜闻江南人家赛神，因题即事》："南方淫祀古风俗，楚妪解唱迎神曲。……听此迎神送神曲，携觞欲吊屈原祠。"[127]这里的"江南"是泛指，主要指沅湘一带。柳宗元说："惟是南楚，风浮俗鬼，户为觋徒，家有禳……殴愚蒙以神讹。"[128]又《永州龙兴寺息壤记》云："永州居楚越间，其人鬼且機。"[129]以上都说明唐代南楚地区巫风最盛。

当然，巫风不仅仅盛行于沅湘一带，元稹在江陵有《赛神》诗，对荆州一带"好淫祀"也进行了详细描绘。

第一，荆楚巫风对文学的影响在于，巫祭歌舞的流行催生了具有地域特色的楚歌，巫音是荆楚歌谣的主要来源之一。

《尚书·伊训》云："敢有恒舞于宫，酣歌于室，时谓巫风。"按，孔颖达疏："巫以歌舞事神，故歌舞为巫觋之风俗也。"[130] 可知当时从宫廷到民间，与巫祀有关的歌舞活动非常流行，这种歌舞曲就是最初楚歌的雏形。屈原《九歌》就是吸收沅湘一带的巫祭歌舞中的内容与特点而进行创作，王逸《楚辞章句·九歌序》言："昔楚国南郢之邑、沅湘之间，其俗信鬼而好祠，其祠必作歌乐鼓舞以乐诸神。"[131] 朱熹亦说："荆蛮陋俗，词既鄙俚，而其阴阳人鬼之间，又或不能无亵慢淫荒之杂。屈原放逐，见而感之，故颇更定其词，去其泰甚。"[132]

经过文人的加工，原始的巫祀歌舞变得言辞优美、形式规范起来，语气词"兮""些""思"等楚地方言在诗歌中的广泛应用，不但利于抒情，更增添了诗歌的韵律和节奏感。这样加工而成的楚歌更利于传唱，以至于后人争相效仿。如著名的"四面楚歌"、刘邦衣锦还乡时慷慨起舞，豪情满怀而歌的《大风歌》就是典型的楚歌。汉武帝的《瓠歌》《秋风辞》也是依楚声而作。汉代郊祀仍在演奏《九歌》，可见其影响之深远。

正是长期盛行荆楚的巫风，推动了楚歌的迅速发展和广泛传播，使得荆楚之地的民间歌舞长盛不衰，孕育出一批又一批的民间歌手，一首又一首的民歌曲调。这些民间曲调和那些千奇百怪的神话故事一起都构成了楚文化必不可少的一部分。

第二，上层文人的创作也因浸润巫风而富于神秘浪漫色彩。自屈原作《九歌》以来，秦汉之间，有许多仿《九歌》而作的诗歌，至唐代，刘禹锡在《阳山庙观赛神》中就说明了当时民间流行的《竹枝》也与荆楚崇巫信鬼的传统有关："荆巫脉脉传神语，野老娑娑起醉颜。日落风生庙门外，几人连踏竹枝还。"[133] 由此可知，"竹枝"最初也是娱神的歌舞曲。刘禹锡改编创作竹枝歌词，也是以《九歌》的精髓特色为目标，既要保持竹枝歌舞曲的民间风味，又对其"删杂去芜"，令其措辞优雅明白，更利于歌唱和传播。

王维的《鱼山神女歌二首》中的《迎神曲》和《送神曲》就直接沿袭了《九歌》男女恋情吸引神灵的格局，写神女来无言、去无语及将去未去时云欲卷、雨消散的情景更是直接取意于《湘君》《湘夫人》《山鬼》。可知巫风对唐代文人创作的影响。

第三，荆楚崇巫之风还催生了许多节日习俗，比较具有代表性的如社日赛神的习俗、人日"登高赋诗"[134] 的习俗、元日至月晦"士女泛舟，或临水宴乐"[135] 的习俗、三月三日"临清流，为流杯曲水之饮"的习俗、五月五日踏百草的习俗、赛龙舟的习俗（主要是祭祀屈原，澧州一带也有祭祀龙神的说法）等，这些节俗都极利于荆楚文化的传播与文学艺术的创作。如以"赛神""踏歌"为题的民俗诗，以"社日"为题的节日诗，以端午习俗为主题的竞渡诗，都是荆楚节俗文化在唐代诗文中的体现。

荆楚之地的赛神、踏歌习俗本为娱神活动，后逐渐淡化神性仪式，而变得具有浓浓的生活劳动气息与地方风味。赛神是社日的活动，社日分春社、秋社，每逢此节日，必祭祀歌舞，可谓热闹非凡。如唐诗中所记诗人在荆楚之地的见闻："白布长衫紫领巾，差科未动是闲人。麦苗含穟桑生葚，共向田头乐社神。"[136] 说明了农人在田头举行赛神歌舞活动的情景。

荆楚的巫祭活动，在唐代已经开始发生改变，一方面，民间简化了巫祭的仪式，更多关注与祭祀相关的歌舞娱乐活动，令人以一种放松心情、庆贺春种秋收节日的心态来进行歌舞活动。另一方面，先秦时期那种比较单纯的信鬼好神，祈求神灵降福、求卜吉凶等活动在漫长的演化中发生了质变，巫觋不再与史、医结合，唐代许多所谓的巫觋不过是普通人扮演而成，并没有超绝的智慧与博古通今、断人生死的能力，往往以骗取钱财、误导民众为目的，使"民不堪命"，苦不堪言。如元稹《赛神》："村落事妖神，林木大如村。事来三十载，巫觋传子孙。村中四时祭，杀尽鸡与豚。主人不堪命，积燎曾欲燔。……庙中再三拜，愿得禾稼存。去年大巫死，小觋又妖言。……我来神庙下，箫鼓正喧喧。因言遣妖术，灭绝由本根。"[137]

在赛神活动中，村人愚昧迷信，一味盲从，致使"去年大巫死，小觋又妖言"，连绵不断，如"野火烧不尽，春风吹又生"，屡禁不止。元稹在另一首《赛神》诗中就说荆楚之地"巫风燎原久，未必怜徙薪"，且尖锐批判这种农忙时节不事收获反而散尽家财祭拜妖神妖社的行为："楚俗不事事，巫风事妖神。事妖结妖社，不问疏与亲。年年十月暮，珠稻欲垂新。家家不敛获，赛妖无富贫。杀牛贳官酒，椎鼓集顽民。……贫者日消铄，富亦无仓困。不谓事神苦，自言诚不真。"[138]

赛神活动之中，往往包含了踏歌、赛歌的习俗。踏歌虽不仅仅属于荆楚，但在荆楚可以说最盛。荆楚之地的踏歌习俗也频繁在唐诗中出现，如刘禹锡有《踏歌行》四首，可见出唐代荆楚之地踏歌的大致风貌。

尽管踏歌最初也是从娱神歌舞中发展而来的，但荆楚踏歌习俗已经不局限于祭神活动，而演变为一种单纯的休闲娱乐活动。如竹枝歌舞就是以踏歌为主的一种歌舞形式。但唐代，经由刘禹锡的改造和传播，已经上至贵族士女下至乡野老夫都可以吟唱，而随着文人的争相模仿和再创作，竹枝主要以口中吟唱为主，踏歌则变得可有可无了。

从晋代宗懔《荆楚岁时记》中所记"三月三日，四民踏百草"及南朝西曲中的《江陵乐》"阳春二三月，相约踏百草""不复出场戏，蹋场生青草。试作两三回，蹋场方就好"[139]等踏歌描写中可以看出，荆楚踏歌习俗由来已久，无论男女老幼皆可，往往在春秋之际，伴随着出游、斗百草等活动。踏歌有专门的"蹋场"，场地宽阔，适合多人同时连臂歌舞。

南朝至唐，荆楚踏歌更完全脱离了祭祀、劳动、季节等时间地点上的限制，演变为单纯的出游娱乐活动，这种转变的标志是荆楚之地大堤歌舞的盛行。除了个别对荆楚乡野之间踏歌的描写还可见出一丝端倪，唐诗中的踏歌几乎已经完全看不出与巫风的关系了。而有关大堤女儿踏歌的描写，在唐诗中多不胜数，如李白、李贺、张巨源、张柬之均有《大堤曲》，孟浩然有《大堤行》，刘禹锡有《大堤行三首》等。这一点将在第六章具体讨论。

《荆楚岁时记》载"元日至于月晦，并为酺聚饮食，士女泛舟，或临水宴会，行乐饮酒"[140]与"三月三日，四民并出江渚池沼间，临清流，为流杯曲水之饮"。这两处描写的节俗比较相似，都以度厄、祓除岁秽为目的，《荆楚岁时记》正文下按云：

　　韩诗云："唯溱与洧，方洹洹兮；唯士与女，方秉蕳兮"。注谓"今三月桃花水下，以招魂续魄，祓除岁秽。"《周礼》："女巫岁时祓除衅浴。"[141]

可知其源头均与巫风有关。这种习俗先秦时期就比较流行,南朝至唐,荆楚地区仍有这种春日出游活动,较之其他地区尤为突出。孟浩然《大堤行寄万七》诗中言王孙、游女同游的情景,比较符合当地的真实情况。

端午竞渡的习俗,一般认为是起源于屈原,还有一种说法追溯到更早的龙神祭祀上。[142] 端午这一日,人们"竞渡,采杂药",采杂药是为了驱除病秽,禳除灾厄,这既有迷信的成分,也与早期的巫觋兼任医官,在巫祭活动的同时教导民众识别药草有关。竞渡,《岳阳风土记》说其是为了"禳灾"[143],元稹在《竞舟》诗中则说竞渡脱胎于祭祀活动,与祭船有关。"祭船如祭祖,习竞如习馘"[144],可见其重视程度。

第四,荆楚巫文化的影响还表现在,它为道教的形成提供了理论基础和参照依据,这一点前人已有论述,如蔡靖泉《楚文化流变史》一书中认为,道教中多神论的思想就来源于楚人的泛神崇拜观念;道教天、地、人、神的神仙架构,是效仿"太一"统领诸神的结构方式;道教中宣扬神仙不死,逍遥于天国仙境,主要是依据楚人对神仙的描绘;道教中各种法事活动,及道士的诸种职能如请神降神、降妖除怪等都是对巫教的借鉴等。

上天通神而成仙的思想,也是巫文化发展的产物,战国时已经普遍流行。屈原《远游》篇中提到赤松子、王子乔等仙人乘风游历太空的生动情景。唐代道教为国教,诗人莫不受到道教思想影响,唐诗中的游仙诗、唐传奇中的神仙鬼怪世界的离奇构思,如《柳毅传》中洞庭龙女的描写就与洞庭水神的传说有关,其幻想的源头,也有巫文化的影子。

凡是在荆楚之地有一定生活经历的文人往往会不由自主关注当地的巫风习俗,甚至依据巫祭歌舞进行创作,如李白、刘禹锡、柳宗元、元稹等。

总的来说,荆楚巫风丰富了唐代荆楚人民的生活,影响了唐代文学中的主题表现和内容倾向,催生了由民间巫祭歌舞改编的《竹枝词》这种新的诗歌体式,促进了荆楚民俗文化的传播,是积极的一面;然而荆楚巫风传统之根深蒂固,淫祀之屡禁不止,也给荆楚的为政者带来了困扰,使其仁政无法顺利施展,教化民众的心愿短时间内无法达成,延迟了荆楚一些地区人民摆脱落后愚昧的进程,也影响了唐代荆楚地区的经济发展与文化接受,又是其消极的一面。

五、开放性与包容性

荆楚文化的包容性与开放性与荆楚独特的地理位置和居民的复杂性是分不开的。从地理形势来看，荆楚故地西高东低，四面为山，中间是两湖平原，四面高山存在一定的封闭性，然其处于纵横南北东西、介乎华夏蛮夷之间的枢纽位置又决定了其开放性与包容性的一面。

从民族构成上来说，如前所述，荆楚这个地域民族关系比较复杂，不仅有楚，还有汉阳诸姬、群蛮、濮、巴、杨越等族属。秦汉时期，除了汉族外，见于记载的有巴、越、蛮等少数民族。六朝以后，诸多少数民族多以"蛮"相称，并逐渐演变成为今日的瑶、苗、壮、土家族等民族。

居民的复杂性决定了各民族语言、生活习俗的不同，而多民族杂居的结果则是特征不明显的民族文化被另一种民族文化取代，特征比较明显的则被高级文化所吸收、借鉴，从而凝聚成一种新的特色文化。

上文中提到，从楚立国，一直采用的是开放的文化政策，楚文化是在原始农耕文化的基础上不断吸收中原文化与蛮文化的精髓，在不同文化的碰撞、交织、融合中发展起来的。荆楚文化的开放性与包容性是其不断发展的重要原因。

先秦时期的楚文化是荆楚文化的主源。楚人师夏、夷之长技，创造出富有自己特色的楚文化，这在许多方面都有体现。如荆楚出土的"楚式鬲"既吸收了"殷式昂"和"周式扁"的优点，又保留了自己的鼎的特点。

春秋时期，荆楚文化的面目逐渐明朗，春秋末期至秦汉，荆楚文化的基本特色已经形成，但中原诸夏仍不愿意承认荆楚文化的地位，仍以荆蛮来称呼楚人，对楚人热衷华夏文化，学习华夏文化的行为也没有任何正面的态度，事实上，当时的楚国上层社会的言行举止、生活教育方式，在很大程度上与诸夏并没有太大差别。中原诸夏却针对楚说："非我族类，其心必异。楚虽大，非吾族也。"[145] 这种狭隘的文化观与楚人在文化上的开放态度相比，形成了极大的反差。

秦灭楚之后，烧掉了楚国郢都，荆楚文化陷入了低迷时期，西汉在楚文化的基础上发展了汉赋，对楚歌、楚声的继承也颇为用心，上至宫廷下至民间都有荆楚歌谣流传。但荆楚文化仍不复以前的光辉。

东汉南阳大姓家族如邓氏、李氏、岑氏、阴氏等仰仗着巨大的功勋，"舟车代步"，享受"兼珍之膳"，闲暇之余专心问学，经过世代累积，形成了书香世家。其中，张氏、贾氏、宗氏都是学术文化的专有者。这些大姓家族不仅创造着文化，也对学术文化的保持和传承起到积极的作用。汉光武帝时期，官学的创办、私学的兴起都使得南阳之地儒学炽盛，各种思想交汇，以浪漫、狂放为主要特征的屈骚文学精神与崇尚自然、虚无的老庄哲学从江汉流域一直延伸至河南南部和淮河一带，南阳正处其中，因此，道家思想在知识阶层得到发扬，同时也推动了荆楚文化的发展。

东汉末期，北方动乱，人才南流，荆楚文化又有了较多的生气，"关中膏腴之地，顷遭慌乱，人民流入荆州者十余万家"[146]，大部分是普通民众，也有士族阶层，"复弃中国去，委身适荆蛮"[147]。这时期的荆州涌现了一批学者、文人，文学家族也建立起来，还出现了"荆州学派"。

襄阳作为荆州八郡的中心，不仅汇聚了荆楚本地的精英，还吸引了许多北方避难的士人，这些文人推动了襄阳佛教文化的发展，使其成为一个新的文化中心。

东晋南朝时期，南朝宗室子弟出镇荆州，其中不乏崇文之人，他们招聚文士，形成了一个个文化集团。这些文化集团以江陵为中心开展了许多文化活动，这不仅推动了荆楚文化的传播与发展，还产生了实质性的文化成果。这时期，江陵等地的佛教得到了很大的发展，佛教的宣传不仅影响了本土文人的思想境界，还给荆楚民俗带来了变化。如四月八日"浴佛节"[148]的出现，就显示了荆楚文化的包容性，节日习俗至唐代已经成为固定的传统。

永嘉南渡之后，"帝室东迁，衣冠避难，多所萃止，艺文儒术，斯之为甚"[149]，以南郡、襄阳为中心，崇尚儒雅，尚"礼义经籍"，将儒学文化的精粹融入荆楚文化中，这时期荆楚民间文化也得到了广泛的传播。楚地歌谣、荆楚民间神话都深入各阶层，《西曲歌》的产生与流行，就是代表。

文化的流动与融合，繁衍出新的文化样式和内涵，这也无时无刻不在说明荆楚文化是一种开放的、包容性的文化。

唐代时期，荆楚之地的民风与土风较为活跃。文人在经过或暂居荆楚之地时，明显感觉到荆楚之地与北方、与江南的不同，并将各种具有地域性特征的民俗风貌写入诗文之中，如"士风从楚别，山水入湘奇"[150]（张九龄《南还以诗代书赠京师旧僚》），"吴疆连楚甸，楚俗异吴乡"[151]（钱起《江行无题一百首》，一作钱珝诗）等。

一方面，荆楚文化熏陶着本土诗人与流寓诗人，赋予他们刚柔并济的品格心性与独特的精神气质，荆楚之地的风物、山水、民俗感染着每一位本土诗人和流寓诗人，荆楚之地厚重的历史积淀和人文环境牵引着每一位本土诗人和流寓诗人的心绪，使他们流连感慨，忘情抒怀，留下了不朽的诗篇；另一方面，不同地域文人带来的不同文化内涵与精神特质，也给荆楚文化注入了新鲜的血液，他们通过对荆楚文化的理解、阐释与宣扬，使荆楚文化与其他文化进行调和，使荆楚文化的内涵更为丰富和深邃。

除了因地域差异带来的文化交流，宗教的传播与接受也能见出荆楚文化兼容并包的特点。

早在三国时期，荆楚地区就有佛教的传播，武昌昌乐寺和慧宝寺是荆楚地区最早的佛寺。东晋时期楚地佛寺渐多，南北朝时期已达百所，至隋唐，荆楚之地佛寺广立，不但超过前朝的十倍，还出现了不少名僧。南阳龙兴寺、襄阳龙泉寺、当阳度门寺和玉泉寺、潭州岳麓寺、衡州湖东寺等，都有较尊荣的地位。名僧如襄阳慧哲、安陆慧嵩等皆学术精深。张正明在《荆楚文化志》中谈及了唐代佛教在荆楚的传播与影响，说明了经过中国传统文化改造的佛学——禅学在荆楚诞生的经过，指出佛学中国化的两个阶段："第一阶段以儒、释、道'三教'合明说的提出和流行为标志，第二阶段以禅宗的形成为标志。第一阶段起点在长江中游地区，中心在长江下游地区；第二阶段起点和中心都在荆楚名山上。"[152]禅学的兴起与荆楚之地的民风自由，思想活跃、不拘一格是分不开的。禅学的中心有先南移、后东移的趋势，由湖北到湖南，由湖南到江西，这既与唐代文化重心进一步南移有关，也可见荆楚文化的包容性特点。

荆楚文化的开放性与包容性已经成为古今共识。《舆地纪胜》卷八二引《襄阳图志》云："宋玉、王逸、张悌、习凿齿之徒实生此土，故民尚文，其地近被二京之饶富、远通三川之游侠，北鱼（洪）南徐（鲲）之习不替，故其俗尚侈。"[153] 从地理位置角度阐明荆楚受到周边四方文化的影响。梁启超先生 1922 年在武汉大学暑校作《湖北在中国文化史上之地位及其将来之责任》时，曾称湖北人是"富于调和性的"。今人萧放在《论荆楚文化的地域特征》中总结说："荆楚文化是荆楚人民在特定历史时空中创制出来的独特的地域文化，它是中原文化与南方民族文化的融汇与复合。……荆楚以其特有天然条件与开阔的胸襟接纳消融着四方文化。以江汉平原为中心的荆楚地区犹如一巨大的文化调色板，它在漫漫的历史岁月中不断地调和着不同时期、不同层面的文化原色，逐渐形成了五彩斑斓的荆楚文化。"[154]

从先秦时期开始，楚人就善于吸收华夏文化和蛮夷文化来创造自己的文化，荆楚文化特征的最终形成并成熟，也正是有多样化的文化来源作为基础，使之永葆新鲜的血液，但荆楚文化并没有失掉自己的原色，荆楚之人从自己的生活和实际出发吸纳其他文化，在继承与发展中始终保持着多元一体、神秘浪漫、奇丽多变的特色，因而具有独立性。

注　释

1—2 李学勤主编：《十三经注疏》，北京大学出版社，1999 年，第 147、872 页。

3 庚桑楚：《洞灵真经》，《新雕洞灵真经》，四部丛刊三编景宋刻本。

4 李学勤主编：《十三经注疏·春秋左传正义》，北京大学出版社，1999 年，第 239 页。

5 司马迁：《史记》，中华书局，1959 年，第 2339 页。

6 吕不韦：《吕氏春秋·季夏纪第六》，四部丛刊景明刊本。

7—8 李学勤主编：《十三经注疏》，北京大学出版社，1999 年，第 192、1643 页。

9 《晏子春秋》，四部丛刊景明活字本。

10 《墨子》，明正统道藏本，第 22 页。

11 朱熹：《楚辞集注》，上海古籍出版社，1979 年，第 147 页。

12 张正明编：《楚史论丛》序言，湖北人民出版社，1984 年。

13 唐宣宗：《授李德裕荆南节度平章事制》，董诰等：《全唐文》，中华书局，1983 年，第 824 页。

14 李昉：《太平御览》，中华书局，1960 年，第 813 页。

15 李学勤主编：《十三经注疏·春秋左传正义》，北京大学出版社，1999 年，第 1305 页。

16 司马迁：《史记》，中华书局，1959 年，第 1173 页。

17 班固：《汉书》，中华书局，1964 年，第 1666 页。

18 王建辉、刘森淼：《荆楚文化》，辽宁教育出版社，1992 年。

19 萧放：《荆楚岁时记研究》，北京大学出版社，2000 年，第 17 页。

20 肖兵：《楚辞文化》，中国社会科学出版社，1990 年，第 119 页。

21—42 彭定求等：《全唐诗》，中华书局，1999 年，第 2375、3029、5935、4791、5961、7599、9555、9637、2431、626、1443、2510、1646、4804、7593、2560、2560、2650、2494、2659、1516、6108 页。

43 司马迁：《史记·货殖列传》，中华书局，1959 年，第 1173 页。

44 彭定求等：《全唐诗》，中华书局，1999 年，第 1453 页。

45 皎然：《乌程李明府水堂观玄真子画武城赞》，董诰等：《全唐文》，中华书局，1983 年，第 9556 页。

46 李学勤主编：《十三经注疏·尔雅注疏》，北京大学出版社，1999 年，第 208 页。

47 司马迁：《史记》，中华书局，1959 年，第 44 页。

48 李学勤主编：《十三经注疏·春秋左传正义》，北京大学出版社，1999 年，第 1189 页。

49 司马迁：《史记·司马相如传》，中华书局，1959 年，第 3004 页。

50 洪兴祖：《楚辞补注》，中华书局，1983 年，第 2 页。

51 范晔：《后汉书》，中华书局，1965 年，第 2419 页。

52 司马光：《资治通鉴·唐纪》，中央民族大学出版社，2002 年，第 2011 页。

53 房玄龄等：《晋书》，中华书局，1974 年，第 716 页。

54 萧子显：《南齐书》，中华书局，1972 年，第 890 页。

55—61 彭定求等：《全唐诗》，中华书局，1999 年，第 2147、8080、2590、6667、4916、8087、3819 页。

62《左传·襄公十八年》载："晋人闻有楚师，师旷曰：'不害！吾骤歌北风，又歌南风，南风不竞，多死声，楚必无功。'"从这则材料可以看出，当时诗歌风格已有明确的南、北之分别，北人亦能歌"南风"，并将其作为楚师精神之表征，可知楚地诗歌的代表性和典型性。李学勤主编：《十三经注疏·春秋左传正义》，北京大学出版社，1999 年，第 953—954 页。

63 魏徵：《隋书》，中华书局，1973 年，第 1729—1730 页。

64 范晔：《后汉书》，中华书局，1965 年，第 2831 页。

65—66 司马迁：《史记·楚世家》，上海群学社，1931 年，第 107 页。

67 张正明：《楚文化史》，上海人民出版社，1987 年，第 25 页。

68 春秋时期，周王室的王子朝及召氏之族、毛伯得等人携周之典籍奔楚。中原诸国的贵族、士人及平民大量流徙至楚，中原文化被大量地介绍到楚国。见司马迁：《史记》卷 40《楚世家》。

69—70 张正明：《楚文化史》，上海人民出版社，1987 年，第 21、26 页。

71—72 李学勤主编：《十三经注疏·春秋左传正义》，北京大学出版社，1999 年，第 1557、652—653 页。

73 朱熹注：《诗集传》，凤凰出版社，2007 年，第 73 页。

74 李学勤主编：《十三经注疏·春秋左传正义》，北京大学出版社，1999 年，第 226 页。

75 司马迁：《史记·屈原贾生列传》，中华书局，1959 年，第 2482 页。

76 朱熹：《楚辞集注》，上海古籍出版社，1979 年，第 2 页。

77 黄伯思：《新校〈楚辞〉序》，吕祖谦编：《宋文鉴》，《文渊阁四库全书》本。

78 刘勰：《文心雕龙》，范文澜注，人民文学出版社，1962 年，第 72 页。

79 东晋南朝时期大量流民进入荆州，许多侨郡县设置在荆州，以致"地理差错，其详难举"。而江左政权为军事计，荆州所辖地域时有变动，最多时 31 郡，集中在长江中游地区，包括今湖南、湖北，以及江西、河南南阳的一部分。最少则 12 郡，相当于今湖北的一部分。

80 魏徵等：《隋书》，中华书局，1973 年，第 897 页。

81 乐史：《太平寰宇记》，《文渊阁四库全书》本。

82 魏徵：《隋书》，中华书局，1973 年，第 897 页。

83—84 杜牧：《黄州刺史谢上表》，董诰等：《全唐文》，第 7772 页。

85 张耒：《齐安行》，《张耒集》，中华书局，1998 年，第 49 页。

86 孙光宪：《北梦琐言》逸文卷二"卢程以氏族傲物"，林艾闲点校，上海古籍出版社，1981 年，第 159 页。

87 司马迁：《史记·楚世家》，上海群学社，1931 年，第 128 页。

88—89 李学勤主编：《十三经注疏·春秋左传正义》，北京大学出版社，1999 年，第 644、1562 页。

90 何宁集释：《淮南子集释》，新编诸子集成本，中华书局，1998 年，第 1416—1417 页。

91《左传·僖公二十八年》：初，楚子玉自为琼弁玉缨，未之服也。先战，梦河神谓己曰："畀余，余赐女孟诸之麋。"弗致也。大心与子西使荣黄谏，弗听。荣季曰："死而利国。犹或为之，况琼玉乎？是粪土也，而可以济师，将何爱焉？"弗听。出，告二子曰："非神败令尹，令尹其不勤民，实自败也。"既败，王使谓之曰："大夫若入，其若申、息之老何？"子西、孙伯曰："得臣将死，二臣止之曰：'君其将以为戮。'"及连谷而死。李学勤主编：《十三经注疏·春秋左传正义》，北京大学出版社，1999 年，第 452—453 页。

92 司马迁：《史记·司马相如列传》，中华书局，1959 年，第 3004 页。

93 郦道元著，陈桥驿校证：《水经注校证·沔水中》，中华书局，2013 年，第 643 页。

94 范成大：《送韩文饶知均州》，《彭城集》卷十四。

95 郦道元著，陈桥驿校证：《水经注校证·涢水》，中华书局，2013 年，第 704 页。

96 彭定求：《全唐诗》，中华书局，1999 年，第 2564 页。

97 刘师培：《南北文学不同论》，《刘申叔遗书》（上），江苏古籍出版社，1997 年，第 549 页。

98—101 彭定求等：《全唐诗》，中华书局，1999 年，第 5952、2653、3325、2651 页。

102 张辅著：《楚国先贤传校注》，舒焚校注，湖北人民出版社，1999 年，第 46 页。

103 洪亮吉：《春秋时期楚国人文最盛论》，《洪亮吉集》（第 3 册），中华书局，

2001 年，第 993 页。

104 彭定求等：《全唐诗》，中华书局，1999 年，第 1693 页。

105 宋祁：《江山宴集序》，《景文集》卷四十五，《文渊阁四库全书》本。

106 吴澄：《吴文正集》，《文渊阁四库全书》本。

107 王士禛：《蜀道驿程记》，《小方壶斋舆地丛钞》第七帙。

108 刘师培：《刘申叔遗书》，江苏古籍出版社，1997 年，第 549 页。

109—110 马王堆汉墓帛书《老子》，文物出版社，1976 年，第 20、12 页。

111 刘向：《说苑·善说》，卢元骏注译：《说苑今注今译》，台湾商务印书馆，第 367 页。

112 李学勤主编：《十三经注疏·孟子注疏》，北京大学出版社，1999 年，第 196 页。

113 刘勰著，范文澜注：《文心雕龙注》，人民文学出版社，1958 年，第 47 页。

114 李学勤主编：《十三经注疏·春秋左传正义》，北京大学出版社，1999 年，第 952 页。

115 司马迁《史记·货殖列传》，中华书局，1959 年，第 1173 页。

116 高明主编，林尹编：《两汉三国文汇》，中华丛书编审委员会，1960 年，第 157 页。

117 薛季宣：《浪语集·上汤相论边事书》，《文渊阁四库全书》本。

118 吴澄：《沔阳尹氏家世跋》，《吴文正集》卷五十四，《文渊阁四库全书》本。

119 国家档案局明清档案馆编：《戊戌变法档案史料》，中华书局，1958 年，第 249 页。

120 彭定求等：《全唐诗》，中华书局，1999 年，第 2373 页。

121 范文澜：《文心雕龙注》，人民文学出版社，1958 年，第 47 页。

122 韦昭注：《国语·楚语》，上海古籍出版社，1992 年，第 564 页。

123 班固：《汉书》，中华书局，1964 年，第 1189 页。

124 李学勤主编：《十三经注疏·春秋左传正义》，北京大学出版社，1999 年，第 1634 页。

125 班固：《汉书》，中华书局，1964 年，第 1666 页。

126 魏徵等：《隋书》，中华书局，1973 年，第 897 页。

127 彭定求等：《全唐诗》，中华书局，1999年，第2147页。

128 柳宗元：《唐故散大夫永州刺史崔公墓志》，《全唐文》，中华书局，1983年，第5953页。

129 董诰等：《全唐文》，中华书局，1983年，第5866页。

130 李学勤主编：《十三经注疏·尚书正义》，北京大学出版社，1999年，第204—205页。

131 王逸：《楚辞章句·九歌序》，洪兴祖：《楚辞补注》，中华书局，1983年，第55页。

132 朱熹：《楚辞集注·九歌第二》，中华书局，1979年，第29页。

133 彭定求等：《全唐诗》，中华书局，1999年，第4064页。

134—135 宗懔：《荆楚岁时记》，山西人民出版社，1987年，第15、28页。

136—138 彭定求等：《全唐诗》，中华书局，1999年，第3857、4466、4478页。

139 郭茂倩：《乐府诗集》，中华书局，1979年，第710页。

140—141 宗懔：《荆楚岁时记》，山西人民出版社，1987年，第28、38页。

142 宋代范致明《岳阳风土记》："五月十三日谓之龙生日，可种竹，《齐民要术》所谓竹醉日也。"有些地区端午竞渡在十三日到十五日之间，或与此有关。台北：成文出版有限公司，1976年，第46页。

143 范致明《岳阳风土记》："民之有疾病者，多就水际设神盘以祀神，为酒肉以犒棹鼓者，或为草船泛之，谓之送酲。"

144 彭定求等：《全唐诗》，中华书局，1999年，第4478页。

145 李学勤主编：《十三经注疏·春秋左传正义》，北京大学出版社，1999年，第717页。

146 陈寿：《三国志·卫觊传》，裴松之注，中华书局，1959年，第610页。

147 王粲：《七哀诗》，萧统编，李善注：《昭明文选》，上海古籍出版社，1986年，第1087页。

148 宗懔：《荆楚岁时记》，山西人民出版社，1987年，第43—44页。

149 杜佑：《通典·州郡十二》，中华书局，1984年，第965页。

150—151 彭定求等：《全唐诗》，中华书局，1999年，第609、2673页。

152 张正明：《荆楚文化志》，上海人民出版社，1998年，第144页。

153 王象之：《舆地纪胜》，中华书局，1992年，第2651页。

154 萧放:《论荆楚文化的地域特征》,《湖北民族学院学报》,2001 年第 2 期,第 12 页。

第二章

唐代荆楚地区的文学创作

第一节　唐代荆楚地区的经济与古代经济中心南移

一、唐前荆楚地区经济的发展概况

东晋以前，华夏经济重心一直在黄河中下游地区，关中、山东是全国最先进的地区，人口、物产几乎占了全国的三分之一，而这时期的荆楚之地还处于一种蛮荒状态，司马迁形容"楚越之地，地广人稀，饭稻羹鱼，或火耕而水耨"[1]。在近乎未曾开掘的大片蛮荒土地上，人们的生产力是低下的，生命是短暂的，"江南卑湿，丈夫早夭"[2]，人们自给自足，无须商品交换，也没有明显贫富差距，"无冻饿之人，亦无千金之家"[3]。在这片广大的区域里，经济稍有发展的是离黄河流域最近的南阳，其农业、商业、手工业都有很好的发展态势。

东汉时期，荆楚之地的经济才开始起步，除了农业上的发展，人口也有不同程度的增长，但整体而言，"地广人稀"的局面并没有得到很大改观。东汉班固在《汉书·地理志》中所说与司马迁的记述并无太大差异：

> 楚有江汉川泽之饶；江南地广，或火耕水耨。民食鱼稻，以渔猎山伐为业，果蓏蠃蛤，食物常足。故呰窳偷生，而亡积聚，饮食还给，不忧冻饿，亦亡千金之家。[4]

这时期荆楚地区的经济，与其他地区比较而言，仍然是落后的。造成荆楚经济发展迟缓的原因有很多，就地理因素而言，荆楚地区河网密布，荆楚地区整体地势西高东低，秦岭、巫山等山脉是其西部，由长江、汉水冲积起来的江汉平原，地势平坦、湖泊众多，先秦时期是云梦泽，占地广大。荆楚之地土壤黏重，雨水较多，不利于开发。就人口因素而言，荆楚地区人口稀少，成为经济发展的阻碍；就政治因素而言，当时的政治中心一直处于中原地区，统治者往往注重支撑其统治地位的经济区的发展，而忽视落后地区的开掘和发展。

东汉定都洛阳，经济发展最好、人口最密集的依次是河内郡、河东郡、弘农郡、左冯翊、颍川郡、汝南郡、陈留郡，荆州地区的南郡、江夏郡、桂阳郡距离洛阳极远，最近的南阳郡也有 700 里。中央政权的不够重视，人口的缓慢增长与缺乏流动制约了经济的增长，因而荆楚地区的经济很难有大的发展。

六朝时期，南北大分裂及时局的动荡给南北经济发展带来了不同的转机。北方战火连连，军阀割据、异族乱攻，经济饱受摧残，而南方则由于大量的人口南迁，经济中心由单一变为多元，迎来了一个发展的机会。

处于长江中游的荆州与长江下游的扬州首当其冲，"江左以来，树根本于扬越，任推毂于荆楚"[5]，即以扬州为其经济后盾，荆州为军事防护，两者都有长足的发展。因荆州军事重镇的地位过于显赫，经济的发展倒是其次。荆州经济的发展虽不如扬州突出，但与前期缓慢的增长相比，已经不容忽视。

《宋书》卷五四载："江南之为国，盛矣。虽南包象浦，西扩邛山，至于外奉贡赋，内充府实，止于荆、扬二州。……地广野丰，民勤本业，一岁或稔，则数郡忘饥。会土带海旁湖，良畴亦数十万顷。膏腴上地，亩值一金，鄠杜之间，不能比也。荆城跨南楚之富。扬部有全吴之沃。渔盐杞梓之利，充仞八方，丝绵布帛之饶，覆衣天下。"[6]

这里的江南是广义的江南，指的是荆州、扬州等汉水、长江中下游地区。

江南经济开发使南北经济趋向平衡，为以后我国经济重心逐渐南移打下了基础。

二、唐代荆楚地区经济的发展及原因

（一）人口的迁移与增长

据《元和郡县图志》与《隋书·地理志》统计，唐开元、元和时期，除了鄂州，荆楚各州的人口数都在持续增长，衡州比隋时增加了三倍多。南方诸郡，以襄州、苏州人口为最。荆州、扬州因资料残缺[7]，无法统计，但按《旧唐书》至德后"十倍其初"的说法及相关材料推断荆州元和人口应该超过襄州，为荆楚之最（见表1）。比扬州估计也不逊色。《旧唐书·地理志》云："自至德后，中原多故，襄、邓百姓，两京衣冠，尽投江、湘，故荆南井邑，十倍其初，乃置荆南节度使。"[8]《旧唐书》所言"十倍"并非真正意味着荆州的人口达到了30万，但可以看出，战乱造成的北人南迁确实使包括荆州在内的荆南地区人口猛增，其数量虽达不到10倍之多，但也颇为可观。这也与僖宗乾符五年（878年）时王仙芝焚掠江陵，使"江陵城下旧三十万户，至是死者什三四"[9]相吻。

德宗建中年间，荆州已经"都人士女，动亿万计"[10]，这有夸张的成分，但不可否认战乱后迁移人口使得荆州人口数量猛增；又30年后，元稹在江陵任曹参军时，写下了"城中百万家，冤哀杂丝管"[11]的诗句。这都可以为乾符以前荆州人口达到百万提供依据。

表1　唐代荆楚地区部分州郡开元、元和年间户数表

州郡名称	隋户数	唐开元户数	唐元和户数	升降情况	来源
唐襄州	99577	36357	107107	升，唯开元时降下	《元和郡县图志》
唐鄣州	53385	5699	11009	降	《元和郡县图志》
唐鄂州	13771	19190	38618	升	《元和郡县图志》
唐衡州	5068	13513	18047	升，元和时比隋增三倍多	《元和郡县图志》
唐潭州	14275	21800	15444	升，唐比隋升，唐元和降于开元	《元和郡县图志》
唐荆州	大于10260	28932	30192与300000之间	升	《旧唐书》《元和郡县图志》《通典·州郡典》

荆州、襄州、衡州等人口的增长与移民"尽投江、湘"有关，尽管北方迁徙来的人口不一定都是劳动人口（很可能是衣冠士族），但数量上的庞大，还是值得注意。而人口的迁移带来的各种问题，如安置流民等，如能正确引导，恰可以利用起来，适当开发荆楚的广大蛮荒地区，一些官宦子弟移民到荆楚后，提倡新的技术和条件，这为经济发展提供了良好的作用。如"江陵在唐世，号衣冠薮泽"[12]，就说明了人口迁移有促进文化交流、学术发展的作用。荆、襄等地人口的增长还与其作为交通枢纽的地理位置及繁荣的商业有关。后文会讨论到。

（二）农业的发展

荆楚农业耕作技术在唐代有了很大进步，水稻育秧移植技术[13]和稻麦轮作夏种制的推广[14]使农业产量增加，土地资源得到更大的利用。

六朝时期，北方麦伴随南迁人口传到了江南，也传到了荆楚。《荆楚岁时记》记有"麦饭""麦粥"，说明当时江陵一带已经有食麦的习惯。唐代荆楚种植小麦已属常见，唐诗中有许多记载，如李绅《过荆门》云："青青麦陇啼飞鸦，寂寞野径棠梨花。"[15]齐己《暮游岳麓寺》："回首何边是空地，四村桑麦遍丘陵。"[16]郑谷《作尉鄂郊送进士潘为下第南归（一本无题上四字）》："归去宜春春水深，麦秋梅雨过湘阴。"[17]都说明荆楚已经广泛种植小麦。

唐代统治者为了从南方得到更多的租赋，特别唐王朝十分仰仗江南的繁荣经济，因而对土地开垦、水利兴修的力度就大大超过前期。如唐初平定萧铣之后，河间王孝恭为荆州大总管，"于是开置屯田，创立铜冶，百姓利焉"[18]，使当时荆州的农田得到了一定的开垦。当时南方兴修了许多水利工程，荆楚地方官员为了政绩也十分重视水利，如李皋为荆南节度使时，曾组织人民修塞汉代废坏的古堤，"广良田五千顷，亩收一锺"[19]，唐代平均亩产不过一石到二石，"亩收一锺"的高产量，在当时可谓凤毛麟角。

农作工具的进步也促进了经济的发展，如适合水田耕作的江东犁在中晚唐以前已有一定程度的推广，这种一人一牛的耕作方式更适合个体稻农，因而能更好地促进稻作农业的发展。韦宙任永州刺史时，就在当地推广牛耕，[20]从而大大提高了农作物的生产效率。

由于荆楚之地湖泽众多，对河湖洲泽的开发利用也显得比较重要。如荆南节度使李皋在江陵"规江南废洲为庐舍。架江为二桥。流人自占者二千户"[21]，就是利用开发废州来建舍，以安置流民，既解决了流人造成的社会安定问题，又促进了农业的发展。但这样的开发毕竟还是少数。以荆州为例，唐朝时江陵一带就有若干大小洲99个，有"洲不满百，故不出王者"的说法。但这些洲有许多未曾开发，如枝江县内37洲"十九有人居，十八无人"[22]。

荆州良田沃野，水利资源丰富，亩产较高，因而不少达官显贵都愿意在荆州置业，有的虽然京城或其他地区做官，但在荆州置别业，广纳良田，囤积粮谷成为大地主。唐时有名的"足谷翁"韦宙就是这样一例。《北梦琐言》卷三云："唐相国韦公宙，善治生……咸通初，除广州节度使，懿宗以番禺珠翠之地，垂贪泉之戒。京兆从容奏对曰：'江陵莊积谷尚有七千堆，固无所贪。'懿皇曰：'此可谓之足谷翁也。'"[23]

唐人对土地资源的开发利用，对洲泽的大力改造及兴修各种水利工程等使得各种产业如林业、渔业也随之发展，物产的丰盛和多样化，同时也推动了手工业的发展。

（三）手工业的发展

据《通典》卷六和两《唐书》地理志，唐代荆州的贡物有方纹绫、橘、柑、橙等传统特产。《新志》载荆州土贡还有作为药材的栀子、覆盆、贝母、石龙芮及稗、乌梅、糖蟹、白鱼等果品、水产。

唐代有饮茶之风，因而荆楚之地较多地区种茶，茶业也随之发展起来。陆羽在《茶经》里说，茶叶以山南之峡州为上，襄荆次之。荆楚茶叶种植比较普遍，又多好茶，因而，荆楚也是茶税的主要来源之地。李肇《国史补》中列举当时名茶，江陵南木就在其中。而李白在《答族娃僧中孚赠玉泉仙人掌茶》中提及的仙人掌茶，也是荆楚的一大特色。茶叶的发展带动了茶叶贸易，杜牧《上李太尉论江贼书》云："许、蔡、申、光州贼，多劫荆襄、岳鄂等道，劫得财物，皆是博茶北归本州货卖，循环往来，终而复始。"[24] 说明了当时荆襄道茶叶利润之高，茶叶贸易之兴盛。

荆楚的手工业以丝织业为主，如方纹绫、赀布都是贡品，方纹绫代表了荆州的丝织水平。元稹在《织妇词》中自注说："予掾荆时，目击贡绫户有终老不嫁之女。"[25]

荆楚的造船业也很发达，以荆州为例，唐末荆南节度使成汭有舟师10万，他造"和舟载""齐山""劈浪""载海"等巨舰，"每舰载甲士千人，稻米倍之"[26]。唐末高季昌又造战舰500艘，说明了荆州江陵的造船业相当发达。即使在民间，也有"荆门都会，舳舻相接"，说明了荆楚能工巧匠之多，而巧慧正是荆楚民族的特点之一。

（四）商业的繁荣与城市的发展

南朝时期，荆楚之地利于经商的记载，见于西曲歌《估客乐》："大艑珂峨头，何处发扬州。借问艑上郎，见侬所欢不？"[27] 估客，同"贾客"，指行商之人。"艑"是楚人对大船的称呼，由于前去（荆楚）经商的人很多，女子向船上的人询问可曾见到自己的郎君。又因来往的商船甚多，商人忙碌之下常常无法相互问询："初发扬州时，船出平津泊。五两如竹林，何处相寻博。"[28] "五两"是楚语，指的是船上侯风的竹竿。"五两如竹林"形容来往船只之多，可见商业之繁荣。又《襄阳乐》："朝发襄阳城，暮至大堤宿。大堤诸儿女，花艳惊郎目。"[29] 说明，襄阳这时候也是重要的商业城市。

唐朝建立之后，南方经济进入了新的快速发展时期，荆楚之地占有得天独厚的地理优势，水系发达，交通便利，物产丰富，非常适合农业和商业的开发。尤其是转运贸易的兴盛。来往的商人带动了当地娱乐事业的发展。如酒肆、茶楼、大堤等，都是商人驻足行乐之地。刘禹锡《贾客词》"大艑浮通川，高楼次旗亭。行止皆有乐，关梁似无征"[30] 就叙述了当时大堤处广布酒楼等娱乐场所以供商人行乐的现象。

襄阳的商业气息最为浓厚，如李贺《大堤曲》言"莫指襄阳道，绿浦归帆少"[31]，暗示来往的商人在襄阳乐不思蜀的情景。商人一旦获利，往往行乐消遣，襄阳俨然成了商人一掷千金的销金窟，"大堤女儿郎莫寻，三三五五结同心。清晨对镜理容色，意欲取郎千万金"[32]。

唐代荆州江陵一带商业也很发达，也有"酒舍旗亭次第开"[33] "十里津楼压大堤"[34] 的繁盛景象。值得注意的是，这时期，鄂州的商业也在兴起，如"霜月正高鹦鹉洲，美人清唱发红楼"[35] 就描述了鄂州也有类似的商业活动。

荆楚之地的商业流动，不只有南来北往，也有东西来往的商人，如王建《江陵即事》言江陵之地既有"巴童"又有"蜀女"："蜀女下沙来迎客，巴童傍逸卖山鸡"[36]；杨巨源《大堤曲》有"巴东商旅挂帆多"[37] 句，言巴东商人之多；张籍《贾客乐》则描述金陵向西入蜀经商必经荆楚的事实："金陵向西贾客多，船中生长乐风波。……停杯共说远行期，入蜀经蛮远别离。"[38]

唐代荆楚之地的商业繁荣，在唐后期表现得更为突出。主要原因是安史之乱后南北交通主干线被迫改变，荆州江陵、襄州襄阳及后起的鄂州武昌等成为商旅交通的重要中转站，造成了这些地方经济在唐代后期的长足发展。

但荆州农业、手工业等实体经济的发展程度尚不足以支撑这样的商业繁荣，农民往往弃农从商。促成这种现象的主要原因是唐朝后期，政府实行租庸调制的赋税制度。但由于土地兼并逐步发展，失去土地而逃亡的农民很多。农民逃亡，政府往往责成邻保代纳租庸调，结果迫使更多的农民逃亡，而商人可以以钱代庸，"不入州县征"，故而相对要轻松许多。唐德宗时期实行两税法。无固定居处的商人，只需按其收入的1/30征税。这对一般商人来说，并不算重，因而农民转业从商的情况并没有改善多少。刘禹锡《贾客词》中言及"年年逐利西复东，姓名不在县籍中。农夫税多长辛苦，弃业常为贩卖翁"[39]就是这种社会现实的写照。

商业的发展与繁荣是荆州、襄州能在唐中后期成为除了军事重镇之外的经济城市的主要原因，但农业、手工业发展速度无法跟进，制约了其成为一流经济文化中心城市的可能。

由于商业的异常活跃和繁荣，坊市无法容纳的人群便流向了非官方的草市。郑谷《峡中寓止二首》"夜船归草市，春步上茶山"[40]就写出了峡中一带的草市乃是"夜市"；《酉阳杂俎》卷二载"宝历中，荆州有庐山人常贩烧朴石灰，往来于白南草市"[41]，说明荆州也有草市。元稹《后湖》谓"鬻者自为鬻，酤者自为酤。鸡犬丰中市，人民岐下都"[42]，说明新城区的贸易非常热闹。荆州还有许多著名的草市，如其城南10里的"沙头市"，就是规模最大的草市，傍晚和晚上非常热闹繁华，这在刘禹锡《堤上行》《荆州歌》中皆有记载。

与荆、襄繁华热闹的草市不同，郴州地区还出现了"虚市"。《青箱杂记》中说："岭南称村市为虚。柳子厚《童区寄传》云：'之虚所卖之。'又诗云：'青箬裹盐归峒客，绿荷包饭趁虚人'即此也。盖市之所在，有人则满，无人则虚，而岭南村市，满时少，虚时多，谓之为虚，不亦宜乎！"[43]《童区寄传》记的是郴州事，故而推知郴州和柳州一样具有这种随意聚集、自由灵活的野市。虚市因人少而称为"虚"，与荆、襄之地繁华的歌楼酒舍形成鲜明对比，这也反映了同一地域内不同地区经济文化的差异性。

荆楚草市的发达，与唐代荆楚地区人口的增长、农业的发达、商业的繁荣有密不可分的关系，我们从中可以看到往来商旅和外来经营者的重要地位，但商业繁荣的地区主要集中于水陆交通发达的荆、襄一带，其他荆楚地区的经济却没有如此景象，如永州、郴州等地，还处于蛮荒之地，交易活动只是为了方便日常生活，而没有娱乐性质。这也说明了地域经济发展的不平衡性。这种不平衡直接导致了不同州郡文学人才的产出率不同，文学家族分布不均等现象。

第二节　荆楚本土文人创作概况

一、荆楚诗人群体的地理分布情况与创作实绩

为弄清唐代荆楚本土作家的基本创作情况，我们有必要对他们的籍贯分布以及现存作品做一番统计。

据莫立民《唐代文学人才的地理分布及成因》[44]中统计，《旧唐书·文苑传》中立传作家为 115 位，其中属于荆楚地区的（主要是湖南和湖北）只有 11 人。《新唐书·文艺传》所记文学人才与此相似。《全唐诗》中有明确籍贯或出生地的作家有 740 多位，其中河北、河南最多，其次是陕西、山西和浙江。若按文化区域地理来划分，荆楚之地的人才数居于中下游，即次于关中、山东和江南。

以襄阳、荆州为中心的江汉地区，诗人较多，成就较大，约占所有荆楚文人的 60%；而广大的南楚、湘中地区，诗人较少，成就一般。唐代 47 个湘籍诗人中，仅李群玉、胡曾、齐己比较著名。

荆楚本土文人的数量，据陈尚君先生《唐诗人占籍考》，共有 126 位，而这其中，52 人在《全唐诗》及《全唐诗补编》中有存诗，16 人存诗一卷以上。这些文人的社会身份地位差异很大，既有达官贵人又有释子隐士，各自的文学成就也较悬殊。纵观这些荆楚诗人的文学成就，比较出名的有岑参、戎昱、张继、孟浩然、韩翃、张祜、郑谷、李群玉、李宣古、段成式、胡曾、齐己和皮日休。其他大多数诗人都诗名不显，往往仅存诗数首或一首。

52 位在《全唐诗》及其《补编》中存诗的荆楚本土诗人，其分布如下：

荆州 14 人，总计存诗 744 首 23 句。[45] 其中仅岑参就有 387 首 1 句。蔡允恭 1 首。刘孝孙 7 首。岑羲 7 首。郑德玄 1 首。刘洎 2 首。戎昱 97 首 2 句。周颂 2 句。太易 2 首。段文昌 4 首。段成式 56 首 11 句（另有联句 19 章[46]不计）。崔道融 79 首 2 句。崔橹 37 首 5 句。崔珏 10 首 1 句。

襄州 16 人，总计存诗 736 首 14 句。其中仅皮日休[47]就有 338 首（另有联句 8 章不计[48]），孟浩然 270 首 6 句。[49]灵辩 7 首。杜易简 3 首。张柬之 5 首。张敬之 3 首。王迥 1 首。张子容 18 首。张轸 1 首。张继 50 首 3 句。鲍防 8 首 3 句。席豫 6 首。朱放 25 首 2 句。李质 1 首。善会 3 首，皮光业 1 首。[50]

潭州 5 人，共计存诗 780 首 16 句。其中仅齐己就有 771 首 12 句。欧阳询 3 首。怀素 2 首 2 句。藩纬 2 首。王璘 2 句。

澧洲 4 人，共计存诗 161 首 4 句。其中李群玉 151 首。李宣古 5 首 4 句。段弘古 3 首。李宣远 2 首。

邓州 6 人，共计存诗 496 首 9 句。其中张祜 326 首 9 句。韩翃 165 首。其他诗人庾光先、庾敬休、庾承宣、赵宗儒、赵骅各 1 首。

复州 1 人，即陆羽，共计存诗 2 首 8 句（另有联句 7 句[51]）。

鄂州 1 人，即罗公远，共计存诗 13 首。

衡州 1 人，即庞蕴，共计存诗 204 首。

道州 1 人，即何坚，共计存诗 2 首。

归州 1 人，即繁知一，共计存诗 1 首。

袁州 1 人，即郑谷，共计存诗 327 首。

邵州 1 人，即胡曾，共计存诗 17 首。

还有被近代学者考作湖南人[52]的秦韬玉 36 首 1 句未计在内。

从统计结果可以看出，荆楚本土诗人的地理分布极为不均衡，除了潭州的齐己的创作数量最高，影响了潭州的计算结果外，其他结果皆比较正常，在情理之内。

以荆州、襄州的诗人数最多，占了一半以上，同时这两州的创作数量与质量也颇高。邓州和潭州的产量也颇为可观。可以看出，这些文学创作主要集中于山南东道南部地区，以荆、襄、邓为中心，形成了一个文学比较繁盛的地带。其他州不但人数稀少，且文学产量不高。淮南道西部的黄州、安州，也没有比较出名的诗人，这与其人口稀少，经济不发达有关；江南西道中部的几个州如潭州、澧洲等，尽管政治文化经济相对落后，但由于湘水、澧水的便利及靠近长江的地理位置，也有一些人才流动，还出现了文学家族。但江南西道中西部的其他州在唐代几乎没有本土诗作留存下来，如较为偏僻的永州、郴州、朗州、辰州、峡州、夔州等。

除了诗歌，荆州本土文人还比较重视散文的写作。荆楚文人在《全唐文》及《全唐文补编》中存文的有 20 多位，分布如下：

1. 荆州：

岑文本 20 篇，岑羲 1 篇，段文昌 4 篇，段成式 17 篇，刘洎 3 篇，俞文俊 1 篇。共计 46 篇。

2. 襄州：

皮日休 156 篇，皮光业 2 篇，杜易简 1 篇，张柬之 4 篇，朱朴 1 篇，王士源 1 篇，丁凤 1 篇，神会 1 篇，席豫 3 篇，共计 170 篇。

3. 潭州

刘蜕 48 篇，齐己 6 篇，欧阳询 13 篇。共计 67 篇。

4. 邓州

庾光先 6 篇，庾敬休 1 篇。共计 7 篇。

5. 连州

刘瞻 2 篇。

6. 鄂州

李邕 51 篇。

7. 复州

陆羽 4 篇。

本土文人的散文创作也与诗歌分布相似，以荆州、襄阳、潭州诗人及作品数量为多。鄂州的创作数量也比较可观。值得注意的是，家族文学创作在其中占了极大的比例。这其中，既有诗歌散文成就都比较可观的皮日休，也有在《全唐诗》中无存诗或存诗极少却在《全唐文》中存文较多者，如李邕、岑文本、刘蜕。

二、荆楚文学分布的不均衡性与原因分析

从以上诗歌、散文创作实绩的数据可以看出，没有本土诗人出现的区域主要集中在峡中地区和湘南、湘西地区。

第一，这些区域在唐代仍属于未开发的蛮荒地带，交通不便，信息闭塞，造成人才无法流动，本地学子的视野和境界都不够开阔，不容易出诗人。柳宗元就曾在《捕蛇者说》中说永州地方湿热，毒虫甚多，生活条件艰苦。以湘水、沅水、资水、澧水流域为中心，人民的生活古朴，少数民族往往杂居，大部分都处于未开化状态。杜甫在夔州也写到当地人民还保持着原始的巢居习惯，且饮食生活异常粗陋，"塞俗人无井，山田饭有沙"[53]（《溪上》），"空荒咆熊罴，乳兽待人肉……虎穴连里闾，提防旧风俗"。这样猛兽出没、毒瘴蔓延的恶劣环境，无疑给人阴森恐怖的感觉，而人们处于深山僻谷，更是隔绝了消息，甚至还有语言上的难以沟通，文化的传播和接受都极其缓慢。

第二，政治经济的发展缓慢，人口的稀少也是造成人才稀缺的原因。《史记·货殖列传》中说"楚越之地，地广人稀"，这种情形直到唐代也没有得到很大的改观。人才稀缺的州郡大都远离政治经济中心，亦远离四通八达的开放城市，如永州、湘阴一带："零桂虽逢竹，湘川少见人。"[54]（李嘉佑《送樊兵曹潭州谒韦大夫》）人口的稀少还可以从上节中天宝、元和年间的人口统计数据来看，处于汉水、长江中游比较发达的几个州郡，由于北方迁移的人口首先涌向那里，如荆州江陵、襄州襄阳都是人口聚集之地，本土人士受到各种文化的刺激和熏陶，容易产生求学仕进的想法，以诗唱和、漫游等现象也较常见。而即使是在隋时基础上翻了三倍人口的衡州，当时也不过3万户，与荆、襄百万人口比较起来，仍然显得地广人稀。黄州、安州这些地方，当时也是人烟稀少，如刘长卿《使次安陆寄友人》中"孤城近日空花落，三户无人自鸟啼"[55]与《步登夏口古城作》"微明汉水极，摇落楚人稀"[56]就描述了唐代荆楚的这些区域的荒芜景象。

第三，人才稀少的状况还与当地人民缺乏进取精神有关。明代田汝成《炎徼纪闻》载："苗所居必深山僻谷，生而不见外事，故其俗不移。无公家更赋之给，故其民情；缦土无强，果蓏虫蚁食物常足，故皆龁龁偷生而亡积聚；不通文字，绝先王礼义之教。"[57] 长期处于这样一种封闭的环境，依赖自然条件，自给自足的生活，这使人产生惰性，不求上进，也不轻易改变。他们绝不会如唐代其他地域的诗人那般即使来到这蛮荒之地也有昂扬的斗志和积极向上的精神风貌："丈夫飘荡今如此，一曲长歌楚水西"[58]，他们安土重迁，不愿随意离乡背土去打拼一番，自然无法打破常规，接受新的思想，亦无法提高自己的文化水平，这样就会形成一个恶性循环，使得诗人往往出自经济发达、交通便利、信息流通比较快的地域，而相对落后的广大地域，则愈来愈保守、落后。或偶尔偏僻的地域出现追求上进的人才，亦需要背井离乡去很远之地求学，漫游或拜谒官员，于是就有很多望而生畏、望而却步，最终导致人才的稀缺。

事实上，在唐代，除了水陆交通十分发达的荆州、襄州等长江中游一带，大部分的荆楚故地还是未曾开化的。

元稹《酬乐天东南行诗一百韵》中就曾说荆楚之地的言语怪异难懂："夷音啼似笑，蛮语谜相呼。"[59] 韩愈也说荆楚之地民性愚昧，未曾开化："远地触途异，吏民似猿猴。生狞多忿很，辞舌纷嘲啁。"[60] 即使是处于湘水、澧水中下游一带的稍微有所发展的潭州、衡州等，学风也不是很浓，也很少出诗人、进士，如宋代孙光宪《北梦琐言》中所言："唐荆州衣冠薮泽，每岁解送举人，多不成名，号曰天荒解。刘蜕舍人以荆解及第，号为'破天荒'。"[61] 这里的荆州是泛指，主要指荆南一带，说明了当时荆楚地区文化发展落后的事实，也说明了荆楚文人跻身仕林的艰难。

此外，在相对封闭的自然环境下，荆楚人长期以来崇尚的隐逸传统也对文人造成影响。荆楚之地自古以来就是隐逸文学的发祥地，从早期的鹖冠子、老莱子、楚狂接舆到汉末三国时期的庞德公、诸葛亮，晋时的葛洪，南朝的宗炳等，都具有隐逸情结。荆楚文人大多没有其他地域文人那般执着功名的进取心，他们大多选择逍遥自适、随性而为的生活，进入科举只是"试场"，若前路不通，也无多介怀，如唐代比较有名的荆楚诗人孟浩然、李群玉都是布衣，与孟浩然交好的张子容、王迥都是"兴趣高远"的隐士；张继名利淡泊，以气节著称，不结交权贵；朱放未曾参加科举，虽被曹王李皋辟为节度参谋，也曾拜为左拾遗，但很快就辞官归隐，他性爱山水、淡泊名利、喜欢饮酒，常做道士打扮，出尘脱俗，表现了荆楚文人洒脱狂放的气质。刘长卿《东湖送朱逸人归》云："莫道野人无外事，开田凿井白云中。"[62]他将朱放比"野人"，充分体现了朱放逍遥自适、放情不羁的个性。

三、荆楚本土文人文学成就及贡献

唐初，文坛整体上不脱齐梁之风气，荆楚本土文人也受其影响。如蔡允恭的《奉和出颖至淮阴令》雍容典雅，旨在歌功颂德，文学价值不高。刘孝孙的诗歌《早发成皋望河》《江陵歌女》颇有可观，其《送刘散员同赋陈思王诗游人久不归》（一作贺朝或贺朝清诗）表达对友人羁旅的担忧和挂念，也有摆脱俗艳之风的倾向。

盛唐，荆楚诗人中有山水田园诗派的开创者孟浩然和边塞诗派的杰出代表之一岑参。孟浩然在盛唐诗人中年辈较长，很受王维、李白等人的赞赏。李白赞他有高蹈风流之姿："吾爱孟夫子，风流天下闻。"[63]后世亦有诸多评价。孟浩然、李白的相似之处在于随性而发，不受近体诗的格律束缚，往往能写真性情。尽管后人论及王维与孟浩然，总认为"孟不如王"，如王士禛认为"正以襄阳未能脱俗耳"（《带经堂诗话》卷一），即认为孟浩然不及王维境界高，原因在于未能脱俗。这个"俗"指的是孟浩然在《书怀贻京邑故人》中流露"城阙之志"，也就是刘熙载所说的："世俗之病，如恃才，骋学，做身分，好攀引，皆是。"[64]但正是因为这"俗"让我们感受到诗人是仕与隐矛盾的结合体，他既秉承了荆楚之地的隐逸传统，又深受儒家文化影响，寻求仕进的机会。他在诗中说自己的先辈来自孔子、孟子的家乡鲁、邹一带，自己早年生活在"重儒风"的家庭里，深受儒家正统观念的熏陶，但自己到 30 岁还没有入仕，于是嗟叹自己"命不通"进而流露求荐之意。这并不是"做身份，好攀引"，就如屈原在《离骚》开篇就谈及自己的先祖，指出自己良好的家世背景进而显示自己的高洁一样，孟浩然此举也有表示自己很好的修养和家学传统的意味。这是一种现实的"本真"，不仅让我们看到山水田园之外的反思，还让我们看到不同文化对唐代荆楚文人的影响。

与孟浩然同时期的张子容、王迥身上体现着荆楚人恋家重土、淡泊随性的传统性格，在与孟浩然赠答诗中，可以看出其他们高逸的姿态。席豫"以文名当时"，被皇帝赞誉为"诗人之首出，作者之冠冕"[65]。虽作品未能流传，但对当时的影响是较大的。

岑参的诗歌无疑具有多样文化融合的特点，他的边塞诗壮奇豪迈，为当时人所推崇，为无数后人叹赏，如杜确《岑嘉州诗集序》中说岑参的诗"每一篇绝笔，则人人传写，虽闾里士庶，戎夷蛮貊，莫不讽诵吟习焉"[66]。严羽也说："高、岑之诗悲壮，读之令人感慨。"[67]然除了豪迈的一面，岑参的诗歌还有婉转的柔情，富有浪漫主义的特色，如"忽如一夜春风来，千树万树梨花开。"[68]"梨花"这个意象，不仅仅是以春花比冬雪，以温暖的南国比严寒的塞外，还有屈原"香草美人"比兴手法的痕迹。岑参身上也时时隐现荆楚特色中"隐逸"的特点。如他的《初授官题高官草堂》"只缘五斗米，孤负一鱼竿"[69]，既有"迫不得已"的出仕坦白又有对渔樵生活的留恋。其在《感旧赋序》《还高冠潭口留别舍弟》中都能见出这一点。老年时，岑参的《招北客文》就表现了骚体的哀怨特色，但哀胜于怨，显得更为凄凉感伤。

张祜的宫词和乐府最为有名，在其诗歌中，充分展现了荆楚文人不拘一格、不守故常、随性而为的性格。

见证转折期的荆楚诗人代表戎昱，其在《苦哉行五首》和《塞下曲六首》中以沉痛的心情揭示了"安史之乱"对平定后的社会现实的巨大影响。

晚唐时期，荆楚文人没有陷入愤世嫉俗或沉溺风花雪月之中，也没有通过各种怀古咏史来排遣心中的惆怅和感伤，而是更多地继承了楚狂接舆、庞德公、陶渊明等高蹈的隐逸传统和屈骚的哀怨精神，前者以齐己、胡曾、李群玉、皮日休为代表，后者以胡曾为代表。

胡曾以咏史诗享誉晚唐诗坛。他的咏史诗大多为组诗，言简意赅，通俗易懂，感情外露比较明显，他以"观古知今"为目的，摒弃时人咏史诗歌中的故作姿态与风花雪月，描写现实，抒发内心的愁闷之情。

段成式和李商隐、温庭筠因文风相近，时人号为"三十六体"[70]。"三十六体"最初指的是骈文，后来指代李商隐、温庭筠、段成式的诗文风格。反映了晚唐的独特色彩，即晚唐时流行的用典繁复、辞采华丽、格律工整，同时注重情感的宣泄与寄托。就描写内容而言，与李商隐情深绵邈，温庭筠纤秾华艳相比，段成式的诗歌伤于"轻艳戏谑"，但其中表现的抒情化、个性化气质也比较鲜明，充满了迷离神秘之美。

荆楚本土文人的散文创作稍稍逊色于诗歌，但出现了可独当一面的散文家，如晚唐与陆龟蒙齐名的皮日休，他的小品文被鲁迅先生称为"正是一塌糊涂的泥塘中的光彩和锋芒"[71]。皮日休的散文代表唐代荆楚散文的最高成就。

其他如文风凌厉峻洁的刘泊，"文章华澹"的岑文本，擅长碑文的李邕等，都对唐代散文的发展做出了贡献。此外，"茶圣"陆羽的自传体散文《陆文可自传》善于抓住具有典型意义的重要事件或生活片断来刻画人物性格、塑造人物形象，对散文抒写的内容和体式上都有了一定的创新，也是这个时期的一大特色。

这些散文创作以应制文章为主，包括册、章、表、奏、议、对等，原因有两个方面。

其一，这些作者中成就较高者大多是当朝宰相，身居高位，能够有条件地创作大量作品。如岑文本、段文昌、张柬之等，这些文人多以文采出众而著名，岑文本年十四就能作"属意甚佳"的《莲花赋》，颇得时人叹赏，太宗后命其"专典机要"，可知其看重程度。出自岑文本手的各种章表奏议莫不"殆尽其妙"[72]，唐太宗曾赞其"文章华澹"，故而其文能流传下来的都是极佳之作。张柬之博学多才，以忠直敢谏闻名，所作之文，辞采斐然，正气十足，也可一观。段文昌偶傥有节义，李吉甫在忠州任刺史时，他曾"以文干之"，及李吉甫居相位，便奖擢于他，说明其文应该颇能打动人心。处身朝堂的还有大书法家李邕，其文如其字，奇伟偶傥，当时就已被称为"书中仙手"，名满天下，留下的碑文最多，成为后世临摹的典范。这些名家因为政治需要和酬应等原因，往往分身乏术，诗歌的创作倒少了许多。《全唐诗》中一首也没有的也大有人在。正如曹丕所说"文非一体，鲜能备善"[73]，在诗歌中没有太大影响的荆楚诗人往往在散文领域里绽放光辉，如李邕、岑文本、刘蜕等，这也是荆楚文学区别同一时期其他地域文学的一个特征。

其二，唐代采取"以诗取士"，文人将大部分的时间都花在了吟诗作对、漫游、酬唱干谒之上，对散文的创作不予重视，除了中唐时期的古文运动提出要摈弃骈文，进行复古外，其他文人创作的确实不多。而在这一领域能有成就者莫不是走向两个极端：密切关联政治，讲究文章的功用价值，也提倡"感事而作"，不无病呻吟，这是古文运动者的走向，如韩愈的散文；游离于"政统"之外，放浪形骸，不拘泥形式，追求自我个性的抒写，如李白的骚体作品。

岑文本、段文昌、张柬之等散文创作皆为应制作品，这也反映了荆楚文人的文学成就与政治仕途的关系十分密切。

专攻某一文体而有所长的除了李邕还有段成式，其最高成就不是表现在诗歌和散文里，而是唐小说的创作。

段成式的《酉阳杂俎》是唐代有名的笔记小说集。其中包括了各类神话、传说、故事、杂记、志怪、传奇，或奇异或怪诞，五彩缤纷。

《酉阳杂俎》中艺术成就最高的是传奇作品，在 20 篇传奇作品中，又涵盖了世态、法术、豪侠、异遇、因果等多种类别，如小小说《宁王》叙事简洁，用语精炼，暗喻褒贬，交代周密，有很强的故事性。《僧侠》中描写的各种技艺，对研究中国武术史和兵器史有一定参考价值，对后世特别是清代小说有一定影响。

唐代荆楚本土文人创作小说的还有刘孝孙，其传奇小说《续幽明录》继承了六朝小说"搜奇记逸"的传统。它运用史、笔结合的手法，将各种奇怪的野闻逸事进行铺展，已经与隋末唐初传奇小说《古镜记》大不相同，也与刘义庆的《幽明录》"粗陈梗概"有别，它更加注意多种描写手法的运用，在文中表现自己的才情，为唐传奇再添一笔色彩。

除了以上三种常见的文体外，与唐人好茶风尚密切相关的陆羽的《茶经》也在一定意义上代表着荆楚文学的成就。《茶经》言茶之源、茶之法、茶之具等十分细致和具体，将茶的精髓与茶道精神展现无遗。其中比较具有文学价值的章节如《茶之源》："茶者，南方之嘉木也。一尺，二尺，乃至数十尺，其巴山峡川有两人合抱者。伐而掇之，其树如瓜芦，叶如栀子，花如白蔷薇……"[74]白描手法颇有柳宗元"记"的特点。《四库全书总目提要》赞其"其文亦朴雅有古意"[75]。

第三节　荆楚本土文学家族群体创作

"家族是中国文化最重要的一个柱石。"[76] 家族是文化的创造者，又是文化传递的载体。家族文化深层次上体现了作家对家族文人精神的自觉向往与认同，其创作则充溢着对先人的尊崇，对自然人文景观的赞美，凝聚着地域性的传统，进而形成独具特色的文学风格风貌。

家族，不同于氏族，它不仅仅依赖于血脉的羁绊，还必须有代表家族共同的东西，其一是拥有共同的文化活动，如祭祖；其二是拥有一定的经济关系，如共产同居。古代注重孝道，律法严明有父母在者不得别籍析产，如《唐律疏议》卷十二《户婚律》"子孙别籍异财"条云："诸祖父母、父母在，而子孙别籍、异财者，徒三年。"又唐玄宗天宝三年制曰："其有父母见在，别籍异居，亏损名教，莫斯为甚。亲殁之后，亦不得分析。"[77] 而文学家族，除了满足上述条件，还需要有文学上的创作、教育与传承。

我们按地域来划分文学家族，则还须考虑到家族成员进行文学创作的人数、家族成员在某一地域是否有较长的生活经历和一定的文学活动等因素。

一、荆楚文学家族的地理分布与构成

据有关学者统计，唐时淮南道、江南西道、山南东道共有文学家族 25 个，[78] 占唐代文学家族总数的 14%，而据笔者自己统计，唐代在荆楚有生活经历并有创作留存下来的荆楚文学家族，则有如下 12 个，即邓州 2 个，荆州 2 个，襄州 4 个，潭州 1 个，澧洲 1 个，鄂州 1 个，袁州 1 个。其他家族或人数太少，或无作品留存，暂不探讨。另外，连州刘瞻父刘景为河间人，虽父子有诗名，却不能列入连州刘氏家族。又如永州张氏张文宝、张仲达俱有诗名，但成名于五代后唐，也不计。

荆楚文学家族主要集中在江汉流域，以襄阳、荆州为核心，经济相对发达，诗人数量多，成就较大。家族主要成员如下。

1. 荆州岑氏：

岑文本：《新唐书》《旧唐书》均载其为邓州棘阳人，《新唐书》中，

岑文本自称"汉南一布衣"[79]，可能"籍隶江陵"，且他不在长安置产业，而岑参《感旧赋》中又说"辟土宇于荆门"，可推知他在江陵稍有产业。既有产业，则户籍的问题就会变动，不会如其祖那般还保持原籍，寓居江陵。但，岑文本自贞观九年入长安之后，一直在长安为官，籍贯或有所改变也未可知。

文本为南朝后梁大臣善方孙，隋邯郸令之象子，其祖"博综经史，善于辞令"，可知其家学传承。岑本家于江陵，隋末萧铣在江陵建立割据政权，他为中书侍郎，专典文书，唐大军临境，促萧铣降唐。贞观初任中书侍郎，助修《周书》，后官至中书令。从太宗征高丽，因劳悴过度而死。文本"性沈敏，有姿仪，善文辞，多所贯综"，年十四就作《莲华赋》，"属意甚佳"，尤其长于公文，敏速过人，各种策令"分口占授，成无遗意"[80]。从太宗让其接替颜师古，让其"专典机要"来看，其学识之渊博、文采之出众，已经闻名于朝野。《全唐诗》存其诗 4 首，《全唐文》存其文 20 篇，其中册 7 篇，颂、表、疏、议、碑文各 2 篇，奏、对、游记各 1 篇。

岑长倩：文本兄文叔之子。高宗时累官兵部侍郎、同中书门下平章事。历文昌右相，则天时进封辅国大将军，后逆武承嗣，被来俊臣诬陷致死，其五子同被诛，并父祖坟墓被发掘。

岑羲：文本孙，唐代大臣。进士出身，为官有能名，历中书舍人、吏部侍郎。睿宗立，历刑、户二部尚书，门下三品，进侍中，封南阳郡公。玄宗时，受太平公主谋逆牵连而被杀。岑羲"以文吏著名"，甚有"美誉"。岑羲曾参与编撰《氏族录》《则天皇后实录》《中宗实录》《太极格》。《全唐诗》存其诗 6 首，《全唐诗补编·续补遗》补 1 首。《全唐文》收录有奏疏 1 篇。岑羲有兄岑献、弟仲翔、仲休，献为国子司业，仲翔为陕州刺史，仲休为商州刺史，惜皆无诗文流存。

岑植：文本孙，岑参父，明经擢第，为官广有善政，历任句容令、仙晋二州刺史等职。时人为之作《唐句容县令岑植德政碑》，唐景龙二年（708 年）刻，张景毓撰文，释翘微正书。宋欧阳棐《集古录目》、陈思《宝刻丛编》及明王世贞《古今法书苑》著录。

岑参[81]：文本曾孙，《旧唐书》载其为天宝进士，曾随高仙芝到安西、武威，后又往来于北庭、轮台间，官至嘉州刺史。长于七言歌行。所作善于描绘塞上风光和战争景象,气势豪迈,情辞慷慨,语言变化自如。与高适齐名,并称"高岑"。《全唐诗》记其"辞意清切,迥拔孤秀,多出佳境。每一篇出,人竞传写,比之吴均、何逊焉"[82],可知其诗名显赫。有《岑嘉州诗集》。《全唐诗》存诗 4 卷,《全唐诗补编·续拾》补 2 首。

岑氏家族成员见于史书的还有岑灵源(疑灵源为地名)、岑献、岑仲翔、岑仲休、岑棣、岑榜、岑椅、岑谓、岑况、岑乘、岑垂等,皆仕唐,杜甫曾说"岑参兄弟皆好奇"[83],王昌龄有"岑家双琼树"[84]句,都说明岑参兄弟可能有诗才,惜无作品流传。

岑氏家族若按其郡望来划分,应算作邓州南阳文学家族,若按照岑文本祖父岑善方就已经迁到江陵且岑羲明确是江陵人来看,则也可算荆州文学家族,考虑到唐代"喜标门第,称郡望",籍贯的归属往往难以判断,如岑参的籍贯至今仍有争议,因此,我们不如将之称为"邓州—荆州家族"。

2. 荆州段氏(客居家族):

段文昌,系唐朝开国功臣段志玄裔孙。《旧唐书》载其为河西人,"家于荆州"[85],《新唐书》记其三世祖志玄为齐州临淄人,而文昌"世客荆州"[86],故其籍贯待考。《新唐书》称其有文集 30 卷。《全唐诗》存诗 4 首,《全唐文》存文 4 篇。

段成式,会昌三年为秘书省校书郎,精研苦学秘阁书籍,累迁尚书郎、吉州刺史。后随父徙宜城。大中七年归京,官至太常少卿,咸通初年,出为江州刺史。遍览群书,善于佛学。段成式善于诗歌骈文,与李商隐、温庭筠齐名,称为"三十六体"。免官后寓居襄阳,与温飞卿、余知古、韦蟾、周繇等时相唱和。一生著述颇多,有《酉阳杂俎》20 卷、《续杂俎》10 卷、《卢陵官下记》20 卷、《汉上题襟集》3 卷、《鸠异》1 卷、《锦里新闻》2 卷、《破虱录》1 卷、《诺皋记》1 卷。其《酉阳杂俎》为唐人笔记中著名作品,被后世誉为"小说之翘楚"[87]。其所著诗词,《全唐诗词》和《全唐诗》中,收录 50 多首;其所著文,《全唐文》中,收录 11 篇。清人辑有《段成式集》。

3. 襄州杜氏:

　　杜易简，襄州襄阳人，《旧唐书》说他："九岁能属文"，年龄稍长，便"博学有高名"[88]，为姨兄岑文本所器。擢进士，补渭南尉。咸亨初，历殿中侍御史。后因上书言敬玄罪，被贬为开州司马。易简著有文集 20 卷，《新唐书》志及《旧唐书》本传记其有《御史台杂注》5 卷，并传于世。《全唐诗》存其诗 3 首，《全唐文补编·续拾》存其文 1 篇。

　　杜审言，《新唐书》记其为"襄州襄阳人"，《旧唐书》将其传放于易简之后，也指其为襄阳人，《唐才子传》则称其为京兆人。宋代祝穆《方舆胜览》载："杜审言，襄阳人，有孙曰甫，有故宅在焉。曾子固尝有诗以纪其事。"[89]可知为襄阳人的依据更充分些。审言为唐高宗咸亨进士，唐中宗时，因与张易之兄弟交往，被流放峰州（今越南越池东南）。曾任隰城尉、洛阳丞等小官，累官修文馆直学士，与李峤、崔融、苏味道被时人号为"文章四友"，是唐代"近体诗"的奠基人之一，作品多朴素自然。其五言律诗，格律谨严。《新唐书》记其有文集 10 卷，已散佚，后人辑有《杜审言诗集》。《全唐诗》存诗 1 卷，《全唐诗补编》录其诗 27 首。《直斋书目解题》著录《杜必简》1 卷，存其诗 43 首。《全唐文》存其文 2 卷。

　　杜氏家族虽后来有杜甫这样的大家，但自审言后，家族成员因各种原因迁徙，杜甫籍贯颇有争议，《旧唐书》称其"本襄阳人，后徙河南巩县"[90]，但学界大部分人的观点倾向于他非荆楚文人，因此这里对其作品及成就不予讨论。

4. 襄州张氏：

　　张柬之，初唐进士及第，后任清源丞。永昌元年，以贤良征试，擢为监察御史，后出任合州、蜀州刺史、荆州长史等职。狄仁杰向武则天举荐，武则天提升其为洛州司马。不数日，狄仁杰再荐之，遂得以升为秋官侍郎，后又得姚崇推荐，遂升为宰相。张柬之有宰相之才，属于大器晚成者。他忠直敢谏，博学好礼，为时人所推崇，也为后人如王世贞等所称赞。《全唐诗》载其诗 5 首，《全唐文》收录其文 4 篇。《全唐文·拾遗》补 1 篇。新、旧唐书均称其有文集 10 卷，《直斋书目解题》著录其《弹棋经》1 卷，惜均佚。

　　张敬之，柬之弟，曾任将仕郎，少有诗名，中书舍人王德闻其名，曾命其作《城上乌》赋，诗成，颇为赞赏。惜早卒，《全唐诗补编续拾》存其诗1首。

张铢，柬之孙，少为沙门，后举进士，为河南府参军事，有诗3卷，今佚，《全唐诗》存诗1首。张铢有才情，襄阳同乡丁凤在《唐故河南府参军张君墓志并序》中称其"变风雅之篇什，禀江山之清润"[91]。

张氏家族也曾繁盛一时，家族成员还有：张漪（柬之子）、张愿（柬之子）、张煦、张惢（柬之子漪第二子）、张鳃（漪第三子）、张绍、张某、张异、张点、张琪、张璟（柬之玄孙）等，然无作品传世。

5. 襄州皮氏：

皮日休，襄阳竟陵人。道、儒兼修，诗文兼擅。曾隐居在鹿门山，自号鹿门子，又号间气布衣、醉吟先生、醉士等。晚唐与陆龟蒙齐名，世称"皮陆"。隐居鹿门山时著《鹿门隐书》60篇，后自编《皮子文薮》10卷，又与陆龟蒙共编《松陵集》10卷。《新唐书·艺文志》录有《皮日休集》《皮子》《皮氏鹿门家钞》多部。《全唐诗》存诗9卷300多首（见上文统计）。《全唐文》存其文4卷。

皮光业，10岁能文，善谈论，后晋天福二年出任宰相，国中教令多出自其手。《崇文书目》著录其《皮氏见闻录》13卷，《补唐五代艺文志》补其《妖怪录》5卷，《启颜录》6卷，《三馀外志》3卷，今皆佚。《全唐诗》存其断句2联，《全唐诗补编·续拾》补其所收断句，《全唐文》存其文2篇。

皮氏家族还有皮崇等，但无诗文留存。崇，皮日休从弟。皮日休有诗《送从弟皮崇归复州》。[92]

6. 襄州孟氏：

孟浩然，襄州襄阳人，盛唐著名诗人。与另一位山水田园诗人王维合称为"王孟"。孟浩然仕途坎坷，开元二十五年，张九龄招致幕府，后隐居。《全唐诗》收其诗2卷，《全唐诗补编·补全唐诗》补录1首，《补逸》复出1首，《续拾》补6句。孟浩然开创了盛唐山水田园诗派，对后世影响极大。

孟洗然，孟浩然从弟，孟浩然诗《洗然弟竹亭》云："吾与二三子，平生结交深。俱怀鸿鹄志，昔（一作共）有鹡鸰心。"[93]

孟邕，孟浩然从弟，孟浩然有诗《送从弟邕下第后寻会稽》。[94]

7. 邓州庾氏：

庾光先，新野人。官至吏部侍郎。尝陷安禄山，不受伪署。《全唐诗》存其诗 1 首。

庾敬休，新野人。光先侄孙，敬休举进士，"以宏词登科"，可知其擅文。先后任秘书省校书郎、渭南尉、集贤校理、右拾遗、集贤学士、右补阙、起居舍人、礼部员外。曾一度罢官。后又屡次升迁，官至吏部侍郎。《旧唐书》载敬休"著《谕善录》七卷"[95]，惜无流传。《全唐诗》存其诗 1 首。

庾承宣，贞元十年及第。太和中，终检校吏部尚书、天平军节度使。《全唐诗》存诗 1 首。

庾氏家族成员还有庾光烈、庾何、庾倬、庾简休等，但并无多少文学成就。庾氏在南朝时是"西楚望族"，作为南阳的世家大族，家族人才辈出不穷，如庾黔娄、庾荜、庾于陵、庾诜、庾肩吾、庾曼倩、庾季才、庾质、庾信等。但唐代有文学创作的并不多。

从《旧唐书》《新唐书》可以看出，庾氏先辈都官居高位，敬休祖父庾光烈曾任大理寺卿、叔祖庾光先任吏部侍郎，父亲庾何终兵部郎中，而他自己也历任工部、吏部侍郎，其季弟庾简休，也至工部侍郎，应该算是家族中仕途最顺的一个。

8. 邓州赵氏：

赵宗儒，举进士，初授弘文馆校书郎，拜左拾遗，充翰林学士，与父骅秘书少监同日并命，当时荣之。贞元十二年，以给事中同中书门下平章事。罢相，为右庶子，端居守道，勤奉朝请。迁吏部侍郎，改尚书。前后三镇方任，八领选部，历宪、穆、敬、文四朝，以司空致仕。《全唐诗》存诗 1 首。

赵骅[96]，邓州穰人，宗儒父，秘书少监。《旧唐书》载其"志学，善属文"[97]。李华《三贤论》中称他"才美行纯"[98]，《全唐诗》存诗 1 首。

父子皆以文学仕进，可见其有很好的家族传承。惜作品太少，无法细究。

9. 澧州李氏：

李宣古，工文，有诗名。会昌三年举进士第，又中"宏辞"，无意仕途，终身执教，落寞而终。[99]《全唐诗》存诗5首6句。

李宣远，宣古弟，以诗鸣于时。《全唐诗》存诗2首。

李群玉，宣古堂兄弟，极有诗才，"居住沅湘，崇师屈宋"，与齐己、胡曾被列为唐代湖南三诗人。《郡斋读书志》卷十八称其"旷逸不乐仕进，专以吟咏自适，诗笔妍丽，才力遒健。好吹笙，善书翰"[100]。《唐才子传·李群玉传》《湖南通志·李群玉传》所记略同。《全唐诗·李群玉小传》载其早年杜牧游澧时，劝其参加科举，并作诗《送李群玉赴举》，但他"一上而止"[101]。后来，宰相裴休视察湖南，郑重邀请李群玉再作诗词。他"徒步负琴，远至辇下"，进京向皇帝奉献自己的诗歌"三百篇"。唐宣宗"遍览"其诗，称赞"所进诗歌，异常高雅"，并赐以"锦彩器物"，"授弘文馆校书郎"。三年后辞官回归故里，死后追赐进士及第。李群玉著有诗前集3卷，后集5卷。《全唐诗》编其诗3卷263首，《全唐诗补编·续拾》补1首，《全唐诗补编·续补遗》补1首。令狐陶有《荐处士李群玉状》："佳句流传于众口，芳声籍甚于一时。"[102]盛赞其文才。

10. 潭州欧阳氏：

欧阳询，潭州临湘人。南朝梁太平二年生于衡州，祖籍潭州临湘。唐时累迁银青光禄大夫、给事中、太子率更令、弘文馆学士，封渤海县男。与同代的虞世南、褚遂良、薛稷并称为初唐四大家。与虞世南俱以书法驰名初唐，并称"欧虞"，后人以其书于平正中见险绝，最便初学，号为"欧体"代表作楷书有《九成宫醴泉铭》《皇甫诞碑》《化度寺碑》，行书有《仲尼梦奠帖》《行书千字文》。对书法有其独到的见解，有书法论著《八诀》《传授诀》《用笔论》《三十六法》。所写《化度寺邑禅师舍利塔铭》《虞恭公温彦博碑》《皇甫诞碑》被称为"唐人楷书第一"。高祖武德五年，应诏与人主持编撰《艺文类聚》。七年书成，询撰序言。《全唐诗》存诗2首，《全唐诗补编·续补遗》补1首。《全唐文》存其文8篇，《全唐文补编·拾遗》补5篇。

欧阳通，询第四子，早孤，母徐教以父书。初拜兰台郎，仪凤中累迁中书舍人，封渤海公，天授初转司礼卿判纳言事，二年为相，因反武承嗣为太子被害。工于楷，书得父法而险峻过之，父子齐名，号"大小欧阳体"。有《道因法师碑》《泉男生墓志》等传世。

11. 鄂州李氏：

李邕，鄂州江夏人。[103] 父李善，为梁萧统编选的《文选》作注。李邕少年即成名，后召为左拾遗，曾任户部员外郎、括州刺史、北海太守等职。李邕能诗善文，工书法，尤擅行楷书，《全唐文》存其文 5 卷，计 51 篇，其中以碑文最多。《全唐诗》存诗 4 首。李邕文章冠绝一时，为当时皇甫湜、王翰、杜甫等推崇。如杜甫诗《八哀诗·赠秘书监江夏李公邕》云："忆昔李公存，词林有根柢。声华当健笔，洒落富清制。风流散金石，追琢山岳锐。情穷造化理，学贯天人际。干谒走其门，碑版照四裔。名满深望还，森然起凡例。"[104]

李鄘，李邕侄孙，大历中举进士，又以书判高等，授秘书正字。为李怀光所辟，累迁监察御史。唐宪宗年间曾短暂被任命为宰相，但他拒绝了，从未行使宰相职权。

李磎，鄘之孙，大中末中进士，历任史馆修撰，翰林学士，官至户部郎中，分司东都。官至礼部尚书。晚唐宰相，政绩平庸，然《旧唐书》称其"磎好学，家有书至万卷"，可知其好学的家风。磎博学多通，文章秀绝，《旧唐书》载其有表"十章及《纳谏论》三篇"，提及他有学术作品，"所撰文章及注解书传之阙疑，仅百余卷，经乱悉亡"[105]。

唐代江夏李氏家族还有李岐、李郓、李拭、李柱、李颖、李翘等。李氏家族以书法见长，这一点与潭州欧阳氏家族相似，但李氏家族所具有的深厚学术家学传统则是欧阳家族所没有的。

12. 袁州郑氏

郑史，宜春人。开成元年举进士第，国子博士，历永州刺史，郑谷之父。《全唐诗》存诗 3 首。

郑谷，宜春人。史子，僖宗时进士，官都官郎中，人称郑都官。郑谷少颖悟，7 岁能诗，司空图赞其"当为一代风骚主"[106]。其诗多写景咏物之作，表现士大夫的闲情逸致。尤工咏物，因《鹧鸪》中"雨昏青草湖边过，花落黄陵庙里啼"[107]一联传诵广远，而得"郑鹧鸪"之称。《唐才子传》称其诗"清婉明白，不俚而切"[108]。曾与许裳、张乔等唱和往还，号"芳林十哲"。原有《宜阳集》，已散佚，存《云台编》3卷。《全唐诗》收其诗327首。

郑启，史子，谷之兄。《全唐诗》存诗3首。

二、荆楚文学家族兴衰之缘由

荆楚文学家族，从整体上看，大多属于新晋的家族，家族的整体人数和文学作品与其他三大地域（关中、山东、江南）相比，还存在较大的差距。

可以看出，荆楚文学家族的分布极为不平衡。荆州、襄州两州几乎占据荆楚文学家族总数的一半，其他州郡几乎没有较为出名的诗人出现，更不谈建立文学家族。地域分布的不平衡与政治经济文化密切相关，就历史地理状况而言，荆州、襄阳、江陵等地区是楚民族"筚路蓝缕以启山林"的开门立国之根据地，先秦时期政治经济皆集中在以荆州为核心的江汉地区，秦灭六国后历代王朝都将左控吴越，西襟巴蜀的荆襄地带视为政治、军事重心所在，唐王朝自然也不可忽视。政治军事的重要地位，必然伴随经济的发展与文化的繁荣。这些条件都有利于促成家族文人的产生与家族文学的繁荣。而相对萧条而沉寂的广大南楚地区，特别是地广人稀的湘中地带及蛮汉交织的五溪地区，以及深峡高谷的三峡地带，蛮族众多，民性剽悍、交通闭塞，文化落后，文人求出仕者少，而多隐逸，家族自然难以发展起来。

荆楚文学家族的发展还与家族文人的政治仕途相关。在《全唐诗》中存诗较多的且就较高的都是有身居高位的文人家族，家族文学活动与文学传承也围绕他们展开，如岑文本、段文昌、杜审言、张柬之、李邕所在的家族。但这些家族文人的政治命运起落也大，因而往往会出现隔代传承的现象。考《新唐书宰相世系表》，荆楚地区虽然曾有贞观年间的岑文本、刘洎，显庆年间的许师，总章年间的郝处厚，神龙年间的张柬之，景云年间的岑曦，长庆年间的段文昌等先后登宰辅，但并未形成庞大的门阀势力，也不是朝廷倚重的对象（朝廷主要倚仗的是关中、山东氏族，对其他地域的家族不予重视），因此其家族文人群体有唐一代未见增长。

　　尽管荆楚文学家族群体内部构成多样化，有父子（如荆州段式、襄州皮氏、潭州欧阳氏）、祖孙（如荆州岑氏、襄阳杜氏、鄂州李氏、邓州庾氏）、叔侄（如荆州岑氏）、兄弟（如襄州孟氏、澧洲李氏）同为诗人、艺术家现象，但荆楚家族有文学创作的毕竟不多。有祖孙三代同时存留作品的几乎不存在，而祖孙隔代相继又有兄弟互为光芒的只有两个，即荆州岑氏家族、襄州张氏家族。

　　这个情况值得我们探究。

　　第一，这些新晋的家族如荆州段氏、襄州张氏毕竟底蕴不厚，没有山东、江南世家数百年的荫蔽与传承，他们因一两人之才而迅速兴起，又很快因后继无人而被历史湮没。

　　第二，家族文人政治地位的升降影响了家族的兴盛与衰败，也影响了家族文人的命运。这在荆楚文学家族中表现得最为明显。如岑氏家族，"一门三相"，几番大起大落，岑文倩因获罪被株连甚广，不但五子同被处死，且"发掘其父祖坟墓"，使得家族人丁凋零，好不容易到岑羲为相，家族再次发达，又因获罪"籍没全家"，顺带连累同族之人，如岑参之父岑植。其他文学成就稍显的家族如荆州段式、襄州张氏的兴盛也与其家族成员仕进为官、身居高位有紧密的联系。家族成员以文入官越多，其对子孙的影响越深，进而创作的作品也越多；家族成员身居高位，必然声名显著，多有良好的德行或文品，他们以身言教，家族就会有优良的文学氛围与文学传统，子孙辈争相效仿先人，自然也会大量创作，父子、祖孙、兄弟都诗名显著的现象也就比较多见。

　　第三，家族文人是否具有进取精神，也决定了家族的文学成就。倘若家族成员缺乏进取精神，家族文学往往会因断了家族传承而无法后继。如有学者将皮日休家族视为晚唐荆楚文学家族的代表，皮日休虽祖上在晋代曾做过襄阳太守，但一直家于竟陵，几代务农为生，并无多少文学上的传承，到皮日休《皮子文薮》一放光芒之后，在《全唐诗》《全唐文》《全宋诗》里，其后代的作品留存极少。皮日休终年仅30余岁（据辛文房《唐才子传》、孙光宪《北梦琐言》、钱易《南部新书》载），根本无法撑起一个大的文学家族，更不谈家族内部的教育与传承。

第四，一般而言，文学家族之间的内部交往是否密切也决定着家族的兴盛程度。家族的文学优势是通过不断融合其他家族文化或地域文化而得以继续发展的。文学家族之间的联系与相互提携都是家族发展的重要途径，如荆州岑氏与澧州欧阳氏交好，岑氏又与襄州杜氏有姻亲关系（杜易简姨兄岑文本）等。但一些处偏僻地区的小家族，缺乏文人之间的交往和人才流动，得不到好的教育和提携的机会，创作少，自然难以兴盛。

第五，文学家族的发展又往往与家族成员的迁徙有关。某一地域的本土家族偶尔会出现"断层"现象，如邓州庾氏，其先祖在南阳新野，南朝时庾氏属于"西楚望族"，文学人才层出不穷，如庾荜、庾黔娄、庾于陵、庾诜、庾肩吾、庾曼倩、庾季才、庾质、庾信等，或"博涉群书、有口辩"[109]（《梁书·良史·庾荜传》）或"幼聪警笃学，经史百家无不该综"[110]（《梁书·处士·庾诜传》），在各个方面都有表现，可谓家族文学鼎盛。这样一个大家族，在唐代却不复以前的光辉，留存下来的诗篇极少，仅庾光先、庾敬休、庾承宣各1首。这其中有家族迁徙的原因，还有其缺乏家族文集的整理与编纂、家族传承的不能前后相继有关。如《隋书·庾季才传》："新野人也，八世祖滔，随晋元帝过江，官至散骑常侍，封遂昌侯，因家于南郡江陵县。"[111] 庾氏家族与汉代南阳大族宗氏一样，在西晋末年迁入了江陵，而唐代多"喜称郡望"，故而在《旧唐书》《新唐书》中也会出现以南阳庾氏称呼江陵庾氏的现象，单从庾敬休这一支来看，不足以窥其全貌。

荆州文学家族在子弟的文化教育中重视荆楚传统，重"孝道"高于"忠君"，如《旧唐书》载岑文本季弟文昭在任校书郎时，"多与时人游款，太宗闻而不悦，尝从容谓文本曰：'卿弟过多交结，恐累卿，朕将出之为外官，如何？'文本泣曰：'臣弟少孤，老母特所钟念不欲信宿离于左右。若今外出，母必忧悴，傥无此弟，亦无老母也。'歔欷呜咽，太宗愍其意而止[112]。"若以忠君尽职计，文本当训诫其弟的行为，但他却如此"护短"，正是出于对母亲的孝顺。这种将孝道置于君道之前的行为，在襄州张柬之家族、潭州欧阳询家族中表现得也十分明显。

张柬之极为重礼，曾驳弘文馆学士王元感著论云："三年之丧，合三十六月。"认为"三年之丧，二十五月，不刊之典也"[113]。他不但引经据典，还指出孝道的实质，"二十五月、二十七月，其议本同。窃以子之于父母丧也，有终身之痛，创巨者日久，痛深者愈迟，岂徒岁月而已乎？故练而慨然者，盖悲慕之怀未尽，而踊擗之情已歇；祥而廓然者，盖哀伤之痛已除，而孤邈之念更起。此皆情之所致，岂外饰哉"[114]。说明孝行不在于表面的形式，而在乎本心。对于父母之丧这种剧痛，并不会随着时间的推移而淡忘，真正尽孝者必然会因外在的环境而牵动悲痛，这是情之所至。

欧阳通少孤，其母亲自教导，及母丧，《新唐书》卷一九八载其"居母丧，诏夺哀。每入朝，徒跣及门。夜直，藉藁以寝。非公事不语，还家辄号恸。年饥，未克葬，居庐四年，不释服"[115]。因孝期未满，欧阳通每次入朝都赤脚走到皇城门外，可见他的孝心和悲痛正如张柬之所说的那样，"岂徒岁月而已乎？"欧阳通这种"衣冠不整"的举动可以说是对皇帝"失仪"（皇城象征着皇帝的威严），可知其对孝道的看重远远超过对君王。

荆楚地域文学家族又重性情高于文章，如岑文本家族"深谨重礼"的作风、庾敬休家族对淡然沉稳品行的看重，故这些家族文学虽有所长，但终不至深厚。荆楚文学家族教育的特点是方式多样，尤其注重不同领域的自由发展。杂学的发展是其家族家学丰富性的表现。如江夏李氏、潭州欧阳氏都是诗、书兼擅，尤以书法传家，李氏家族更有注解经义的深厚学术传承等。

荆楚家族的家学传统既受到本土风物及文化内涵的影响（如主观色彩重，抒情色彩浓等），又往往受到其他地域文化的影响，如唐代文人的漫游风尚、家族文人的交游活动，荆楚贬谪诗人与流寓诗人对本土文人创作的影响等都促使家族文人的文学创作显出多元性的特点，家族文人突破家族、地域的传统圈子，在生活志趣、审美追求及自我价值认同上显示独立性。文学家族的家学传统还常常根据政治文化形式的发展，不断做出调整，表现出灵活的文化适应性。

注 释

1—3 司马迁：《史记·货殖列传》，中华书局，1959 年，第 1173 页。

4 班固：《汉书》，中华书局，1962 年，第 1666 页。

5—6 沈约：《宋书》，中华书局，1974 年，第 1739、1540 页。

7 因《元和郡县图志》残缺，南方扬州、荆州等均佚，《补志》未足据，故未能完全统计。

8 刘昫等：《旧唐书》，中华书局，1975 年，第 1552 页。

9 司马光：《资治通鉴》，中华书局，1956 年，第 3145 页。

10 赞宁：《宋高僧传·庙荆州天皇寺道悟传》，范祥雍点校，中华书局 1987 年，第 231 页。

11 元稹：《遣兴十首》，彭定求等：《全唐诗》，中华书局，1999 年，第 4480 页。

12 孙光宪：《北梦琐言》逸文卷二"卢程以氏族傲物"，林艾闲点校，上海古籍出版社，1981 年，第 159 页。

13 对于唐代已有水稻育秧移植技术的论述，见牟发松《唐代长江中游的经济与社会》一书，武汉大学出版社，2014 年。

14 参见黎虎：《东晋南朝时期北方旱田作物的南移》，《北京师范大学学报》1988 年第 2 期以及林立平：《唐代主粮生产的轮作复种制》，《暨南学报》1984 年第 1 期。

15—17 彭定求等：《全唐诗》，中华书局，1999 年，第 5498、9628、7807 页。

18 刘昫：《旧唐书》，中华书局，1975 年，第 2348 页。

19—20 欧阳修等：《新唐书》，中华书局，1972 年，第 1028、5631 页。

21 王溥：《唐会要·疏凿利人》，中华书局，1955 年，第 1620 页。

22 李昉等：《太平御览》卷六十七"地部"，上海古籍出版社，2008 年，第 691 页。

23 孙光宪：《北梦琐言》，林青、贺军平校注，三秦出版社，2003 年，第 43 页。

24 杜牧：《樊川文集》，陈允吉点校，上海古籍出版社，2007 年，第 168 页。

25 彭定求等：《全唐诗》，中华书局，1999 年，第 4619 页。

26 司马光：《资治通鉴·唐纪八十》，中华书局，1956 年，第 8607 页。

27—28 郭茂倩：《乐府诗集》，中华书局，1979 年，第 700 页。

29 逯钦立辑：《先秦汉魏晋南北朝诗·宋诗》，中华书局，1983 年，第 1348 页。

30—40 彭定求等：《全唐诗》，中华书局，1999 年，第 272、273、272、4119、3394、8841、3394、273、271、271、7774 页。

41 段成式：《酉阳杂俎》，上海古籍出版社，2012 年，第 16 页。

42 彭定求等：《全唐诗》，中华书局，1999 年，第 4479 页。

43 吴处厚：《青箱杂记》，上海古籍出版社，2012 年，第 20 页。

44 参见莫立民：《唐代文学人才的地理分布与成因》，《中州学刊》，2009 年第 5 期。

45 因为断句较为复杂，同一联断句的均算为一句。

46 《全唐诗》卷 584 收段成式诗 1 卷共 56 首 11 句，卷 792 又收其与张希复、郑符、昇上人联句 8 章，每章或有完整绝句或一句或半句，或四言或五言或七言或杂言，因计算方式不同会造成太大分歧，故暂不计算在内。

47 据《皮子世录》："以远祖襄阳太守，子孙因家襄阳之竟陵，世世为襄阳人。自有唐以来，或农竟陵，或隐鹿门，皆不拘冠冕，以至皮子。"皮日休祖籍襄阳，后迁居竟陵，但他自称"世世为襄阳人"，也没有足够的证据可以证明他的籍贯发生改变，故不能将他归为复州竟陵人。董诰等：《全唐文》，中华书局，1983 年，第 8387 页。

48 《全唐诗》卷 608—616 收皮日休诗 322 首，卷 870、875 又 2 首，《补遗》补 5 首，《全唐诗补编·补逸》补 1 首，《续补遗》补 4 首，《续拾》补 4 首，共计 338 首。《全唐诗》卷 793 又收其与陆龟蒙联句 8 章，全为五言。暂不计算在内。

49 统计结果是将《全唐诗》《全唐诗补编·补全唐诗》《全唐诗补编·续拾》中的数据相加而得。如孟浩然诗在《全唐诗》中为 269 首，加上《补编》1 首，《续拾》6 句，故而为 270 首 6 句。

50 皮光业《全唐诗》中存断句 1 联，《全唐诗补编·续拾》补齐所收断句。故算为 1 首。

51 《全唐诗》卷 308 收陆羽诗 2 首 6 句，《全唐诗补编》补 2 句，共计 2 首 8 句。《全唐诗》卷 788 收陆羽与颜真卿等 28 人联句，羽参与 7 章，每章只 1 联，可计 7 句。暂不计。

52 辛文房《唐才子传》卷九、计有功《唐诗纪事》卷六十三："韬玉，字仲明，京兆人"，傅璇琮《唐才子传校笺》："韬玉之故里或当在湘中"，吴在庆《唐五代文学丛考》："韬玉之故里在湖南"，《中国文学家大辞典》陈尚君辑秦韬玉条："字中明，一作仲明，误。旧称京兆人，疑非是。"从《校笺》和《丛考》说。

53—56 彭定求等：《全唐诗》，中华书局，1999 年，第 2500、2153、1569、1493 页。

57 田汝成：《炎徼纪闻》，中华书局，1985 年，第 57 页。

58—60 彭定求等：《全唐诗》，中华书局，1999 年，第 2961、4541、3773 页。

61 孙光宪：《北梦琐言》，车吉心总主编：《中华野史宋朝卷》，泰山出版社，2000 年，第 8 页。

62—63 彭定求等：《全唐诗》，中华书局，1999 年，第 1561、1733 页。

64 刘熙载撰，王气中笺注：《艺概笺注》，贵州人民出版社，1980 年，第 189 页。

65 刘昫：《旧唐书》，中华书局，1975 年，第 5036 页。

66 董诰等：《全唐文》，中华书局，1983 年，第 4692 页。

67 郭绍虞：《沧浪诗话校释》，人民文学出版社，1961 年，第 198 页。

68—69 彭定求等：《全唐诗》，中华书局，1999 年，第 2056、2092 页。

70 欧阳修：《新唐书·文艺传下·李商隐传》，中华书局，1972 年，第 5793 页。

71 鲁迅：《南腔北调集·小品文的危机》，《鲁迅全集》，人民文学出版社1981 年，第 575 页。

72 刘昫：《旧唐书》，中华书局，1975 年，第 2536 页。

73 萧统编，李善注：《昭明文选》，上海古籍出版社，1985 年，第 2270 页。

74 陆羽：《茶经》，云南人民出版社，2011 年，第 1 页。

75 永瑢、纪昀等：《钦定四库全书总目》子部"谱录类"，陕西师范大学馆藏纸本，第 64 页。

76 钱穆：《中国文化史导论》，商务印书馆，1994 年，第 51 页。

77 王钦若等：《册府元龟》，中华书局，1960 年，第 1019 页。

78 见童岳敏：《唐代文学家族的地域性及家族文化探究》一文中的统计数据，《人文杂志》2009 年第 3 期，第 134 页。

79 欧阳修等：《新唐书》，中华书局，1972 年，第 3967 页。

80 刘昫：《旧唐书》，中华书局，1975 年，第 2535—2536 页。

81 目前学界对岑参的籍贯有几种说法，一是江陵说，一是南阳说。闻一多《岑嘉州系年考证》谓岑参为江陵人，其先世本世居南阳棘阳，梁时长宁公善方始徙江陵。诸书称岑为南阳人，盖从其郡望。此后陈铁民等撰《岑参年谱》亦同意闻说之考证。

82—84 彭定求等：《全唐诗》，中华书局，1999年，第2028、2262、1428页。

85 刘昫：《旧唐书》，中华书局，1975年，第4368页。

86 欧阳修等：《新唐书》，中华书局，1972年，第3743页。

87 永瑢等：《四库全书总目》，中华书局，2003年，第1214页。

88 刘昫：《旧唐书》，中华书局，1975年，第4998页。

89 祝穆：《方舆胜览·襄阳府》，中华书局，2003年，第579页。

90 刘昫：《旧唐书》，中华书局，1975年，第5054页。

91 董诰等：《全唐文·唐文拾遗》，中华书局，1983年，第10598页。

92—94 彭定求等：《全唐诗》，中华书局，1999年，第7116、1631、1627页。

95 刘昫：《旧唐书》，中华书局，1975年，第4914页。

96《旧唐书》卷一百六十七、卷一百八十七下误为"赵晔"，中华书局1975年，第4916页有注解。

97 刘昫：《旧唐书》，中华书局，1975年，第4906页。

98 董诰等：《全唐文》，中华书局，1983年，第3215页。

99 傅璇琮主编：《唐才子传校笺》，中华书局，2000年，第370页。

100 晁公武：《郡斋读书志》，孙猛校证，上海古籍出版社，1990年，第921页。

101 彭定求等：《全唐诗》，中华书局，1999年，第6627页。

102 董诰等：《全唐文》，中华书局，1983年，第7885页。

103 有关籍贯的考证，见李娅：《李邕父子是江夏人而非江都人》，《文学遗产》2008年第3期。

104 彭定求等：《全唐诗》，中华书局，1999年，第2357页。

105 刘昫：《旧唐书》，中华书局，1975年，第4149页。

106 阮阅编：《诗话总龟前集》，人民文学出版社，1987年，第63页。

107 彭定求等：《全唐诗》，中华书局，1999年，第7799页。

108 辛文房：《唐才子传》，古典文学出版社，1957年，第160页。

109—110 姚思廉：《梁书·良史·庾荜传》，中华书局，1973年，第766、750页。

111 魏徵等：《隋书·艺术·庾季才传》，中华书局，1973 年，第 1764 页。

112—114 刘昫：《旧唐书》，中华书局，1975 年，第 2536、2936、2936 页。

115 欧阳修等：《新唐书》，中华书局，1972 年，第 5646 页。

第三章

屈骚文化与唐代诗人

作为荆楚文化重要的一部分，屈骚文化既包括以物质形态存在的屈原庙等建筑、以文字载体存在的屈原相关作品，也包括烙印在中国文人心中，为人们所不断叹赏、歌咏与评价的屈原的生平事迹、精神品格及文学风采。前者是显性传承，后者则是隐性传承。就这种文化传承与接受而言，唐人凸显了其独特的时代性，尤其在文学创作中体现得十分明显。

唐朝是我国封建社会的黄金时代，政治的统一，经济的繁荣，与周边国家及各民族之间的频繁交往，积极的对外开放政策，兼容并包的文化思想，科举制的形成和发展等都对唐代文人接受屈骚文化精神创造了良好的条件。

唐人对屈骚文化精神的接受，包括对屈原个人的思想行为的理解与评价、对屈原作品的评价与阐释，以及对与屈原相关的遗迹、节俗的理解与阐释三个向度。

本章主要探讨唐代诗人对屈原及作品的接受与屈骚文化对唐代诗人创作的影响。

第一节 唐代诗人对屈原及其作品的接受

先秦时期以《楚辞》为代表的荆楚诗歌作为浪漫主义诗歌的源头，和以《诗经》为代表的北方写实诗歌双峰并峙，成为中国文学的两大基石，初步奠定了独特的地域诗歌传统。

两汉诗坛，是在楚辞的笼罩之下融合与发展的，汉诗、汉赋都可见楚辞的影响，楚辞在诗歌体制的演进中发挥了不可或缺的作用。

楚辞的研究在此期已见兴盛，从王逸的《楚辞章句》、刘安的《离骚传》到扬雄的《反离骚》、班固的《离骚序》，对屈原其人及其作品的研究与评价，已经形成一定规模，余响波及魏晋六朝。

魏晋南北朝时期对楚辞的关注和评论仍然不少，特别是南朝，以屈骚为文士文学之源。如刘勰评价楚骚为"《雅》《颂》之博徒，而词赋之英杰""惊采绝艳，难与并能"[1]；沈约云："屈平、宋玉，导清源于前，贾谊、相如，振芳尘于后。英辞润金石，高义薄云天。自兹以降，情志愈广。"[2]裴子野《雕虫论》则云："若夫徘恻芳芬，楚骚为之祖；靡漫容与，相如扣其音。由是随声逐响之传，弃指归而无执，赋歌诗颂，百揆五车。蔡邕等之俳优，扬雄悔为童子，圣人不作，雅郑谁分。其五言为诗家，则苏、李自出，曹、刘伟其风力，潘、陆固其枝柯，爰及江左，称彼颜、谢，箴绣鞶帨，无取庙堂。"[3]这样的论断，影响直至唐初。而诗歌创作上，自永嘉南渡之后，荆楚诗歌被进一步融化和吸收，在乐府诗或古体诗中仍可见楚辞的痕迹。

唐代是文化大繁荣的时代，作为唐代文人的诗歌楷模之一，《楚辞》文学对唐代诗歌的发展有重大影响，唐代文人在创作中频繁化用楚辞中的意境与典故，从文学心理、文学价值观的角度学习楚辞，并模仿楚辞创作大量拟骚作品，在形式和内容上都有所创新，其思想境界、艺术成就也比前代胜出一筹。尤其是论及屈原及屈原作品的诗文，凸显出唐代文人的政治评价眼光，也反映出唐代文人从历史文化和文学特征、文学地位的角度来认识楚辞文学，较之前人对屈原及作品的评价，是一大进步。

这一时期涉及屈原与其作品的理论性作品不多，主要集中在唐初，以李百药、令狐德棻、魏徵、刘知几为主的史学家在继承前人观点的基础上，从文学与社会、文学与历史关系的角度肯定了楚辞的历史地位和现实价值，做出了比较公允的评价。

如李百药撰《北齐书·文苑传序》云："大圣踵武，邈将千载，其间英贤、卓荦不可胜纪。……屈、宋所以后尘，卿、云未能辍简。于是辞人才子，波骇云属，振鹓鹭之羽仪，纵雕龙之符采。人谓得玄珠于赤水，策奔电于昆丘，开四照于春华，成万宝于秋实。"[4]既表现出对屈宋文学传统的肯定，认为其"文词擅美"，开一代先河，又刻画出楚骚英杰辈出、文学繁荣的画面，这显然是从楚骚文学的历史地位和文学价值来评价的。

魏徵《隋书·经籍志·集部序》也从文学发展的角度指出："世有浇淳，时移治乱，文体迁变，邪正或殊。宋玉、屈原激清风于南楚，严、邹、枚、马陈盛藻于西京，平子艳发于东都，王粲独步于漳滏，爰逮晋氏，见称潘、陆。并黼藻相辉，宫商间起。清辞润乎金石，精义薄乎云天。"[5]魏徵认为文体随着时代发展而变化，揭示了文学发展的自身规律，对屈宋文学予以肯定和赞扬。又说"自灵均以降，属文之士众矣"，也是认为屈原在推动文学繁荣上功不可没。

姚思廉《陈书·文学传论》则云："《易》曰：观乎人文以化成天下。孔子曰：焕乎其有文章也。自楚、汉以降，辞人世出，洛汭江左，其流弥畅。"[6]姚思廉与魏徵、李百药的观点一致，皆是继承了沈约"屈平、宋玉，导清源于前……自兹以降，情志愈广"的观点。

除了关注屈原对文学发展带来的贡献，史家还借楚骚之作的风格特点批判齐梁时期的绮丽靡华文风，如令狐德棻《周书·王褒庾信传论》云："其后逐臣屈平作《离骚》以叙志，宏才艳发，有恻隐之美。……陶铸性灵，组织风雅，词赋之作，实为其冠。"[7]令狐德棻用儒家诗教的观点来肯定《楚辞》，肯定其为情性之作，这是继承了班固"咸有恻隐古诗之义"[8]的观点。令狐德棻又主张吸取楚骚文学精华，要"摭六经百氏之英华，探屈、宋、卿、云之秘奥"[9]，认为这些作品"本乎情性"[10]，与齐梁时期的淫靡文风存在本质的区别。

对楚骚文学的评价还与屈、宋其人的品格密切相联系，如《隋书·经籍志》称赞屈原"精义薄乎云天"，又说楚骚为激愤之作，因屈原"道坎坷而未遇，志郁抑而不伸，愤激委约之中"[11]，故具有怨刺的艺术特点。又从楚骚创作的社会环境角度对楚辞做出了极高的评价，"然其气质高丽，雅致清远，后之文人，咸不能逮"[12]，体现了楚骚文学的现实价值。

可见，唐初史家对于楚骚文学的审美内涵、审美价值及审美功用，还是十分肯定的，只是他们囿于史学的眼光，往往将政治教化与审美价值统一起来，强调儒家诗教，对屈骚艺术的体味就不如诗人的眼光犀利。

刘知几在《载文》中说道："观乎人文以化成天下；观乎国风，以察兴亡。是知文之为用，远矣大矣。若乃宣、僖善政，其美载于周诗；怀、襄不道，其恶存于楚赋。读者不以吉甫、奚斯为谄，屈平、宋玉为谤者何也？盖不虚美、不隐恶故也。是则文之将史，其流一焉。固可以方驾南、董，俱称良直者矣。"[13]

"楚赋"与"周诗"对比，即《楚辞》与《诗经》并列，其共同点在于"不虚美，不隐恶"，刘知几是以政教的眼光看待前代文学，在他看来，汉赋以后的文学作品过于注重形式而忽视了服务于政教的目的，因而不可取。而《诗经》《楚辞》这样的作品，具有与史书一样褒贬是非的功用价值，故云"其流一焉",而屈原这样的作者,如历史上有名的史官南史氏、董狐一样,堪称"良直",体现了刘知几对屈、宋的推崇。

与史家严谨的态度有所不同,唐代文人往往从自身体悟出发,出于政治立场及个人遭际的考虑,将对屈原及其作品的理解和评价融入感性的诗篇,对屈骚文学的接受便局限在楚辞篇章的思想内容、艺术特点和屈原本人的精神特质上。这既与唐代推崇科举制,"以诗取士"有关,也与唐代文人强烈的自我意识有关。他们积极追求功名,一边忙于科考的五经和行卷文章的创作,一边带着自己的作品四处拜谒,期望一展抱负,无暇对文学典籍进行理论性的阐发和系统的研习,于是整个唐朝文学便张扬着一种非学术性的感性氛围,还形成了以诗论诗的风气。文廷式《纯常子枝语》卷十四云:"唐人以诗赋为重,故《五经正义》既定,而经学遂荒,一代谈经之人,寥寥可数……"就说明了唐人重视诗赋而缺乏理论创作的现象。

一、唐代诗人对屈原的理解与评价

唐代诗人对屈原其人的理解与评价,尽管不同时期有所变化,但以褒为主。或赞扬其品行高洁,或颂扬其爱国思想,或赞誉其忠贞不渝,或同情其怀才不遇,或叹惜其不该轻生而死,都是有感而发,中肯而真挚,足见屈原在唐代文人心目中的崇高地位。

他们十分景仰屈原那"入则与王图议国事,以出号令,出则接遇宾客,应对诸侯"的才学,推崇其卓尔不群、志洁行廉、怀瑾握瑜的高尚品质,如杜甫的《最能行》:"若道土(一作士)无英俊才,何得山有屈原宅?"[14]在诗中,诗人不吝赞美之辞,追怀屈原这位英俊之才,并认为汨州因有这样一个千古不朽的人物而显得与众不同。

对其品性高洁的赞扬的诗文,比较突出的有陈子昂《感遇诗(其三十)》云:"箕山有高节,湘水有清源。"[15]王茂元《楚三闾大夫屈先生祠堂铭》云:"矫矫先生,不缁不磷。举世皆醉,抱忠殁身。汨水悠悠,言问其滨。归山高高,独揖清尘。"

颂扬其爱国思想的有崔涂《屈原庙》:"谗胜祸难防,沉冤信可伤。本图安楚国,不是怨怀王。"[16]

赞誉其忠贞不渝的则有大诗人李白《古风（其五十一）》："比干谏而死，屈平窜湘沅。"[17]称赞屈原和比干一样，为坚守忠贞直谏的品格，连牺牲性命也在所不惜。李白不仅在诗歌中批评怀王的昏聩，盛赞屈原的高洁品格，同情其不幸的遭遇，还在他的《拟恨赋》中将对屈原的哀怨之情升华："昔者屈原既放，迁于湘流；心死旧楚，魂飞长楸。听江风之袅袅，闻岭狖之啾啾。永埋骨于绿水，怨怀王之不收。"[18]

对屈原遭遇同情的还有李群玉《湘中古愁三首（其一）》："摧残负志人，感叹何穷已。"[19]诗人认为屈原胸怀大志，但贵族统治者的摧残扼杀使其无法施展抱负，报效楚国，这样的不幸遭遇使他感叹不已。黄滔的《灵均》："莫问灵均昔日游，江离春尽岸枫秋。至今此事何人雪，月照楚山湘水流。"[20]

除了同情，唐代诗人往往对屈原之死提出不同的看法，如孙郃《古意二首（其一）》："屈子生楚国，七雄知其才。介洁世不俗，迹合藏蒿莱。道废固命也，瓢饮亦贤哉。何事葬江水，空使后人哀。"[21]诗中对屈原的杰出才华和高洁品质予以高度评价，但对其冤葬鱼腹提出了不同看法。认为屈原不为怀王所用，应该藏迹蒿莱，像颜回一样过着箪食瓢饮的生活，不该轻生自沉，徒使后人哀叹。

也有诗人对屈原之死进行客观原因分析，如周昙《春秋战国门·顷襄王》："秦陷荆王死不还，只缘偏听子兰言。顷襄还听子兰语，忍使江鱼葬屈原。"[22]诗中认为上位者宠信小人、偏听偏信、不纳忠言是造成屈原之死的重要原因。周昙在《春秋战国门·屈原》一诗中还写道："满朝皆醉不容醒，众浊如何拟独清？江上流人真浪死，谁知浸润误深诚！"[23]说明了当时的政治黑暗、统治者的昏庸无能等客观原因。

诗僧文秀的《端午》也借与屈原有关的节日来感叹屈原之死："节分端午自谁言，万古传闻为屈原。堪笑楚江空渺渺，不能洗得直臣冤。"[24]他认为屈原是忠贞敢谏的"直臣"，他的冤屈就连滔滔江水都无法洗清。

元稹、韩愈、刘禹锡、白居易、李绅等诗人也都写过深切悼念屈原的诗篇。他们都在同情之余高度赞扬屈原崇高的品质、杰出的经世之才，以及他忠贞不渝的爱国主义精神。

总体来说，唐代诗人对屈原的评论，大都继承了刘安、司马迁和王逸等肯定派的观点而加以发挥，对屈原的思想行为及品性持肯定褒扬态度，但也有个别诗人坚持班固等否定派的观点，对屈原进行强烈攻击，其中最突出的代表是孟郊。

孟郊在《旅次湘沅有怀灵均》这首长诗中，激烈地指责了屈原，说他"名参君子场，行为小人儒"，认为其气量狭小，其名与其行为不符；又说其"骚文衒贞亮，体物情崎岖"，认为屈原作《离骚》是在炫耀自己的贞操亮节，在体物抒情上也显得气量狷狭而不平，这与班固指责屈原"露才扬己"、《离骚》之词不合"法度之政"的观点是一致的；又说其"三黜有愠色，即非贤哲模。五十爵高秩，谬膺从大夫"[25]，认为屈原多次被逐而"有愠色"，这并非古代"贤哲"所为，实在是"谬膺"三闾大夫的高位，这与班固指责屈原"非明智之器"的观点是一致的。而孟郊骂屈原"行为小人儒""死为不吊鬼""生作猜谤徒"等，其感情强度和谴责力度都已经超过班固。对于屈原的高洁品质，孟郊也是持否定和批判态度的："吟泽洁其身，忠节宁见输？怀沙灭其性，孝行焉能俱？且闻善称君，一何善自殊！且闻过称已，一何过不渝！"[26]在孟郊看来，屈原行吟泽畔，只顾"洁其身"，是懦夫的做法，对事君而言，已失"忠节"；屈原作《怀沙》自沉汨罗，是灭绝人性之举，就事亲而言，是为不孝，如此不忠不孝之人，如何担得起君子、贤哲之名？

孟郊在其他诗篇中也提及屈骚，但更多的只是感叹，而无赞美，如《楚怨》："秋入楚江水，独照汨罗魂。"[27]《罗氏花下奉招陈侍御》："劳生贾生泪，强起屈平身。"[28]他将屈原视为"愁""怨"的代名词，而无褒贬。

二、唐代诗人对屈原作品的理解与评价

唐代诗人对屈原作品的阐释与评价，以作品思想、风格特点为主要对象，在阐释、评价的同时进行借鉴和再创作，体现了唐人的开拓性和时代精神。

（一）对作品思想的解读

唐代诗人对屈原作品的解读，可分为两种不同的视角，其一是代入视角，即从所处的时代背景和个人经历出发，通过自身观照屈原，进而理解作品的思想感情，这种解读往往依赖于感性阐发，具有灵活多变、细腻深婉的特点；

其二是第三者视角,即以旁观者的姿态审视和评判屈原,这种解读比较理性,充斥着是非公论与逻辑假设,具有哲思多辩、深沉蕴藉的特点。使用前一种视角,笔力不足者容易夸大想象,脱出现实;后一种视角,思想偏狭者则往往囿于一隅,无法公允。

首先是怨愤说。从司马迁《史记》到唐初魏徵《隋书·经籍志》都有论及楚骚是屈原因谗放逐,志郁抑而不伸,"愤激"而作,具有"怨刺"的特点。司马迁《史记》中说:"屈平疾王听之不聪也,谗谄之蔽明也,邪曲之害公也,方正之不容也,故忧愁幽思而作《离骚》。"[29]他充分肯定了《离骚》"幽怨""怨愤"的特点。《隋书·经籍志》则云:"或离谗放逐之臣,涂穷后门之士,道坎坷而未遇,志郁抑而不伸,愤激委约之中,飞文魏阙之下,奋迅泥滓,自致青云,振沉溺于一朝,流风声于千载,往往而有。"[30]这也说明屈骚为怨愤之作。

而在唐诗中,怨愤说则表现为诗人对屈原不平之鸣的感同身受,对黑暗的世道、昏聩的君主、谗佞的小人的大肆谴责,对屈原有志难展的无比惋惜,如李商隐《楚宫》中用"楚厉"指含恨沉湘的屈原之魂:"湘波如泪色漻漻,楚厉迷魂逐恨遥。枫树夜猿愁自断,女萝山鬼语相邀。"[31]说明其恨之久远。这里化用了《招魂》《山鬼》等篇的诗句,营造出凄厉冷寂的氛围,似乎山、水都在诉说屈原的不平。元稹《楚歌十首(其十)》中也用"愤愤"来概括屈原作品的特点:"八荒同日月,万古共山川。……栖栖王粲赋,愤愤屈平篇。"[32]李宣古《听蜀道士琴歌》中也说屈原之"愤"、之"怨"难以排遣:"愤声高,怨声咽。屈原叫天两妃绝。"[33]胡曾、文秀都说屈原是"直臣",楚王听信小人、不纳忠言,使得屈原蒙受千古奇冤,曹邺《文宗陵》中说"至今汨罗水,不葬大夫骨"[34],也说明屈原是抱着怨恨而死,故而在李群玉、于武陵等诗中阐明屈原的怨愤与那泛波的湖水、滔滔的江水一样永不能平息。

> 灵均竟不返,怨气成微波。[35](李群玉《湖中古愁三首其二》)
> 何事屈原恨,不随江水流。[36](于武陵《夜泊湘江》)

晚唐杜牧也说:"骚有感怨刺怼,言及君臣理乱,时有以激发人意"[37],可见,这种观点在唐代占据了很大比重。

其次是哀怨说。与怨愤说关注屈原因忠被逐的事实，抒发内心强烈的不平之意不同，哀怨说的关注点在于屈骚中的忧国忧民的哀思，包含对"民生多艰""朕时不当""众芳芜秽"（《离骚》）的担忧及"去国怀乡""故土难离"的眷恋之义。哀怨说强调屈原的作品是"怨中含哀""悲中有愤"，在诗文中，则主要表现为对"哀情""悲情"之意的夸张想象，对羁别之愁思的渲染，对山河依旧、先贤不在的感伤，以及对屈原遭际古今相似的反思。

如白居易《读史五首（其一）》："楚怀放灵均，国政亦荒淫。彷徨未忍决，绕泽行悲吟。"[38] 张说《过怀王墓》："一闻怀沙事，千载尽悲凉。"[39] 两首诗皆突出了屈原放逐之悲意。诗人认为屈原之"哀"，不仅在于对君王不贤、报国无门的失望，还在于对生死难断的反复犹疑。这其中既有屈原对现实的不甘与绝望，也有对自我的否定与救赎。

对屈原"哀情"进行渲染并产生丰富的联想的，还有张碧的《秋日登岳阳楼晴望》："屈原回日牵愁吟，龙宫感激致应沉。"[40] 这首诗写出了屈原的哀怨愁吟之动人心肠，连洞庭湖的龙王都为之感动，答应让他自沉全节。

对山河依旧、先贤不在的感伤有刘威《三闾大夫》："三闾一去湘山老，烟水悠悠痛古今。"[41]

对屈原遭际古今相似的反思则有罗隐《杜陵秋思》："只闻斥逐张公子，不觉悲同楚大夫。"[42] 这些跨越时空的哀情，带着扑面而来的历史沧桑感，令人扼腕叹息。

怨愤说与哀怨说，都把握了屈原作品的抒情特征，区别只在于诗人对屈原作品理解的角度，前者更重视"怨愤""怨恨"，将屈骚作品理解为一种慷慨的崇高的悲剧思想，后者更注重"哀思""哀愁"，将屈原作品理解为一种感伤的悱恻的悲剧思想。这两种思想都超脱了儒家的"忠君"思想，政治教化的观念及"哀而不伤"的审美原则，较之前人，具有一定的进步性。

除了怨愤说与哀怨说，还有一种否定屈原作品思想精神的"骚文炫己说"，代表是孟郊。孟郊的观点基本来自班固，但比班固更为严厉和苛刻。班固指责屈原"露才扬己"，孟郊在其《旅次湘沅有怀灵均》一诗中则说屈原"骚文衒贞亮"[43]。当然，孟郊的观点与当时的社会现实有关，贞元之后，唐王朝不断走向衰落，藩镇割据、朋党相争的现象时时出现，出于维护封建统治的需要，孟郊等人竭力推崇"忠义""孝行"，匡扶道统，以人品来衡量文品，主张用儒家道德的标准来衡量文学作品。他说"心气乐，则文章正，心气非，则文章不正"44（孟郊《送任载齐古二秀才自洞庭游宣城诗序》）。不符合儒家"中正"标准的文章，自然应该受到批评。在孟郊看来，屈原哀怨之情失于过分，怨怼君王已经"有亏忠节"，而一意孤行、自沉而死，更是不全孝名。因此，他的作品自然是"心气非"的作品，其思想格调都居下流。

孟郊的观点过于偏激，从关注视角来看，是理性大于感性，完全站在卫道者的立场来审视屈原，而不能设身处地，联系屈原特定的时代背景、心理情境来思考诗人的一言一行，对屈骚作品的艺术价值也没有足够重视，故而有失公允。

（二）对屈骚艺术特点的评价

唐代诗人对屈骚艺术特点的评价，以"奇""艳""多变"为主。

刘勰《文心雕龙》中说楚骚"凭轼以倚雅颂，悬辔以驭楚篇，酌奇而不失其真，玩华而不坠其实"，认为楚骚艺术的最大特色是奇变与华美。唐人继承了刘勰的观点，并加以发挥。

杜甫一直以风骚并举，高度肯定屈骚文学的艺术价值和艺术成就。如《夜听许十损诵诗爱而有作》中的"风骚共推激"45，《题柏大兄弟山居屋壁二首（其一）》的"文雅涉风骚"46，《戏为六绝句（其三）》中"劣于汉魏近风骚"等。

杜甫对屈骚的形式到内容都予以肯定，他在《戏为六绝句》中说："不薄今人爱古人，清词丽句必为邻。窃攀屈宋宜方驾，恐与齐梁作后尘。"47杜甫肯定了屈骚的文辞是"清词丽句"而非靡丽浮华之语。陆龟蒙《离骚》中也说《天问》《招魂》等都是"丽句"，和杜甫一样指的是辞采的华美，以及华丽辞藻中包含的那种缤纷美好的深情厚谊。

"丽"还有工整的意思，强调词句的对偶、对仗，唐人论骚用"丽"往往包含了文辞的华美与语句的工丽两种意思。

与"丽"相似的是"艳"，杜牧在《冬至日寄小侄阿宜诗》中说："经书括根本，史书阅兴亡。高摘屈宋艳，浓薰班马香。李杜泛浩浩，韩柳摩苍苍。近者四君子，与古争强梁。"48这里既将屈骚作品与经史的功用价值区分开来，又指出了屈骚为后人所学习的楷模这一事实。诗人说明了"艳"是屈骚作品的主要特征。他告诉后辈学习屈宋的途径和要领在于从"艳"出发,"高摘"其精华。"艳"既指文辞的华艳,也指楚骚整体的瑰丽多变风格。只有在精心锤炼华美却不失其实的辞藻的同时,展开自由而丰富的想象,将真实而深挚的内心情感淋漓尽致地呈现出来才是学习"艳"的内涵的正确做法。

《辨骚》说:"《招魂》《大招》,耀艳而深华"[49],就是兼顾形式和内容的华美而言。"深华"与感情的深沉真挚有关,"耀艳"则还隐含思想的崇高,格调上的高雅等意味。

孟郊评价屈骚的艺术特色是"体物情崎岖",即认为《离骚》在描写事物时,情冲气荡,崎岖不平,有违儒家"情动于正,中于节"准则,这从反面也说明了屈骚作品具有奇变的风格特点。

三、不同时期对屈原及其作品评价的差异性

唐代诗人对屈原及其作品的贬抑在不同时期呈现变化态势,初唐对屈骚的评价贬大于褒,以王勃、卢照邻、陈子昂等诗人为代表,出于批判前朝,尤其是齐梁以来浮华侈丽文风的需要,拨乱反正的心态过于急切,往往将屈、宋与齐梁文风混为一谈,将其视为淫靡文风之源,大肆抨击屈原,对其指责过于偏颇,但这并不妨碍他们在自己的诗赋创作中多方面模仿屈骚作品,不但化用楚辞中的典故与意境,追求工整瑰丽的辞藻,且在主题风格、思想精神上也向楚辞靠近。

首先体现这种理论与创作不相符的,是诗人王勃。王勃继承其祖王通的文学主张,论楚骚以儒家政教说为绝对指导,在《上吏部裴侍郎启》中说:"屈宋导浇源于前,枚马张淫风于后……魏文用之而中国衰,宋武贵之而江东乱。虽沈、谢争骛,适先兆齐梁之危;徐、庾并驰,不能止周陈之祸……天下之文,靡不坏矣。"[50]对于屈原到汉魏晋宋的辞赋诗歌,作者全都予以否定,认为他们过于追求文章华美的言辞,违背了文章服务于政教的根本目的。

这里的"浇源"指轻浮浅薄,与沈约、魏徵等人所评屈原的"清源"相对,沈约有"屈平、宋玉导清源于前"[51],魏徵曾言"宋玉、屈原激清风于南楚"[52],都是肯定屈宋的清淳高洁,而王勃则对屈、宋批判至极,把后世王朝衰败、

国家动乱的祸根全都归于骚人。

尽管如此，王勃的诗赋中并不乏形式上的华美绮丽，《滕王阁序》中体现出的怀才不遇与"幽忧孤愤之性""耿介不平之气"（《夏日诸公见访序》）[53]，恰与屈原、贾谊等达成共鸣。

与王勃观点相同的还有卢照邻，他在《驸马都尉乔君集序》中说道："昔文王既没，道不在于兹乎？尼父克生，礼尽归于是矣。其后荀卿、孟子，服儒者之衣；屈平、宋王，弄词人之柔翰。礼乐之道，已颠坠于斯文……帝图伊梗，天下作豺狼之国。"卢照邻也认为屈、宋是绮靡文风之源。但卢照邻的诗作也学习屈骚的体式与风格精神，如《狱中学骚体》中包含着浓重的哀怨，就秉承了楚骚哀怨的传统。

四杰中只有杨炯的观点相对公允，他在《王勃集序》中论道："仲尼既没，游夏光洙泗之风；屈平自沈，唐宋宏汨罗之迹。文儒于焉异术，词赋所以殊源。逮秦氏燔书，斯文天丧；汉皇改运，此道不还。贾、马蔚兴，已亏于雅颂；曹、王杰起，更失于风骚。"[54]他把仲尼与屈原，风雅与楚骚并举，将屈、宋辞赋划出中国士人宗经尊儒的视野之外，对于二者没有强分高下，语气也比王勃和缓。

卢藏用在《右拾遗陈子昂文集序》中说："孔子殁二百岁而骚人作，于是婉丽浮侈之法行焉。"[55]他也认为屈、宋是绮靡文风之源。

唐初诗人对屈骚的严厉批评，与其倡导的诗风革新密切相关。但在文学创作中，大部分诗人还未能摆脱齐梁遗风的影响，王勃等人在批评楚骚的同时也在不自觉地学习、借鉴楚骚的艺术手法。

这时期，追求文质结合、刚柔并济文风的也大有人在，除了魏徵在《隋书文学传序》中呼吁取长补短，达到"文质彬彬、尽善尽美"外，陈子昂也提出了"风骨"与"兴寄"两种不同的文学风貌或文学品格。"兴寄"要求诗歌寄托真实情感，深寓作者的政治理想，讽喻社会现实，这与楚骚文学精神有关，"香草美人"就是深化了的比兴寄托，通过有寓意的比兴来阐幽显微，陈子昂将之应用于实践，他在《感遇（其三十）》中说"箕山有高节，湘水有清源"[56]，就是肯定屈原的品格，进而肯定其作品的品格风貌。陈子昂还在诗中套用、化用各种楚辞意象，学习楚辞的意境，可知他对楚骚文学存在文学心理、文学价值观上的认同。

　　盛唐诗人受大唐气象的影响，对前代文学典籍的态度比初唐文人更为通达，主张用兼收并蓄的心态吸取前代文学的精华。这时期多吟赏、少批评，诗人们对屈骚的评价明显减少。但王勃等人的影响仍在，如李白《古风》之一"正声何微茫，哀怨起骚人"[57]，说明了"哀怨"是楚骚的特色，与"正声"相对，诗人感叹《诗经》之后，屈宋的辞赋因主哀怨与正声渐行渐远，这一点与王勃的观点相近，他们都推崇《诗经》，并认为诗赋发展背离了《诗经》正声的传统，每况愈下，只是李白没有王勃那种明显的针对性，并非刻意对屈骚进行批评，而是随意感发。刘熙载在《艺概·诗概》称："李太白《古风》云：'正声何微茫，哀怨起骚人。'盖有'《诗》亡《春秋》作'之意，非抑《骚》也。"[58] 即为此意。

　　张九龄《陪王司马宴王少府东阁序》云："至若《诗》有怨刺之作，《骚》有愁思之文，求之微言，匪云大雅。"[59] 他认为《诗经》中的"怨刺"之作和楚骚这"愁思"之文皆不属"大雅"，这应当是当时大部分文人的看法，也更加凸显出文人对"哀怨""怨刺"的理解，是有别于"哀而不伤"的"正声"的。

　　然而在诗赋创作中，文人们往往无法做到"哀而不伤"，如李白《悲歌行》中云"汉帝不忆李将军，楚王放却屈大夫"[60]，借对屈原遭谗放逐不幸命运的感叹与同情，来抒发自己怀才不遇、遭受冤屈的不平；《拟恨赋》中对屈原的哀怨之情进行升华："昔者屈原既放，迁于湘流；心死旧楚，魂飞长楸。听江风之袅袅，闻岭狖之啾啾。永埋骨于绿水，怨怀王之不收。"《赠别郑判官》中又云："远别泪空尽，长愁心已摧。二年吟泽畔，憔悴几时回？"[61] 诗中的"泪""愁""憔悴"都没有停留表面，而是以"空尽""长""几时"来增加强度，将自己与屈原相似的流放生活、忧郁憔悴渲染得淋漓尽致。

　　除了唐初王勃等人的影响，盛唐诗人对屈骚的评价还秉承了刘安等前人的观点，如李白《江上吟》中有云："屈平词赋悬日月，楚王台榭空山丘。"[62] 诗人对屈原作品大加颂扬，认为可与日月同光辉。正是承继了西汉刘安《离骚传》中"推此志也，虽与日月争光可也"的看法。

　　杜甫在其诗歌中也大力推崇屈骚，肯定屈原的才学及精神，如《秋日荆南述怀三十韵》中"不必伊周地，皆登屈宋才"[63]，《送覃二判官》中"迟迟恋屈宋，渺渺卧荆衡"[64]，《赠郑十八贲》中"羁离交屈宋"[65]等。杜甫打破初唐以来将楚骚视为淫靡文风之源的偏见，以客观的态度看待屈宋其人及作品，肯定屈骚的形式及思想内涵，在《戏为六绝句（其五）》中说："不薄今人爱古人，清词丽句必为邻。窃攀屈宋宜方驾，恐与齐梁作后尘。"[66]不但针对当时厚古薄今的现象，提出对前人和同时代诗人给予应得的尊崇和合理的评价；还主张学习屈、宋辞赋不能停留表面，而要学习其精华，将学习"清词丽句"与齐梁时期过于追求形式上的浮华绮艳区分开来。

除了李、杜外，肯定屈骚文学及精神的还有王维、孟浩然等诗人，他们不但称颂屈原的品格与才学，还积极学习屈骚的创作手法，创作了一些拟骚作品，如李白的《代寄情楚词体》。

"安史之乱"爆发之后，大唐帝国迅速走向衰落，政治上的腐败，皇室的衰微，藩镇割据、宦官专权与朋党相争的局面都使得文人的心绪随着社会的变迁沉沉浮浮。文人在屈原的作品中发现了当前社会的影子，从屈原的遭遇中寄托现实的情感。因而中唐以后对屈骚接受的内涵就显得颇为深刻。萧颖士、李华、贾至、独孤及等一批文人打着复古旗号，开韩、柳"文以载道"文体、文风革新之先声。

李华在《赠礼部尚书清河孝公崔沔集序》称："文章本乎作者，而哀乐系乎时。本乎作者，六经之志也；系乎时者，乐文、武而哀幽、厉也。……夫子之文章，偃商殁而孔伋、孟轲作，盖六经之遗也。屈平、宋玉哀而伤，靡而不返，六经之道遁矣。论及后世，力足者不能知之，知之者力或不足，则文义寖以微矣。"[67]他认为屈、宋"哀而伤，靡而不返"，即情感上哀怨过度，文辞上华美过度，与儒家教义相悖，后世效仿者因过度追求文辞的华美、情感的宣泄而失于轻靡，重视儒学经义者则因文力不足而不得承继传统，使得"文义寖以微矣"。

李华批评屈、宋中断了诗经以来的雅正传统，这与初唐王勃等人的观点相近，也是从源头上指责屈原，不过，这时期的批评已经不再停留于质朴与华美文风的区别，而深入到文章的精神内核。

李华还在《扬州功曹萧颖士文集序》中转述萧颖士的观点："开元、天宝间词人……以文学著于时者，曰兰陵萧君颖士……君以为六经之后，有屈原、宋玉，文甚雅壮，而不能经。"[68] 他肯定屈原、宋玉文章的"雅壮"，但认为其"不能经"，不像贾谊文章那样"文词最正，近于理体"，故而不值得推崇。

李华、萧颖士肯定屈宋的文采，认为其内容不符合儒家精神的观点，代表着古文运动先驱者的看法，具有一定的合理性，但其秉承着儒学道统的宗旨，忽视骚体散文自身的表达方式与艺术价值，这是偏颇的。

比李华更进一步的是贾至。贾至批评屈骚"怨靡"，认为在屈、宋之后，有"扬、马诡丽，班、张、崔、蔡、曹、王、潘、陆，扬波扇飙，大变风雅"[69]（《工部侍郎李公集序》），直至齐梁隋，"荡而不返"。且将屈原与世之治乱联系起来，认为"昔延陵听乐，知诸侯之兴亡。览数代述作，固足验夫理乱之源也"[70]。这里不但继承了唐初认为屈宋为绮靡文风的源头的观点，还以宗经的眼光，将理乱之源归于屈骚，完全忽视屈骚对中国文学发展的推动和文学繁荣的贡献，这是不可取的。

此外，还有崔佑辅、裴度、柳冕等文论家，也对屈骚进行了严厉批评。古文运动先驱者推崇的是"深其致，婉其旨，直而不野，丽而不艳"[71] 的文体文风，对屈骚之后的文学大都予以否定，还将对后世文人的批判转移到屈、宋身上，如独孤及说"屈、宋华而无根"[72]，其实是据扬雄批评司马相如"丽以淫"文风[73] 推衍而来，有失公允。不仅如此，屈骚还从不良文风的源头、中断儒学经义传统的罪魁祸首，上升到了"亡国之音"[74]、祸乱之本。

这种情形直到韩、柳的出现才发生了变化。韩愈、柳宗元秉承"文以载道"的宗旨，反对骈文，主张复古，推动文体革新。韩愈在《答李翊书》中阐明自己的主张，要求学习先秦两汉的古文，摒弃华而不实的文藻，"惟陈言之务去"，在模仿的基础上进行创新。对屈原的思想品格和艺术成就，韩愈是持肯定态度的，他称屈原等骚人为"古之豪杰之士"[75]（《答崔立之书》），又在《送孟东野序》中说："楚，大国也，其亡也以屈原鸣。"[76] 韩愈认为屈原乃是发愤以抒情，忧心国家衰亡而发出不平之鸣，他的创作无不显示出忠君爱国的情怀。

韩愈还在其《进学解》中将庄、骚并提："沉浸醲郁，含英咀华 …… 下逮《庄》《骚》，太史所录，子云相如，同工异曲。"[77] 认识到屈骚与庄子文学都具有深刻的艺术魅力,是推崇古文者应该学习、借鉴的"醲郁""英华"。

韩愈虽然站在儒家道统的立场上推崇古文,但他并没有像古文运动先驱者那样过于强调文章的教化作用,而忽视文学的艺术价值,他不但不指责屈原之作失于"中庸"之道,反而认为其"哀怨"之情与教化不悖:"居穷守约,亦时有感激怨怼奇怪之辞,以求知于天下,亦不悖于教化。"[78](《上宰相书》)正因如此,他的门人在学习六经的同时,皆主张兼收并蓄,如李翱认为屈原、宋玉等楚辞作家都可"自成一家",是值得学习的楷模:"《六经》之后,百家之言兴,老聃、列御寇、庄周、鹖冠、田穰苴、孙武、屈原、宋玉、孟子、吴起、商鞅、墨翟、鬼谷子、荀况、韩非、李斯、贾谊、枚乘、司马迁、相如、刘向、扬雄,皆足以自成一家之文,学者之所师归也。"[79]另一承继者皇甫湜在《答李生第三书》中也称"《楚辞》《史记》《太元》"[80]皆为"不朽"之作。

与韩愈的观点相近,柳宗元除了推崇儒学,提倡效仿先秦诸子的散文进行创作,也认为屈骚有其独特的艺术魅力,主张学习屈骚。他在《答韦中立论师道书》中说:"参之《谷梁氏》以厉其气,参之《孟》《荀》以畅其支,参之《庄》《老》以肆其端,参之《国语》以博其趣,参之《离骚》以致其幽,参之太史以著其洁,此吾所以旁推交通而以为之文也。"[81]用"幽"字来概括屈骚的特点,说明柳宗元已经很好地把握了屈骚的文辞风格与感情倾向,而在《与杨京兆凭书》中,他则说"诚使博如庄周,哀如屈原"[82],又用了"哀"字高度概括了屈骚作品中的抑郁幽恨的哀怨之情。

柳宗元对屈原及楚辞的评论还见于《答韦中立论师道书》《报袁君陈秀才避师名书》等。较之韩愈,柳宗元受楚骚的影响更大,对屈原的遭遇、屈原那幽郁悱恻的"哀怨"之情更能感同身受,无论是在贬谪期间所作的《吊屈原文》,还是大量的仿骚作品,都能体现他"哀如屈原"、以屈原自比的心境。

柳宗元也认识到屈骚与庄子文学在气质风貌上的相近,在《报袁君陈秀才避师名书》中说"《左氏》《国语》、庄周、屈原之辞,稍采取之"[83],这与韩愈将庄、骚并举是一致的。

中唐后期的文学批评中,白居易作为新乐府运动的倡导者,以六义或风雅比兴为标准,对先秦文学提出了比较系统的看法,在《与元九书》中,他肯定了离骚中含有"幽怨"之情,但对后人学习离骚"止于伤别""归于怨思"[84]

的现象不能释怀，认为屈原乃是不遇而作，后世诗歌应该反映现实政治和揭示民生疾苦，而不应该停留于感伤别恨之上。"香草美人"的比兴手法也不适用于描写现实服务社会的文学主张，一味地模仿屈骚作品只会使得儒学道统中断，"六义始缺"。

白居易不太赞同屈原执着追求理想而以身殉志的做法。其《咏家酝十韵》云："独醒从古笑灵均，长醉如今敩伯伦。"[85]《咏怀》诗中又曰："长笑灵均不知命，江蓠丛畔苦悲吟。"[86] 他认为屈原不该执着，而应顺时知命，独善其身。白居易的见解与诗人的个人经历有关，这种明哲保身的思想，在当时也并非独树一帜，如元稹《楚歌十首（之十）》中就有"八荒同日月，万古共山川。生死既由命，兴衰还付天。栖栖王粲赋，愤愤屈平篇。各自埋幽恨，江流终宛然"[87] 的感慨，而在《酬乐天东南行诗一百韵》中又有"懒学三闾愤，甘齐百里愚"[88] 的想法。在元稹看来，既然怨愤难平，不如忘怀得失、顺其自然，做一个大智若愚的人。李贺也说"屈平沉湘不足慕，徐衍入海诚为愚"[89]（《相和歌辞·箜篌引》），可见中唐时期对屈原之死呈现了多角度、多层次的阐释，具有时代的共性与诗人自身的个性。

到了晚唐，这种生死由命、明哲保身的思想观念赢来更多的支持者。如孙郃《古意二首（拟陈拾遗）》"屈子生楚国，七雄知其材。介洁世不容，迹合藏蒿莱"[90]，就认为屈原既然为世俗所不容，索性做一个独善其身的隐士，过着颜回式的生活，也可以保持高洁的品质。

与初唐时期大肆批判屈骚为绮靡文风之源不同，也与盛唐时期从品格精神到思想行为高度赞颂屈原不同，更与中唐时期站在儒家道统或宗经立场上审视评价屈原不同，晚唐的诗人们饱经了忧患，对人生、生死的看法都发生了微妙的变化。

他们在称扬屈原高洁品格的同时，却不赞同他的做法，如刘得仁《赠从弟谷》"从来不爱三闾死，今日凭君莫独醒"[91]，不主张学灵均怨怼君王、沉江明志之举。

对于世道的昏暗，晚唐诗人也感叹没有屈原这样忠贞不渝、以死殉志的人才，即使有忧国忧民之思，也没有这样决绝的姿态，如周昙《春秋战国门屈原》："满朝皆醉不容醒，众浊如何拟独清。江上流人真浪死，谁知浸润误深沉。"[92] 诗人借怀古来抒写屈原之哀情，揭露了屈原所面对"不容醒"的无奈现实，屈原虽死而不能警醒昏庸的君臣的无限悲哀，又暗示现实中无"独醒"者的沉痛与悲凉。

晚唐的诗人还将君与国区分开来，认为屈原"本图安楚国，不是怨怀王"[93]（崔涂《屈原庙》），罗隐《三闾大夫意》中更言屈原乃是为国而亡，而非为怨君："原出自楚，而又仕怀王朝。虽放逐江湖间，未必有腹江鱼意。及发憔悴，述离骚，非所以顾望逗留，抑由礼乐去楚，不得不悲吟叹息。夫礼乐不在朝廷，则在山野，苟有合乎道者，则楚之政未亡，楚之灵未去，原在朝有秉忠履直之过，是上无礼矣。在野有扬波歠醨之叹，是下无礼矣。朝无礼乐，则证诸野。野无礼乐，则楚之政不归，楚之灵不食。原忠臣也，楚存与存，楚亡与亡，于是乎死，非所怨，时也。呜呼！"[94] 罗隐认为，屈原在放逐期间，仍抱着回转的心态，期望有所转机，但终意识到礼乐已失，国将必亡，不由悲叹而死，以身殉国。这样的论断包含着历史的思考与对晚唐社会现实的反思，"夫礼乐不在朝廷，而在山野"，既超脱了儒家礼义的内涵，也是对晚唐政治的批判。

他们对屈原的评价仍然以褒赞为主，想借屈原忠贞爱国的精神来挽救摇摇欲坠的唐王朝，如哀帝有诏封屈原："楚三闾大夫屈原，正直事君，文章饰己。当椒兰之是佞，俾蕙茝之不香，显比干之赤心，蹑彭咸于绿水。虽楚烟荆雨，随强魄于故乡，而福善祸淫，播明灵于巨屏。名早流于竹素，功有益于州闾。爰表厥封，用旌良美，宜封为昭灵侯。"[95] 将屈原作为一个忠直事君的楷模，不过是激励朝臣忠君报国的政治手段而已。

这样的道德挽救根本无力回天，于是晚唐诗人只好借解读屈骚、阐发屈骚来抒发其济世不能而产生的愤世、感伤情绪，屈原作品中展现的忠贞爱国和悲剧精神成为这一时期楚骚接受的主题。

如曹邺《续幽愤》"一逐楚大夫，何人为君雪"[96]，言文宗时李甘被贬事，将屈原视为忠贞不阿朝臣的象征，借此抨击时政。李浑《送郴州李相公》、杜牧《李甘诗》等都将现实与屈原的悲剧联系起来，具有很强的针对性。

与初盛唐相比，中晚唐关注屈原的作品明显增多，这些作品没有初唐的华美雍容、盛唐的昂扬大气，也不复中唐企望中兴、一心"挽狂澜于既倒"

的悲壮，更多的是对现实的无奈，茫然的喟叹与绝望的哀吟。

于濆《戍客南归》："北别黄榆塞，南归白云乡。孤舟下彭蠡，楚月沈沧浪。为子惜功业，满身刀箭疮。莫渡汨罗水，回君忠孝肠。"[97]这首诗写一个守边多年的戍卒从边塞南归时的苍凉心境，真实地反映唐朝国力渐衰造成的领土丧失，对战争的残酷与为将者穷兵黩武的行为进行了控诉。"莫渡汨罗水"，是因诗人怕戍卒渡过汨罗江想起屈原，引起忠孝难以两全的感伤。

韦庄《湘中作》："千重烟树万重波，因便何妨吊汨罗。楚地不知秦地乱，南人空怪北人多。臣心未肯教迁鼎，天道还应欲止戈。否去泰来终可待，夜寒休唱饭牛歌。"[98]这首诗生动地记述了晚唐社会变迁，战争频繁，北人大量南迁的史实。

晚唐诗人还创作了大量拟骚作品来宣泄其报国无门、无力回天的压抑之感，如李商隐常常化用屈骚中的典故，使用"香草美人"的比兴手法，抒发对现实的无奈、自己不被理解的痛苦。其《谢河东公和诗启》云："为芳草以怨王孙，借美人以喻君子。"[99]清人朱鹤龄评价其诗歌有屈骚遗韵："义山扼塞当途，沉沦记室。其身危，则显言不可而曲言之；其思苦，则庄语不可而漫语之。计莫若瑶台璚宇、歌筵舞榭之间，言之者可无罪，而闻之足以动。其《梓州吟》云：'楚雨含情皆有托'，早已自下笺解矣。吾故曰：义山之诗乃风人之绪音，屈、宋之遗响。"[100]

又如皮日休仿《九章·哀郢》作《九讽》，意在"惧来世任臣之君因谤而去贤，持禄之士以猜而远德"[101]，希望君王能选贤任能，远离小人，他在《文薮序》中表达了对屈原《离骚》的推崇："《离骚》者，文之菁英者，伤于宏奥，今也不显《离骚》，作《九讽》。"[102]又作《反招魂》一篇，其序云："屈原作《大招魂》，宋玉作《招魂》。皮子以为忠放不如守介而死，奚招魂为？故作《反招魂》一篇以辨之。"[103]

总的来说，唐人对屈骚的接受，就宏观而言，是对屈原所处的社会背景及政治形势、屈原之是非功过进行全面分析，结合前人的史论观点来做出评判；就微观而论，是针对屈骚作品中的具体内容思想及风格特色进行赏析评价。

有唐一代，对屈骚的接受，从唐初否定屈原其人进而否定作品，到晚唐全盘肯定屈原其人及作品，呈现了变化发展的态势。中唐时期的屈骚接受具有转折意味。同一时期会因诗人的学识修养、经历遭际、思想构成不同而呈现不同层次、不同角度的接受，中唐初期否定屈原其人及作品、中期肯定其人及作品与晚期肯定作品而否定其人最能体现这一点。

唐代文人在对屈骚的接受上显示了超出前代的历史眼光和文学风度，无论是对屈骚内涵的深化和拓展、对屈骚文学价值的审美认同还是对屈骚精神的继承与升华都对后世造成影响。特别是中唐时强调风、骚同源，跳出道德品评而转向艺术本身特性的关注，是唐代屈骚接受的一大亮点。

第二节　屈骚传统对唐代文学创作的影响

唐代文人对屈原的推崇和敬仰不仅停留在对屈原及楚辞文学的阐释与评价上，还体现在对《离骚》等楚辞文学的学习、借鉴和模仿上。有唐一代，屈骚的影响不绝。

一、对楚骚体的再创与延续

骚体作为一种文体形式，先秦楚歌是其源头，屈原、宋玉等人的成熟创作是其发端，汉代骚体赋的大量涌现是其发展的高峰，直到魏晋六朝以降，骚体仍被不断地模仿和学习。

尽管唐人因科举诗赋的影响，热衷于绝句、律诗的创作，骚体创作不如前代，但唐代诗歌中的"兮"字句式，香草美人等意象，伤春悲秋等内容，都有屈骚影响的痕迹。

盛唐王维还模仿楚辞《九歌》中巫觋对唱的体式，创作了《鱼山神女歌二首》（含《迎神曲》和《送神曲》）。对鱼山神女的刻画明显取意于《湘君》《湘夫人》《山鬼》，无论是神女的神秘踪影还是布施云雨等奇幻描写都有着湘夫人、山鬼的影子。一些用典和造句也是化用和模拟《九歌》。

大诗人李白客游江夏所作《江上吟》云："屈平辞赋悬日月，楚王台榭空山丘。"[104] 他对屈原的辞赋之作给予高度评价，而自己的创作中，不但学习楚骚的体式风格，还学习楚骚的内在精神。如《鸣皋歌送岑征君》以"若有人兮思鸣皋，阻积雪兮心烦劳"[105] 起句，格调甚高。

中唐柳宗元借鉴楚骚比兴手法，化用楚辞意象也比较突出，这反映在他的永州山水诗文中，后文会专门探讨。柳宗元醉心学习屈骚，不但"参之《离骚》，以致其幽"，更兼"投迹山水地，放情咏《离骚》"。（《游南亭夜还叙志七十韵》）他在永州写了哲学论文《天对》，来回答屈原在《天问》中提出的问题。他还创作了《吊屈原》等骚体文，深得楚骚精髓。

韩愈、李观、刘禹锡、沈亚之等诗人也都模仿屈原的《离骚》和《九章》的体制，写了骚体赋、文。

晚唐李商隐之诗感伤艳情，《锦瑟》诗"借比兴之绝妙好辞，究风骚之甚深"[106]，颇得"屈宋之遗响"[107]；皮日休《酬鲁望见迎绿阑次韵》"成后料君无别事，只应酣饮咏离骚"[108]，在推崇离骚的同时，他"嗜其丽辞，撢其逸藻"，仿《九歌》而创《九讽》，还针对《招魂》篇作《反招魂》。《九讽·见逐》云："面以奚色兮，心而何情。耳方聪兮忽聩，目正视兮忽盲。日当午兮便昃，天方昼兮不明。欲泣兮有血，将啼兮失声。望灵修兮似失，出国门兮若惊。轫识怨兮欲缓，驷知愁兮复鸣。既倘佯兮夏水，复眷恋兮南荆。"[109]这与《九歌·哀郢》有异曲同工之妙。其中屈原被逐后的悲凉、落寞心境被刻画得淋漓尽致。

从唐代骚体作品的统计来看，仅李白一人，数量就相当可观。李白骚体赋的创作，以咏物抒情为主，所作《古赋》共有8首：《惜余春赋》《愁阳春赋》《悲清秋赋》《拟恨赋》《明堂赋》《大鹏赋》《大猎赋》《剑阁赋》。其中如《惜余春赋》《悲清秋赋》《愁阳春赋》《拟恨赋》等，以"诗"与"赋"交融为特色，极尽铺陈之能事，感情抒发酣畅淋漓。

除了古赋，李白创作中以骚体形式写成的作品有：《临路歌》《代寄情》《爱君芙蓉色》《鸣皋歌送岑征君》《万愤词投魏郎中》《留别曹南群官之江南》《山人劝酒》《远别离》《幽涧泉》《梦游天姥吟留别》《笑歌行》《悲歌行》《临江五节士歌》《久别离》《蜀道难》《将进酒》《宣城见杜鹃花》等21首。清代沈德潜《唐诗别裁》评曰："学楚骚而长短疾徐，横纵驰骤，又复变化其体。"

唐代可以明确为骚体的作品（主要是骚赋）如表2所示，数量虽然不多，但羁旅愁思、春恨秋悲、感时伤己都有涉及，也有对宇宙人生的思考，对屈原其人的追思与悼念，前者如杜甫《天狗赋》，后者如刘蜕《吊屈原辞》、柳宗元《吊屈原》等。诗、骚形式的交融，更是唐人对楚辞骚体形式的再创与延续。

表2　唐代文人不同时期所作骚体作品情况

	作者	骚体作品	出处
初唐	杨炯	《青苔赋》	《全唐文》卷一九〇
	宋之问	《秋莲赋》	《全唐文》卷二四〇
	富嘉谟	《丽色赋》	《全唐文》卷二三五
	符载	《愁赋》	《全唐文》卷六八八
	卢照邻	《对蜀父老问》	文苑英华《杂文·问答》
		《五悲文》五首、《释疾文》三歌、《狱中学骚体》	文苑英华《杂文·骚》
	骆宾王	《钓矶应诂文》	文苑英华《杂文·问答》
	张说	《江上愁心赋寄赵子》	《全唐文》卷二二一
盛唐	赵冬曦	《谢燕公江上愁心赋》	《全唐文》卷二九六
	李白	《愁阳春赋》《惜馀春赋》《悲清秋赋》《剑阁赋》	《全唐文》卷三四七
	杜甫	《天狗赋》	《全唐文》卷三五九
	李华	《望瀑布赋》	《全唐文》卷三一四
	岑参	《招北客文》	文苑英华《杂文·骚》
中唐	韩愈	《悯己赋》《复志赋》	《全唐文》卷五四七
		《讼风伯》	文苑英华《杂文·骚》
		《进学解》《释言》	文苑英华《杂文·问答》
	李翱	《感知己赋》《幽怀赋》《释怀赋》	《全唐文》卷六三四
	刘禹锡	《望赋》《伤往赋》	《全唐文》卷五九九
	蒋防	《湘妃泣竹赋》	《全唐文》卷七一九
	白居易	《伤远行赋》《泛渭赋》	《全唐文》卷六五六
	柳宗元	《佩韦赋》《惩咎赋》《闵生赋》《囚山赋》《梦归赋》	《全唐文》卷五六九
		《哀溺文》《愬螭文》《辨伏神文》	《全唐文》卷五八三
		《吊苌弘文》《吊乐毅文》	《全唐文》卷五九二
		《吊屈原》《诉螭》《哀溺》《憎王孙》《逐毕方》《骂尸虫》《招海贾》	文苑英华《杂文·骚》
		《晋问》	文苑英华《杂文·问答》
	皇甫湜	《东还赋》《伤独孤赋》	《全唐文》卷六八五
	沈亚之	《古山水障赋》《祏枝舞赋》《梦游仙赋》	《全唐文》卷七三四
		《文祝延》《为人撰乞巧文》《湘中怨解》	文苑英华《杂文·骚》
		《进学解书对》	文苑英华《杂文·问答》

续表

作者	骚体作品	出处
杜牧	《望故园赋》	《全唐文》卷七四八
刘蜕	《悯祷词》《吊屈原辞》三章	文苑英华《杂文·骚》
孙樵	《出蜀赋》	《全唐文》卷七九四
晚唐 司空图	《题山赋》	《全唐文》卷八〇七
陆龟蒙	《迎潮送潮曲》两首	文苑英华《杂文·骚》
皮日休	《祝疟疫文》《九讽》九首、《反招魂》《悼贾》	文苑英华《杂文·骚》

从表中可以看出，骚体的创作集中在中唐，初唐时期作品较少，且大多是咏物之作，如杨炯《青苔赋》、宋之问《秋莲赋》等。盛唐时期，受到大唐气象影响，文人建功立业的心情比较迫切，创作中多了对生命、宇宙人生及个人政治命运的关注，或表达时不我待、功业未成的叹息，如李白的《惜阳春赋》《愁余春赋》《悲清秋赋》等；或表达对山川自然的热爱，寄寓人生理想，如李白《剑阁赋》、李华《望瀑泉赋》、赵冬曦《谢燕公江上愁心赋》等，都洋溢着大唐的昂扬进取精神。到了中唐，骚体作品中的哀怨之意就多了起来，从柳宗元赋题上的"闵""囚""哀""吊""诉""憎""骂""逐"等字眼可以看出来，这时期文人的内心是极不平静的。晚唐时期，骚体中的哀怨之意朝着悲凉趋近，既有对盛世不再、国家衰落的叹息，也有对往昔繁华的追忆，既有对时局动荡的忧虑，又不免心生无力的感慨，往往多讽刺多哀悼，如皮日休与陆龟蒙的骚体文。

中唐骚体的复兴，有两个方面原因，其一，"古文运动"的盛行推动了骚体赋的复兴，古文运动者主张学习古文，反对骈文，摒弃华而不实的辞藻，使得不少习惯于骈体文创作的作家开始采用文赋、骚赋进行创作。而古文运动的倡导者，如韩愈、柳宗元，也大力创作骚体赋、文，使得后继者学习和模仿。其二，与中唐时期政治格局变化，文人的仕途起伏较大有关。不少文人被流贬至蛮荒之地，心境上与屈原相似，故而借骚体一发心中愁闷，尤其是被流放、贬谪至荆楚的文人，他们身处屈原故地，在浓郁的屈骚文化的感召下容易触景生情，借山水、风物、民俗、古迹等来大发感慨，鸣不平之气。以柳宗元、刘禹锡、元稹等为代表，他们久逐蛮荒，郁愤不已，遂仿效屈、贾，于骚赋、骚体文中发泄自己的一腔骚怨。韩愈等仕途坎坷之人，亦借骚赋抒发不得意的抑郁。

骚赋艺术形式较为稳定，以带"兮"字的骚体句为标志，但唐代骚体作品有骚散、骚骈结合的情况，也有骚、骈、散兼施的情形。如卢照邻《明月引》就是采用骚骈结合的方式，文中杂以四、六言，多对偶；权德舆《杂言同用离骚体送张评事襄阳》则采用骚散结合的方式；而骚、散、骈相兼的如刘禹锡《望赋》《砥石赋》《何卜赋》《楚望赋》《谪九年赋》《问大钧赋》等。

二、对楚骚中典故、意象的引用、化用

如前所述，唐初对楚骚文学的关注主要在其作者的思想境界和人格品评上，以王勃、卢照邻、陈子昂等诗人为代表，出于批判前朝，尤其是齐梁以来浮华侈丽文风的需要，往往贬大于褒，但他们的作品中也不乏大量化用楚骚中的典故与意象的现象，如陈子昂在其《感遇（其三十一）》中，就化用了"瑶台"的典故："可怜（一作惜）瑶台树，灼灼佳人姿。碧华映朱实，攀折青春时。岂不盛光宠，荣君白玉墀。但恨红芳歇，凋伤感所思。"[110]《离骚》中有云："望瑶台之偃蹇兮，见有娀之佚女。"[111] 同时使用了"青春"等意象，"青春"即春天。《大招》云："青春受谢，白日昭只。"王逸注："青，东方春位，其色青也。"[112]《离骚》中借瑶台求女喻求志同道合的知己，而佳人难求，暗喻知己难觅。《感遇》则借芳树由盛到衰的生命历程来象征诗人政治上从得意到失意的过程，同样充满生命的慨叹。这种慨叹与《离骚》的遗意相似："汩余若将不及兮，恐年岁之不吾与。朝搴阰之木兰兮，夕揽洲之宿莽。日月忽其不淹兮，春与秋其代序。惟草木之零落兮，恐美人之迟暮。"[113]《感遇》其他篇中也有大量使用楚骚典故及意象的例子，如《离骚》等篇中的兰、若、蕙等香草意象，《湘夫人》中的秋风意象都在《感遇（其二）》中有所体现。

盛唐诗人化用楚辞的语词、典故更为频繁，尤其以《离骚》《九歌》为最。如李白《代寄情楚词体》："君不来兮，徒蓄怨积思而孤吟。云阳一去以远隔，巫山绿水之沉沉。留余香兮染绣被，夜欲寝兮愁人心。朝驰余马于青楼，怳若空而夷犹。浮云深兮不得语，却惆怅而怀忧。使青鸟兮衔书，恨独宿兮伤离居。何无情而雨绝，梦虽往而交疏。横流涕而长嗟，折芳洲之瑶华。送飞

鸟以极目，怨夕阳之西斜。愿为连根同死之秋草，不作飞空之落花。"[114] 这首诗中大量引录、化用了《九歌》《九辩》中的典故，除了巫山、浮云、瑶华等语词，还有一些语句如"朝驰余马于青楼"化用了《九歌·湘夫人》"朝驰余马兮江皋，夕济兮西澨"[115]；"恨独宿兮伤离居"化用《九歌·大司命》"将以遗兮离居"[116]；"横流涕而长嗟"则化用《九歌·湘君》"横流涕兮潺湲"[117] 等。除了骚赋之作，李白诗歌中也常引用楚辞中的典故，如《远离别》中的"苍梧""潇湘"等。

盛唐山水诗中也可见楚骚的影子。王维《椒园》诗云："桂尊迎帝子，杜若赠佳人。椒浆奠瑶席，欲下云中君。"[118] 句句皆有楚辞典故，"帝子"引自《九歌·湘夫人》"帝子降兮北渚，目眇眇兮愁予"[119]，"杜若"引自《九歌·湘君》"采芳洲兮杜若，将以遗兮下女"[120]，"椒浆""瑶席"均引自《九歌·东皇太一》"蕙肴蒸兮兰藉，奠桂酒兮椒浆""瑶席兮玉瑱，盍将把兮琼芳"[121]，《九歌》有《云中君》，王逸注："云神丰隆也，一曰屏翳。"[122] 另一首《辛夷坞》"木末芙蓉花，山中发红萼"[123] 则明显沿袭化用《九歌·湘君》"采薜荔兮水中，搴芙蓉兮木末"[124] 的句子。

中唐时期，荆楚之地的贬谪诗人创作了大量与屈原相关的作品，其中，关于洞庭、苍梧、湘君、湘夫人的典故引用最为频繁，诗人们往往与屈原产生精神上的共鸣，不但喜欢凭吊屈原，诵读《离骚》，且在诗歌中频繁征引屈原被逐事，故而"怀沙""渔父"较为常见，"斑竹""猿啼""汨罗""潇湘"等也屡屡见于笔端。如韩愈《湘中》诗云："猿愁鱼踊水翻波，自古流传是汨罗。平藻满盘无处奠，空闻渔父扣舷歌。"[125] 诗歌开头描写江景，借"猿愁""鱼踊""水翻波"来渲染诗人烦闷不已的心情，并引用《楚辞·渔父》的典故，以屈原自比，抒发被贬后的抑郁之情。又如"怀沙"在《全唐诗》中出现 12 次，大都在中晚唐，而对于"怀沙事"的叹息往往是从诗人的实际出发，寄托被贬、仕途不顺的际遇之悲。如崔珏"怀沙有恨幽人往，鼓瑟无声帝子闲"[126]，齐己"可怜千古怀沙处，还有鱼龙弄白波"[127] 等，都已经将"怀沙"作典故使用，将屈原被逐作《怀沙》与屈原投汨罗视为一起事件，抒发对先贤的追思与无尽的惋惜之情。

以屈骚中的典故与意象入诗，贬谪诗人较本土诗人创作更多且质量更高。

在永州待了十年之久的柳宗元，其诗中使用最多的是"竹"的意象，其次是橘柚。《楚辞·九歌·山鬼》："余处幽篁兮终不见天。《注》：篁，竹丛也。"[128] 柳诗中有"风篁冒水远""檐下疏竹篁十二茎"[129] 等句子。其《茅檐下始栽竹》诗以栽竹招凉为题材，写了寻竹、移竹、栽竹、享竹、赏竹的全过程，以竹的不变节、凌寒挺立的品质来表明自己高尚的情操，托竹言志。在柳诗中，各种奇竹成为诗人精神的象征，如《苦竹桥》中的"苦竹"、《构法华寺西亭》中的"篔筜"（一种皮薄、节长而竿高的竹子）、《巽上人以竹闲自采新茶见赠，酬之以诗》中的"斑竹"等。《构法华寺西亭》中"菡萏溢嘉色，篔筜遗清斑"[130] 虽写的是篔筜，但诗人通过想象，似乎看见竹枝上留下湘妃清清的泪斑。《巽上人以竹闲自采新茶见赠，酬之以诗》中"芳丛翳湘竹，零露凝清华"[131] 写茶树生长在密密的斑竹林中，为清莹的雨露所滋润，既赞美了茶叶之美好与茶香之奇效，又赞美了友人的情谊。

橘也是诗人频繁使用的意象。《南中荣橘柚》云："橘柚怀贞质，受命此炎方。密林耀朱绿，晚岁有余芳。殊风限清汉，飞雪滞故乡。攀条何所叹？北望熊与湘。"[132] "橘柚怀贞质"化用《楚辞·九章·橘颂》："后皇嘉树，橘徕服兮。受命不迁，生南国兮。"[133] 王逸注："言皇天后土生美橘树，异于众木，来复南土，便成风气。屈原自喻才德如橘树，亦异于众也。"[134] 这里，诗人借橘柚的坚贞，不因异地而变节，来表明自己虽贬南方，矢志不改，也寄托了对故乡的思念之情。此外屈原《楚辞》中的荷裳、孔盖、桂棹、云旗这些用物意象，芳芷、杜衡、芙蓉、艾、茅、葛、篁等植物意象，以及龙、凤、鸾、鸷鸟、虎、猿等动物意象也出现在其诗歌中。柳宗元的永州山水诗大多采用白描手法，其物象选择是在屈原意象的基础上，结合荆楚地域特点进行化用，具有浓郁的生活气息。

除了贬谪诗人，在楚地寓居、为官、漫游的诗人，笔下也多使用楚骚中的典故与意象，如权德舆由于入朝之前长期生活在荆楚之地，文学观念和创作实践也受到楚骚精神的影响，他的《洞庭春溜满赋》是送陆灞赴荆州所作，赋的前一部分描写了洞庭春景图，如青草、白苹、鸟、杜蘅、夕阳、月、露等，这些都是楚辞中常用的意象。

安史之乱后，文坛对屈原的关注逐渐转为"哀民生之多艰"的忧患意识，对屈原思想的解读也呈现多元发展，除了单一地注重诗风的品评，或道德品评外，还出现了作者与作品的评价不统一，褒人贬作品或褒作品贬人的矛盾的现象。

这时期化用典故多以"楚王""泽畔"为主，以"贽鸟""鸾凤""兰若""杜衡""竹"等自况，而以"燕雀""鸱鸮"等喻小人，以"猿啼""秋风"等喻示自己的处境，充满了对现实的失望、焦虑与生命逝去、功业未成的紧迫感。

饱经忧患的诗人在楚骚中寻求自我认同与自我警醒，如对屈原万分景仰的杜甫，在其诗歌中频频征引其诗句、化用其典故。仇兆鳌《杜少陵集详注》中征引楚辞注杜诗达 260 条，可见一斑。如《祠南夕望》："百丈牵江色，孤舟泛日斜。兴来犹杖屦，目断更云沙。山鬼迷春竹，湘娥倚暮花。湖南清绝地，万古一长嗟。"该诗使用山鬼、湘娥典故，实则以山鬼、湘娥比屈原，借此凭吊屈原，结尾在含蓄之中表达诗人与屈原同一情怀，又由屈原推及自己。故黄生论此诗曰："此近体中吊屈原赋也，结亦自喻。日夕望祠，仿佛山鬼湘娥，如见灵均所赋者。因叹地虽清绝，而俯仰与怀，万古共一长磋，此借酒杯以浇块磊。山鬼湘娥，即屈原也。屈原，即少陵也。"[135]

李贺好用"啼""泣"等字眼，常引用"帝子""湘夫人"等典故，使用"芙蓉""香兰""木叶""斑竹""猿啼"等意象，如《李凭箜篌引》"芙蓉泣露香兰笑"[136]、《伤心行》"木叶啼风雨"[137]、《湘妃》"九山静绿泪花红"[138]等。其《公无出门》云："天迷迷，地密密。熊虺食人魂，雪霜断人骨。嗾犬狺狺相索索，舐掌偏宜佩兰客。帝遣乘轩灾自息，玉星点剑黄金轭。我虽跨马不得还，历阳湖波大如山。毒虬相视振金环，狻猊奰貐吐馋涎。鲍焦一世披草眠，颜回廿九鬓毛斑。颜回非血衰，鲍焦不违天；天畏遭衔啮，所以致之然。分明犹惧公不信，公看呵壁书问天。"[139] 诗人用毒虬、狻猊、奰貐等凶兽、猛兽喻现实中的藩镇割据，暗示暴厉与战乱，"熊虺食人魂，雪霜断人骨"引自《楚辞·招魂》"雄虺几首，往来倏忽，吞人以益其心些"[140]，"嗾犬狺狺相索索"与《九辩》"猛犬狺狺而迎吠"[141]类似，"舐掌偏宜佩兰客"有《离骚》"纫秋兰以为佩"[142]之意，篇末更是引用《天问》所作动机与背景，王逸《楚辞章句》云："《天问》者，屈原之所作也。屈原放逐⋯⋯

见楚有先王之庙及公卿祠堂……仰见图画，因书其壁，呵而问之，以泄愤懑，舒泻愁思。"[143]

晚唐皮日休、李商隐也是化用、引用屈骚中典故及语句的典型代表。

李商隐大量化用屈骚中的典故，使其诗歌充满了神秘朦胧的韵味。其《谢河东公和诗启》云："为芳草以怨王孙，借美人以喻君子。"[144]正是为了抒发对现实的无奈、自己不被理解的痛苦，李商隐使用"香草美人"的比兴手法，将楚骚中的秋风、木叶、猿愁、瑶华、锦瑟、苍梧、湘水、芙蓉、兰草等一一化入自己的诗篇，形成光怪陆离又神秘浪漫的情感世界。其《楚宫》云："湘波如泪色漻漻，楚厉魂迷逐恨遥。枫树夜猿愁自断，女萝山鬼语相邀。空归腐败犹难复，更困腥臊岂易招。但使故乡三户在，彩丝谁惜惧长蛟！"[145]《楚辞·招魂》云："湛湛江水兮上有枫，目极千里兮伤春心。"[146]两首诗都用"枫树"这个意象来烘托凄凉的气氛，而"被薜荔兮带女萝"[147]的山鬼与凄厉悲切的猿啼声给人一种虚实不分、迷蒙感伤的感受。

皮日休仿《九章》《九歌》作《九讽》，多引用其典故及语句，其《九讽·见逐》中描述屈原被逐后落寞的心境，"欲泣兮有血，将啼兮失声。灵修兮似失，出国门兮若惊。轫识怨兮欲缓，驷知愁兮复鸣。既倘佯兮夏水，复眷恋兮南荆"[148]，就与《九歌·哀郢》中"望长楸而太息兮，涕淫淫其若霰。过夏首而西浮兮，顾龙门而不见。心婵媛而伤怀兮，眇不知其所蹠。顺风波以从流兮，焉洋洋而为客。凌阳侯之泛滥兮，忽翱翔之焉薄。心絓结而不解兮，思蹇产而不释"[149]，有着异曲同工之妙。

皮日休还有《反招魂》一文，其中"君兮归来，故都慎不可留些！其君雄虺兮，其民封狐些。食民之肝鬲以为其肉兮，摘民之发肤以为其衣些。朝刀锯而暮鼎镬兮，上暧昧而下墨尿些"[150]，就引自《招魂》："魂兮归来！南方不可以止些。雕题黑齿，得人肉以祀，以其骨为醢些。蝮蛇蓁蓁，封狐千里些。雄虺九首，往来倏忽，吞人以益其心些。归来兮！不可以久淫些。"[151]

唐代诗人对楚骚作品中的典故、语词的引用、化用，表达了唐人对楚辞作品的喜爱，不同时期呈现不同偏好，则说明唐代诗人对楚骚作品的接受随着政治的动荡社会的变迁而发生着变化。

三、对楚骚哀怨感情基调的继承

大凡骚体及拟骚作品，受屈、贾影响，写景抒情均以抑郁愁闷为特色，如初唐卢照邻的《狱中学骚体》是因为身陷牢狱，对自身命运的和遭际的悲哀愤懑使其想起创作骚体，盖因骚体最利于情感的畅快表达，能在顿挫抑扬的语调中传达内心真实的感受，而这，往往是被规范格式局限了的绝句、律诗、其他散文文体所不能达到的境界。卢诗包含着浓重的哀怨，使人读之心中积怨久久不得舒展，这正是骚体的长处。

中唐学骚体的更多，因而楚骚的哀怨精神在更多中唐诗人身上得以体现。如柳宗元在《闵生赋》中抒发命运坎坷的愤感不平："膏液竭而枯居兮，魄离散而远游。言不信而莫余白兮，虽速速欲焉求？"[152] 大有屈原"进不入以离尤兮，退将复修吾初服"[153] 的意味。但这种退却是不甘愿的，是苦痛的，抑郁不得志的。因此诗人往往如屈原一般"游于江潭，行吟泽畔，颜色憔悴，形容枯槁"[154]。

柳宗元《惩咎赋》用大量的笔墨描述自身的遭遇，刻画小人的丑态，也表达了对小人的愤恨，此亦可称为"忧愁幽思而作"[155]。而其短赋《囚山赋》，先写贬地山水："楚越之郊环万山兮，势腾涌夫波涛。"山水之险恶，喻示着世道的艰难，人心的难测，接着指出其环境之穷险，非久居之地："予胡井晋以管视兮，穷坎险其焉逃。"然而面对久久身处贬地而终无召唤的事实时，诗人一发积郁的牢骚："顾幽昧之罪加兮，虽圣犹病夫嗽嗽。匪兕吾为柙兮，匪家吾为牢。积十年莫吾省者兮，增蔽吾以蓬蒿。圣日以理兮贤日以进，谁使吾山之囚吾兮滔滔？"[156] 诗人将自己久贬不召而生的失望、抑郁与愤懑心情淋漓写出，果真是"投寄山水地，放情咏离骚"[157] 去了。

有着和屈原一样的逐臣之悲的，当然不止一个柳宗元。初盛唐的贤相张说，宦海沉浮，几经贬降，其在荆州、岳州所作的诗歌哀怨悲切，格调低沉。崔成甫贬阴湘时作《泽畔吟》，曾赠李白云："我是潇湘放逐臣，君辞明主汉江滨。天外常求太白老，金陵捉得酒仙人。"[158] 在看似恣肆豪放的表面下实则暗藏无尽的"怨"。李白《泽畔吟序》云其"忠愤义烈，形于清辞。恸哭泽畔，哀形翰墨"[159]。李白盛赞其才与其品性，认为崔成甫的"怨"乃是"真怨"，即将极大的哀怨之情化为清丽的辞藻，婉转而真挚，使人读其作品，深细其味，不免"怆然"。而所谓的寻仙问酒，不过是因"鸷鸟之不群"而产生的"逍遥游"，与屈原因苦闷远游、问仙求女相似。

中唐时期的元稹在其长诗《思归乐》中抒发在贬途中的委屈与愤怒，以思归鸟起兴，直言"我虽失乡去，我无失乡情"，继而说自己"惨舒在方寸，宠辱将何惊""身安即形乐，岂独乐咸京""安问远与近，何言殇与彭"[160]，表达了诗人被逐之幽愤。在贬地久居之后，更对自己的遭际进行反省，产生了哀怨之意。其《解秋十首》中对时间流逝的描写，对自己蹉跎岁月的悲叹，以及由万物凋零引起的感伤情绪都能说明诗人心中的担忧与焦虑。《楚歌十首之十》也有"八荒同日月，万古共山川。生死既由命，兴衰还付天。栖栖王粲赋，愤愤屈平篇。各自埋幽恨，江流终宛然"[161]的句子，说明了幽愤难伸的抑郁之情。

刘禹锡贬谪朗州、夔州期间，依《九歌》作《竹枝词》，其声悲苦，"令听者愁绝"[162]。在竹枝词中，"愁""恨""悲"等字眼随处可见，表达了诗人的思乡之愁、羁旅之恨、失意之悲，与"怨骚"的传统一脉相承。除了《竹枝词》，刘禹锡其他诗文中也充分显现出哀怨感伤、发愤抒情的主题倾向，如《采菱行》一诗末尾处云："屈平祠下沅江水，月照寒波白烟起。一曲南音此地闻，长安北望三千里。"[163]诗人情不自禁地发出了与屈原一样的难忘故都的感慨。又如《楚望赋》《何卜赋》《谪居九年赋》等都能体现时不我待、恋土怀乡、仕途不顺、怀才不遇等哀怨之意。从《何卜赋》中可以看到《卜居》的影子，《楚望赋》则与楚骚中屈原去国恋土、涉江怀沙的心境相似，《谪居九年赋》更突出了逐臣之悲。

晚唐时期，诗歌中的哀怨主题更为鲜明，诚如吴融《重阳日荆州作》中所说"万里投荒已自哀，高秋寓目更徘徊"[164]，被流、贬至蛮荒之地，命运和生命都无法估计，去土离乡、羁旅之苦已经让人憔悴不已，再加上内心的忐忑不安、郁郁不平，故而更加茫然徘徊。

《沧浪诗话》说："唐人好诗，多是征伐、迁谪、行旅、离别之作，往往能感动激发人意。"[165]这几个主题中，流贬诗人就占了三样，因而他们的作品就自然而然地继承了楚骚的感情基调，感伤和哀怨就成了唐代流贬诗人的主要特征。

四、对楚辞比兴手法的应用

唐初陈子昂《感遇》诗用楚辞"香草美人"式的比兴象征手法，名为咏兰咏芳树，实为自况，寄托怀才不遇之思。

如《感遇（其二）》云：

> 兰若生春夏，芊蔚何青青。幽独空林色，朱蕤冒紫茎。
> 迟迟白日晚，袅袅秋风生。岁华尽摇落，芳意竟何成。[166]

权德舆在《行舟逗远树赋（送严暮赴东阳）》开篇就写道："有美一人兮，桂为楫，兰为舟。逗远树之晴影，泛春江之碧流。"[167]"香草美人"的比兴传统得到很好的体现。

"香草美人"比兴手法的运用，在唐诗中比比皆是。如：

> 若有一人兮湘水滨，隔云霓而见无因。[168]（李白《愁阳春赋》）
> 美人今何在，灵芝徒自芳。[169]（杨炯《巫峡》）
> 有人兮山楹，云卷兮霞缨。秉芳兮欲寄，路漫漫兮难征。[170]（寒山《寒山诗三百三首》之一）

张九龄为李林甫所陷，被贬荆州长史，创作《感遇》十二首，均用香草美人的比兴手法以志比屈原，其七"江南有丹橘，经冬犹绿林"[171]，借彼丹橘，喻己贞操，表达了对朝政昏暗和身世坎坷的愤懑。因此刘禹锡读了《张九龄文集》后说："今读其文章，自内职牧始安，有瘴疠之叹，自退相守荆州，有拘囚之思。托讽禽鸟，寄辞草树，郁然与骚人同风。"[172]

中唐时期诗歌中采用楚辞比兴手法的较多，尤以被贬荆楚之地的韩愈、元稹、柳宗元、刘禹锡等诗人的诗文为最，几乎俯拾皆是。

元稹被贬江陵，其诗《芳树》《松树》采用"香草美人"的比兴手法，借所咏之物的"美"，来寄托自己的高洁情志，同时对自己的不公正遭遇进行控诉。在《春蝉》《兔丝》《古社》《雉媒》《大觜乌》等诗中，则秉承屈原"发愤抒情"的传统，特别是《春蝉》以蜩蟧、春蝉喻小人，以凤喻高洁之士，表达对奸佞之人深深的厌恶。其中流露出"怨刺"之意，与《离骚》中以虬龙、鸾凤比君子，以杂草、恶禽等喻小人，言及众女谣诼、党人偷乐、君王信谗疏忠时流露的怨讽之意相似。

又在《和乐天感鹤》诗中以鸣鹤的遭遇来象征自己的处境："我有所爱鹤，毛羽霜雪妍。秋望一滴露，声洞林外天。自随卫侯去，遂入大夫轩。云貌久已隔，玉音无复传。吟君感鹤操，不觉心惕然。无乃予所爱，误为微物迁。因兹谕直质，未免柔细牵。君看孤松树，左右萝茑缠。既可习为鲍，亦可薰为荃。期君常善救，勿令终弃捐。"诗歌以鸣鹤的洁白毛羽象征高洁的品性，以大夫轩象征容易迷失自己本性的环境，以萝茑喻人性，得出"既可习为鲍，亦可薰为荃"的结论。

楚辞的这种兴寄手法对晚唐的李商隐的影响也极其深刻，他在《谢河东公和诗启》中说："某前因暇日，出次西溪，既惜斜阳，聊裁短什。盖以徘徊胜景，顾慕佳辰，为芳草以怨王孙，借美人以喻君子。"[173] 李商隐明确言明自己诗中的"芳草""美人"有所寄托。其《无题》《锦瑟》等皆运用"香草美人"的比兴手法，吴乔《西昆发微序》亦云："无题诗十六篇，托为男女怨慕之辞，无一言直陈本意，不亦风骚之极致哉？"[174]

除了学习、借鉴和模仿楚骚，唐代文人还将楚骚作品视为评价优秀之作的标准。

如权德舆《送从舅咏入京序》："从舅词甚茂，行甚修，见其缘情百余篇，得骚楚之遗韵，故江南烟翠，多在句中。"[175] 他以"得骚楚之遗韵"概括从舅之词，并指出"缘情"是楚骚的主要特点，后人效仿之未能以情动人、未能抒发真实自然情感的，都不能算得楚骚之精髓。

齐己《喜得自牧上人书》中以《离骚》来衡量友人的作品："吴都使者泛惊涛，灵一传书慰毳袍。别兴偶随云水远，知音本自国风高。身依闲淡中销日，发向清凉处落刀。闻著括囊新集了，拟教谁与序离骚。"[176] 刘禹锡《读张曲江集作·引言》中说："托讽禽鸟，寄词草树，郁然有骚人风。"[177] 梁肃《送元锡赴举序》有云："自三闾大夫作《九歌》，于是有激楚之词，流于后世，其音清越，其气凄厉。吾友君觊者实能诵遗编，吟逸韵，所作诗歌，楚风在焉。"[178] 他借屈原《九歌》之作来称赞朋友的作品，并未因为这一时期主张复古，提倡质朴、贴近现实的古文而对屈宋作品予以否定，反而对楚骚"清越""凄厉"的特色予以肯定，并以有"楚风"留存作为对朋友诗歌的正面评价。

第三节　唐代荆楚文人的骚怨情怀

唐代文人笔下的屈原已经成为一种忠君爱国、极富才情、坚持理想、不得重用的文人象征，文人或抒发怀才不遇之情，或申诉忠心被谤之冤，都会不由自主地提及屈原的不幸遭遇。

屈原所传达的是一种忠直不阿、执着不屈的精神，是一种"虽九死其犹未悔"的信念，这种精神与信念极其容易与唐代文人的心灵相契合，不但影响他们的文化心理，还影响他们的创作。

唐代文人在心理层次的建构上，往往会留下屈原的位置。如岑参的伯祖父岑长倩任文昌右相，因逆武承嗣，被来俊臣诬陷致死，不但五子同被赐死，发掘父祖坟墓，且牵连岑氏甚广，岑参在《感旧赋》中就这一冤案痛呼道："既破我室，又坏我门。上帝懵懵莫知我冤，众人恢恢不为我言。泣贾谊于长沙，痛屈平于湘沅。"[179] 他将岑羲之冤比成因才遭嫉的贾谊与忠心爱国而遭谗谤的屈原，这种心理上的认同感，基于遭遇的相似与悲剧带来的巨大感伤，是自然而然的肺腑之言。岑参对其祖父岑羲的悲剧则云："云雨流离，江山放逐。愁见苍梧之云，泣尽湘潭之竹。或投于黑齿之野，或窜于文身之俗。"[180] 文中暗示出这场政治悲剧带来的后果是牵连一干人，使得岑氏族人颠沛流离，或流或贬到"黑齿之野"或"文身之俗"，而这里言及"苍梧""湘竹"都表明荆楚之地在唐代文人心目中是最常见的流变之地。荆楚意象及相关典故的使用，不禁使人联想到屈原被流放后的悲愤之意，更加增添了凄凉氛围，令人读之不免恻然。

居庙堂之上的诗人尚且如此，处江湖之远的诗人则更受到屈骚精神的影响。荆楚之地是唐代流寓诗人最为集中、活跃的地区之一，据《唐才子传校笺》《中国文学家大辞典》考，约有 96 位诗人有过流寓荆楚的经历，其中既有李白、杜甫这样的大家，又有以描写江南风物见长的许浑、刘长卿等诗人，还有张说、贾至、崔成甫等编纂过《岳阳集》《巴陵诗集》《泽畔吟》这样具有明显荆楚地域创作特征的诗人。这些诗人往来荆楚、潇湘、江汉之间，更能体会楚骚的哀怨之情。不仅如此，除了荆楚的流寓诗人，其他流贬至南方的诗人，也会与屈原产生共鸣，正如近代学者所说："唐代的流贬者多往南方，而无论往岭南还是西南，从长安出发，都要过荆湘——屈原故地。这些迁人逐臣，面对贬谪流放，尚未出发，已有'湘灵'之叹，身处沅湘，更有'秋风'之悲，而出京外仕者在经过沅湘时也难免漂泊之感而联想屈原，唤起共鸣，故而这一时期的吊屈、伤屈之作，数量可观。"[181]

一、唐代诗人征引屈原情况统计与分析

骚怨精神对唐代荆楚诗人的影响较其他诗人更显突出和重要，从其创作中的数据可窥一斑，据《全唐诗》检索，称引屈原的唐代诗人多达90多位，如宋之问、骆宾王、王维、李白、杜甫、元稹、吴筠、刘长卿、钱起、韩愈、柳宗元、孟郊、卢仝、齐己、贯休、李德裕、王建、郑谷、文秀、罗隐、陆龟蒙、韦庄等（见表3）。其中，初盛唐诗人为12人，中唐诗人为33人，晚唐诗人为47人。这些诗人中，60%有流贬的经历，且集中在中唐之后。在唐代诗人征引屈原的诗作中，初盛唐约为39篇，中唐为81篇，晚唐为88篇。这些诗篇中，既有荆楚本土诗人，又有流寓诗人。

表3　荆楚诗人所作诗歌称引屈原情况表

唐诗称引屈原情况			荆楚诗人称引屈原情况			
称引语词	诗人数量	诗作篇次	本土诗人称引屈原情况		流寓诗人称引屈原情况	
			诗人数量	诗作篇次	诗人数量	诗作篇次
屈原	28	31	1	1	5	8
屈平	16	21	1	1	5	11
灵均	29	45	5	9	9	14
屈子	2	2	0	0	1	1
屈大夫	4	4	0	0	2	2
楚大夫	3	3	0	0	2	2
三闾	15	16	0	0	3	3
吊屈、悲屈、叹屈	12	13	3	4	4	4
骚人	14	16	3	5	5	12

续表

唐诗称引屈原情况			荆楚诗人称引屈原情况			
			本土诗人称引屈原情况		流寓诗人称引屈原情况	
称引语词	诗人数量	诗作篇次	诗人数量	诗作篇次	诗人数量	诗作篇次
骚灵	1	1	0	0	1	1
汨罗	12	13	2	3	6	6
楚臣	9	12	1	1	3	4
楚客	9	10	1	1	4	5
楚屈	1	1	0	0	1	1
湘累	1	1	0	0	0	0
悼骚	1	1	1	1	0	0
屈（宋）	14	18	1	1	7	11
统计	171	208	19	27	57	85

说明：

1. 表3中数据据《全唐诗》（中华书局1999年1月第1版）所得。

2. 《全唐诗》中称引屈原的语词较为复杂，除上述表中所列，还有以"怀沙"指代屈原的，如褚载《句》"除却洛阳才子后，更谁封恨吊怀沙"[182]。"怀沙"在全唐诗中出现12次，但只这一句特指屈原，其余皆指其作品或事件。

3. 表中所列皆为指称屈原比较明确的诗句，泛指或别指的则不录。如"骚人"检索为40次，而表中只列16条，"汨罗"检索为27次，表中只列13条；"楚客"检索为121次，表中只列10条。

4. 由于同一位诗人会使用多种语词来指称屈原，如李白便分别用过"屈原""屈平""屈大夫""楚臣""吊屈"来指称屈原，因而小计一栏的诗人数量要高于实际数量，实际称引屈原的诗人数量总数为92人。其中荆楚本土诗人为10位，荆楚流寓诗人为18位。

5. 同一诗句中出现两个所列语词的情况，只计算一次，如吴融《楚事》"屈宋当年并楚臣"只计算在"屈宋"之中。诗题与诗句中同时出现的，只计算一次，如戴叔伦《过三闾庙》"屈宋怨何深"只计算在"屈宋"之中。

从表3中可看出，唐诗中称引屈原的现象比较普遍，指称语词以"屈原""灵均"最多，其次是"屈平""三闾"和"骚人"。屈、宋并举的情况也比较常见。这既表明了唐代诗人对屈原的关注与喜爱，也反映出咏叹、怀吊屈原已经成为一种具有特定含义的文化现象，多为表达对先贤屈原的缅怀追思与颂扬赞美之情，少数则对屈原作品及死因提出了否定的意见。对其正面的赞誉则包括英才绝艳、耿介高洁、忠贞不渝、忧国忧民、以身殉志几个方面，对屈原作品及死因的负面评价则包括哀怨过度、自亏忠节、露才炫己、绝灭人性、不知变通几个方面。

不同的诗人将屈原设置于不同的文学情境，塑造出一个个鲜活而又独特的唐诗中的屈原形象。

唐诗中称引屈原之丰富多变，说明了唐人对屈原的典故深谙于心。其中，称颂其品格才学的，感叹楚王非明君、屈原无辜被逐的诗篇比比皆是。

二、荆楚本土诗人的骚怨情怀

从表 4 可以看出，荆楚本土诗人大多是"叹屈、悲屈、吊屈"，因有相似的外在环境如潇湘、汨罗、洞庭与凭吊之所（屈原祠、湘妃庙等），往往触景生情，大发感慨，或咏叹史实，追述其人其事，如胡曾《咏史诗·汨罗》："襄王不用直臣筹，放逐南来泽国秋。自向波间葬鱼腹，楚人徒倚济川舟。"[183] 或无限追思，哀其不幸，如《南游》："凄凉怀古意，湘浦吊灵均。"或借屈原自沉汨罗而引发联想，如齐己《过湘江唐弘书斋》："沈近骚人庙，吟应见古魂。"[184] 及李群玉《湖中古愁三首（其三）》："灵均竟不返，怨气成微波。奠桂开古祠，朦胧入幽萝。落日潇湘上，凄凉吟九歌。"[185]

本土诗人没有过多地介入自我意识，而总是以一种旁观者的姿态来打量、审视屈原，在哀怜感叹、怀吊追悼屈原的同时，塑造出一幅幅凄清的画面来衬托屈原那孤高清冷的身影，仿佛每一草每一木都浸润着屈原之精魄，每一片湘水湖水莫不涌动着屈原之魂灵。

屈原之愤、之恨、之愁、之怨，之冤屈在本土诗人这里刻画得淋漓尽致。如：

> 愤声高，怨声咽。屈原叫天两妃绝。[186]（李宣古《听蜀道士琴歌》）
> 君不见楚灵均，千古沉冤湘水滨。[187]（齐己《行路难》）
> 迁来贾谊愁无限，谪过灵均恨不堪。[188]（齐己《潇湘》）
> 渔父真闲唱，灵均是谩愁。[189]（齐己《怀洞庭》）

无限湘中悼骚恨，凭君此去谢江蓠。[190]（皮日休《送羊振文先辈往桂阳归觐》）

　　在本土诗人心中，屈原是一个凄凉幽怨的形象，他的孤高，他的才华横溢都被这多情的江水所掩盖，他的不幸总能激起诗人情感中最柔软、最敏感的部分，只要秋风起，木叶落，江水漫渺，渔父棹歌，即使不在故土，不在潇湘之畔，也能联想到这位可怜可叹的先贤：

观涛壮枚发，吊屈痛沉湘。[191]（孟浩然《自浔阳泛舟经明海》）
贾生曾吊屈，予亦痛斯文。[192]（孟浩然《晓入南山》）

表4　荆楚本土诗人征引屈原情况一览表

诗人	籍贯	征引屈原的作品	称引屈原的语词
孟浩然	襄州襄阳	《晓入南山》：贾生曾吊屈，予亦痛斯文。 《经七里滩》：五岳追向子，三湘吊屈平。 《自浔阳泛舟经明海》：观涛壮枚发，吊屈痛沉湘。	吊屈2 屈平1
王迥	襄州襄阳	《同孟浩然宴赋（一作题壁歌）》：屈宋英才今止已，江山继嗣多才子。	屈宋1
韩翃	邓州南阳	《送客游江南》：遥想汨罗上，吊屈秋风初。	吊屈1
张祜	邓州南阳	《洞庭南馆》：还因此悲屈，惆怅又行吟。	悲屈1
郑谷	袁州	《南游》：凄凉怀古意，湘浦吊灵均。	灵均1
李群玉	澧洲	《湘阴江亭却寄友人》：幽花暮落骚人浦，芳草春深帝子祠。 《竞渡时在湖外偶为成章》：灵均昔日投湘死，千古沉魂在湘水。 《湖中古愁三首》：灵均竟不返，怨气成微波。奠桂开古祠，朦胧入幽梦。落日潇湘上，凄凉吟九歌。 《晚莲》：楚客罢奇服，吴姬停棹歌，涉江无可寄，幽恨竟如何。	骚人1 灵均2 楚客1
李宣古	澧洲	《听蜀道士琴歌》：愤声高，怨声咽。屈原叫天两妃绝。	屈原1

续表

诗人	籍贯	征引屈原的作品	称引屈原的语词
崔珏	荆州	《岳阳楼晚望》：怀沙有恨骚人往，鼓瑟无声帝子闲。	骚人1
胡曾	邵州	《咏史诗·武关》：出门若取灵均语，岂作咸阳一死囚。 《咏史诗·汨罗》：襄王不用直臣筹，放逐南来泽国秋。自向波间葬鱼腹，楚人徒倚济川舟。	灵均1 汨罗1
齐己	潭州长沙	《过湘江唐弘书斋》：沈近骚人庙，吟应见古魂。 《江上值春雨》：愁杀骚人路，沧浪正渺漫。 《行路难二首》：君不见楚灵均，千古沉冤湘水滨。 《潇湘》：迁来贾谊愁无限，谪过灵均恨不堪。 《看水》：范蠡东浮阔，灵均北泛长。谁知远烟浪，别有好思量。 《怀洞庭》：渔父真闲唱，灵均是漫愁。 《渔父》：曾笑楚臣迷，苍黄汨罗水。《吊汨罗》：落日倚阑干，徘徊汨罗曲。冤魂如可吊，烟浪声似哭。 《湘中寓居春日感怀》：吟把离骚忆前事，汨罗春浪撼残阳。	骚人2 灵均4 楚臣1 汨罗2
皮日休	襄州襄阳	《以紫石砚寄鲁望兼酬见赠》：骚人白芷伤心暗，狎客红筵夺眼明。 《鲁望读襄阳者旧传见赠五百言过褒庸材靡有称是……次韵》：粤自灵均来，清才若天潄。 《送羊振文先辈往桂阳归觐》：无限湘中悼骚恨，凭君此去谢江蓠。	骚人1 灵均1 悼骚1
11人		27篇	27

　　荆楚本土诗人称引屈原的有孟浩然、王迥、韩翃、张祜、郑谷、李宣古、崔珏、胡曾、李群玉、齐己、皮日休11位诗人，占所有荆楚本土诗人（在全唐诗中有存诗的共52位）的21%，所称引诗篇为27篇，占所有称引屈原诗篇（208篇）的13%。而荆楚流寓诗人征引屈原的则有张说、李白、杜甫、刘长卿、戴叔伦、元稹、韩愈、孟郊、窦常、柳宗元、刘禹锡、王建、马戴、罗隐、殷尧藩、许浑、韦庄、吴融共18位诗人，初唐1位，盛唐2位，中唐

10位,晚唐5位。占所有荆楚流寓诗人(42位[193])的43%,所称引诗篇为85篇,占所有称引屈原诗篇的40%。

而在所有流寓荆楚之地的诗人之中,除了存诗极少的高正臣、宋鼎、崔成甫、王熊、高力士、王邕、郭受、崔郊、苏涣、阎防等诗人外,几乎每一位流寓诗人都联想到了屈原及其作品,并与屈原那种忠贞不屈、怀才不遇、坚持理想、"虽九死其犹未悔"的骚怨精神产生共鸣。

三、荆楚流寓诗人的骚怨情怀

与本土诗人的感情倾向不同,荆楚流寓(流、贬、为官)诗人更多的是关注屈原怀才不遇,忠谏被谤,去国怀沙的遭际,他们因与屈原有着相似的遭遇而产生了心理上的情感认同,因而无论是鸣屈或悲慨都更为强烈(见表5)。

表5 荆楚流寓诗人征引屈原诗歌一览表

诗人	流寓地域	流寓时间	称引屈原的作品	称引语辞
张说	岳州荆州	开元年间	《岳州观竞渡》:士尚三闾俗,为我一鸣呼。	三闾1
李白	江汉洞庭流域	开元天宝年间	《行路难三首》:子胥既弃吴江上,屈原终投湘水滨。 《单父东楼秋夜送族弟沈之秦(时凝弟在席)》:屈原憔悴滞江潭,亭伯流离放辽海。 《古风》其一:正声何微茫,哀怨起骚人。 《悲歌行》:汉帝不忆李将军,楚王放却屈大夫。 《秋夜独坐怀故山》:小隐慕安石,远游学屈平。 《留别曹南群官之江南》:范蠡说勾践,屈平去怀王。 《笑歌行》:赵有豫让楚屈平,卖身买得千年名。 《江上吟》:屈平词赋悬日月,楚王台榭空山丘。 《古风》:比干谏而死,屈平窜湘沅。 《赠汉阳辅录事二首》:应念投沙客,空余吊屈悲。 《鲁郡尧祠送窦明府薄华还西京》:昨夜秋声阊阖来,洞庭木落骚人哀。 《同友人舟行游台越作》:楚臣伤江枫,谢客拾海月。怀沙去潇湘,挂席泛溟渤。 《赠崔秋浦三首》其三:应念金门客,投沙吊楚臣。 《赠王判官,时余归隐居庐山屏风叠》:荆门倒屈宋,梁苑倾邹枚。	屈原2 骚人2 屈大夫1 屈平5 吊屈1 楚臣2 屈宋1

续表

诗人	流寓地域	流寓时间	称引屈原的作品	称引语辞
杜甫	夔州沅湘	大历年间	《最能行》：若道土（一作士）无英俊才，何得此山屈原宅。 《醉时歌，原注：赠广文馆博士郑虔》：先生有才过屈宋 《赠郑十八贲》：羁离交屈宋 《秋日荆南述怀三十韵》：不必伊周地，皆登屈宋才。 《送覃二判官》迟迟恋屈宋，渺渺卧荆衡。 《戏为六绝句》其五：窃攀屈宋宜方驾，恐与齐梁作后尘。 《偶题》：骚人嗟不见，汉道感于斯。 《地隅》：丧乱秦公子，悲凉楚大夫。 《天末怀李白》：应共冤魂语，投诗赠汨罗。 《冬深》：易下杨朱泪，难招楚客魂。	屈原1 屈宋5 骚人1 楚大夫1 汨罗1 楚客1[194]
刘长卿	淮西岳鄂	大历年间	《同姜濬题裴式微馀干东斋》：屈平君莫吊，肠断洞庭波。 《送从弟贬袁州》[195]：游吴经万里，吊屈过三湘。 《送马秀才落第归江南》：湘竹旧溺思帝子，江篱初绿怨骚人。 《巡去岳阳却归鄂州使院，留别郑洎侍御，侍御先曾谪居此州》：帝子椒浆奠，骚人木叶愁。 《送李侍御贬郴州》：洞庭波渺渺，君去吊灵均。	屈平1 吊屈1 灵均1 骚人2
戴叔伦	湖南	大历年间	《过贾谊宅》：上书忧汉室，作赋吊灵均。 《同衮州张秀才过王侍御参谋宅赋十韵（柳字）》：岂学屈大夫，忧惭对渔叟。 《过三闾庙》：沅湘流不尽，屈宋怨何深。	灵均1 屈大夫1 屈宋（三闾）1
元稹	江陵武昌	元和大和年间	《楚歌十首》其一：栖栖王粲赋，愤愤屈平篇。各自埋幽恨，江流终宛然。 《表夏十首》：灵均死波后，是节常浴兰。 《酬乐天东南行诗一百韵》：懒学三闾愤，甘齐百里愚。 《阳城驿》：今来过此驿，若吊汨罗洲。	屈平1 灵均1 三闾1 汨罗1
韩愈	江陵袁州	元和年间	《感春四首》其二：屈原离骚二十五，不肯餔啜糟与醨。 《陪杜侍御湘西两寺独宿有题一首，因献杨常侍》：静思屈原沈，远忆贾谊贬。 《湘中》：猿愁鱼踊水翻波，自古流传是汨罗。 《送惠师（愈在连州与释景常、元惠游。惠师即元惠也）》：寻崧方抵洛，清湘沈楚臣。	屈原2 汨罗1 楚臣1

续表

诗人	流寓地域	流寓时间	称引屈原的作品	称引语辞
孟郊	江西湖南湖北	大历贞元年间	《罗氏花下奉招陈侍御》：劳收贾生泪，强起屈平身。 《楚怨》：秋入楚江水，独照汨罗魂。 《旅次湘沅有怀灵均》：旧称楚灵均，此处殒忠躯。 《下第东南行》：试逐伯鸾去，还作灵均行。 《楚竹吟酬卢虔端公见和湘弦怨》：一掬灵均泪，千年湘水文。 《湘弦怨》：灵均入回流，靳尚为良谟。 《商州客舍》：泪流潇湘弦，调苦屈宋弹。 《答卢仝》：楚屈入水死，诗孟踏雪僵。直气苟有存，死亦何所妨。	屈平1 汨罗1 灵均4 屈宋1 楚屈1
窦常	湖南朗州夔州江州	永贞元和年间	《谒三闾庙》：君非三谏悟，礼许一身逃。自树终天戚，何裨事主劳。众鱼应饵骨，多士尽餔糟。	三闾1
柳宗元	永州	元和年间	《酬曹侍御过象县见寄》：破额山前碧玉流，骚人爱驻木兰舟。 《汨罗遗风》：南来不做楚臣悲，重入修门自有期。为报春风汨罗道，莫将波浪枉明时。 《界围岩水帘》：楚臣昔南逐，有意仍丹丘。 《柳州城西北隅种柑树》：方同楚客怜皇树，不学荆州利木奴。 《酬韶州裴曹长使君寄道州吕八大使因以见示二十韵一首》：长捐楚客佩，未赐大夫环。	骚人1 汨罗1 楚臣1 楚客2
刘禹锡	朗州夔州	元和年间	《采菱行》：屈平祠下沅江水，月照寒波白烟起。 《谪居悼往三首》：潘岳岁寒思，屈平憔悴颜。 《竞渡曲》：灵均何年歌已矣，哀谣振楫从此起。 《游桃源一百韵》：北渚吊灵均，长岑思亭伯。 《酬窦员外郡斋宴客元九侍御》：若问骚人何处所，门临寒水落江枫。 《白舍人自杭州寄新诗元相公》：莫道骚人在三楚，文星今向斗牛明。 《窦朗州见示与澧州元郎中早秋赠答命同作》：骚人昨夜闻鶗鴂，不叹流年惜众芳。 《韩十八侍御见示岳阳楼六十二韵》：轩后奏宫商，骚人咏兰芷。 《和杨侍郎初至郴州纪事书情题郡斋八韵》：人讶征黄晚，文非吊屈哀。 《窦朗州见示与澧州元郎中早秋赠答命同作》：宁知楚客思公子，北望长吟澧有兰。	屈平2 灵均2 骚人4 吊屈1 楚客1

续表

诗人	流寓地域	流寓时间	称引屈原的作品	称引语辞
王建	荆南	元和年间	《荆门行》：向前问个长沙路，旧是屈原沉溺处。	屈原1
马戴	朗州	大中年间	《送客南游》：灵均如可问，一为哭清湘。 《楚江怀古三首》其三：屈宋魂冥寞，江山思寂寥。	灵均1 屈宋1
罗隐	湖南衡阳	咸通年间	《经耒阳杜工部墓》：屈原宋玉邻君处，几驾青螭缓郁陶。 《杜陵秋思》：只闻斥逐张公子，不觉悲同楚大夫。 《秋日汴河客舍酬友人（一作汴州客舍有酬）》：烦君更枉骚人句，白凤灵蛇满袖中。 《轻飙》：楚虽屈子重，汉亦忆廉颇。 《渚宫秋思》：欲招屈宋当时魄，兰败荷枯不可寻。	屈原1 楚大夫1 骚人1 屈子1 屈宋1
殷尧藩	湖南	大和年间	《楚江怀古》：骚灵不可见，楚些竟谁闻。欲采苹花去，沧州隔暮云。	骚灵1
许浑	湖南	大和年间	《太和初靖恭里感事》：清湘吊屈原，垂泪撷苹繁。 《寄郴州李相公》：应笑灵均恨，江畔独行吟。 《题起白云楼寄龙兴江淮上人兼呈窦秀才》：欲吊灵均能赋否，秋风还有木兰开。 《竹林寺别友人》：骚人吟罢故乡愁，暗觉年华似水流。	屈原1 灵均2 骚人1
韦庄	江西湖南湖北	大中三年以前	《泛鄱阳湖》：纷纷雨外灵均过，瑟瑟云中帝子归。 《湘中作》：千重烟树万重波，因便何妨吊汨罗。 《鹧鸪》：孤竹庙前啼暮雨，汨罗祠畔吊残晖。	灵均1 汨罗2
吴融	荆南	乾宁年间	《楚事》：悲秋应亦抵伤春，屈宋当年并楚臣。 《应试雨夜帝里闻猿声》：已吟何逊恨，还赋屈平情。 《旅中送迁客》：天南不可去，君去吊灵均。 《荆南席上闻歌》：迎愁敛黛一声分，吊屈江边日暮闻。	屈宋（楚臣）1 屈平1 灵均1 吊屈1
18人			85篇	85

　　取道荆楚或流贬至荆楚的诗人创作中呈现出浓郁的地域性特色，这在当时已有人注意到，如权德舆在《送张校书归湖南序》中就说："献岁南征者，以寓环堵于长沙故也，亦将参质文于屈宋，详岁时于荆楚。"[196] 在《送张评事赴襄阳觐省序》中又说："群贤以地经旧楚，有《离骚》遗风，凡今宴歌诗，惟楚词是。"[197]

　　荆楚流寓诗人对屈原的关注如此之多，称引屈原的作品如此之多，原因无外乎两个方面。

一方面，荆楚之地乃是屈原流放的故地，每至荆楚的诗人往往会情不自禁地联想到屈原并去潇湘屈原祠、三闾庙凭吊一番，借此抒发内心的抑郁之情。如戴叔伦的《过三闾庙》、孟郊《旅次湘沅有怀灵均》、殷尧藩《楚江怀古》、窦常《谒三闾庙》等都是经过屈原故地有感而作，其他如李嘉祐《夜闻江南人家赛神，因题即事》"携觞欲吊屈原祠" [198]，许浑《太和初靖恭里感事》"清湘吊屈原" [199]，刘禹锡《游桃源一百韵》"北渚吊灵均" [200]，吴融《荆南席上闻歌》"吊屈江边日暮闻" [201] 等，都表达了在屈原故地对屈原的追悼之情。除了亲自到屈原故地凭吊，这些流寓诗人往往还没有出发或在途中，就开始追思屈原起来，如柳宗元的《吊屈原文》就是在贬往永州途中而作。流寓诗人们在送别友人之际，往往也以吊屈为主题，如刘长卿《送从弟贬袁州》"游吴经万里，吊屈过三湘" [202]，《送李侍御贬郴州》"洞庭波渺渺，君去吊灵均" [203] 等。这样的送别之作，感情基调以哀怨感伤为主，往往由友人的遭际联想至诗人自身，抒发同为逐臣之悲，更加真挚而深沉。如韩翃《送客贬五溪》"南过猿声一逐臣，回看秋草泪沾巾" [204]，其悲怨之情，真如杜鹃啼血，令人泣涕叹惋。乃至刘长卿在《同姜濬题陪裴式微馀干东斋》中说"屈平君莫吊，肠断洞庭波" [205]。由去吊、欲吊、凭吊到不忍吊，大量的诗篇诉说着荆楚流寓诗人的内心世界，他们的不平、不忿、不甘与无尽的幽怨感伤，都在诗文中流露出来。他们沿着屈原的足迹，体会屈原的痛苦、挣扎和惆怅，叹惋屈原的杰出才华、伟大抱负与不幸的遭遇，同时也感叹自己的才华、抱负和被流贬的遭际，似乎这样，才能得到暂时的心灵慰藉与解脱，才能继续寻求人生的价值与存在的意义。

另一方面，屈骚精神是一种超越时间与空间的文化精神，是中国文人心态的一个典型代表，从前面对屈原个人的解读中，我们可以看出，本土文人极容易产生区域文化历史背景的认同，流寓文人则更容易产生情感上、精神上的心理认同。而从屈骚文学的评价来看，无论是本土诗人还是流寓诗人，都将楚骚视为了一座文学上的高峰，一种精神上的寄托，后人不停攀登，但它却始终无法超越。如：

一第由来是出身，垂名俱为国风陈。此生若不知骚雅，孤宦如何作近臣。[206]（郑谷《卷末偶题三首（其三）》）

骚雅荒凉我未安，月和余雪夜吟寒。相门相客应相笑，得句胜于得好官。[207]（郑谷《静吟》）

骚雅道未丧，何忧名未彰。[208]（李群玉《自澧浦东游江表，途出巴丘，投员外从公虞》）

欲识楚章句，袖中兰茞薰。[209]（孟郊《桐庐山中赠李明府》）

独余湘水上，千载闻离骚。[210]（刘长卿《南楚怀古》）

屈原其人的品格经千载仍被推崇，屈原作品在大浪淘沙后仍然散发幽香，这都说明，屈骚精神的长盛不衰。唐诗中不仅有许多称引屈原的诗作，同时还有不少称引《楚辞》及屈骚篇目的诗作。据《全唐诗》检索，唐诗中直接称引《楚辞》的有 21 次，称引屈骚篇目的有 72 篇次。分别为《离骚》39 篇次，《怀沙》12 篇次，《九歌》6 篇次，《山鬼》6 篇次，《天问》3 篇次，《远游》1 篇次，《橘颂》1 篇次，《大招》1 篇次，《卜居》1 篇次。这些尚只是直接称引，与屈骚相关篇目的诗句，以及明显化用屈骚篇目入诗的诗句，都不算内。如《九歌》《山鬼》《远游》《卜居》等篇名，在《全唐诗》中皆有较高的出现频率，"远游"共检得 95 条，"卜居"共检得 35 条，但根据诗歌内容，只选择与屈骚直接相关的计算。

称引屈原的数据只能反映一部分屈骚对唐代文人影响的事实，许多诗篇中虽未称引屈原，内容却句句都在述说屈原及其作品，这样的作品也不容忽视。

我们发现，不仅仅荆楚诗人中创作成就较高者如孟浩然、李群玉、齐己等无一例外与楚骚、屈原有密切的关联，唐代诗人中还有许多受到"骚怨"精神的感染，如韩愈"客子读离骚"[211]、李商隐"赋续楚离骚"[212]、张祜"痛饮读离骚"[213]、陈陶"衔杯终日咏离骚"[214]、皮日休"只应酣饮咏离骚"[215]、殷文圭"酒醒时得广离骚"[216] 等，《离骚》等楚骚作品如同教科书一般如影随形，诗人们已经将它作为生活中不可或缺的一部分，行吟坐卧，都会以读"骚"来感念自己的怀才不遇、羁旅愁恨。他们接受、诠释、理解、记诵屈骚作品的同时，自身的精神气质也在不知不觉中朝着屈原靠近。

他们吸收楚辞文化来创作作品时，也无时无刻不将自己与伟大的诗人联系起来，这是一种跨越时空的精神对话、交流与印证。

第四节　"投迹山水地，放情咏离骚"——柳宗元与屈骚传统

唐代王勃云："南国多才，江山助屈平之气。"[217] 宋代宋祁云："江山之助，出楚人之多才。"[218] 荆楚之地的山川风物和文人存在一种心灵的默契，往往能引起文人骚客无限遐想，这种联系，不仅表现在本土诗人身上，还表现在流贬诗人、漫游诗人、宦游诗人身上。柳宗元就是贬谪诗人的代表。明人唐顺之说："永之山水，天作地藏，经几何年，埋没于灌莽蛇豕之区，至公始大发其瓌伟而搜剔其荒翳。公之文章，开阳阖阴，固所自得。至于纵其幽遐诡谲之观而邃其要眇沉郁之思，则江山不为无助。"[219] 正说明了柳宗元与荆楚人文地理和文化传统的交互关系。

柳宗元参加永贞革新，意在革除政弊，但他触及了宦官的利益，被贬往永州"荒疠之地"，这和屈原遭谗放逐的经历十分相似，是以他被贬永州的途中，经过湘水时就写下了《吊屈原文》，借吊屈原以自伤："何先生之凛凛兮，厉针石而从之。但仲尼之去鲁兮，曰吾行之迟迟。柳下惠之直道兮，又焉往而可施！今夫世之议夫子兮，曰胡隐忍而怀斯？惟达人之卓轨兮，固僻陋之所疑。委故都以从利兮，吾知先生之不忍；立而视其覆坠兮，又非先生之所志。穷与达固不渝兮，夫惟服道以守义。矧先生之悃愊兮，蹈大故而不贰。沉璜瘗佩兮，孰幽而不光？荃蕙蔽匿兮，胡久而不芳？"[220] 对屈原遭际的同情和哀怜，对其品格的赞扬和歌颂，使得他以屈原为表率，坚持理想矢志不渝，如他为王叔文母作《故尚书户部侍郎王君先太夫人河间刘氏志文》，称颂王叔文"坚明直亮，有文武之用"[221]，就是不愿屈从政治潮流，改变自己的初衷的曲折表白。

贬谪永州后的心境起初是不平，然后是自省，继而是心理转移，沉溺于山水，借儒家文化的达观处世态度和道家的逍遥观念甚至佛家的宿命论来调适自己的抑郁心情。在这个过程中，他的诗歌渐渐洗净铅华，呈现出宠辱不

惊的恬淡风格，而文章则开辟出一条幽独奇崛的道路来。

柳宗元在永州待了十年之久，对永州山水和人文风俗可谓了然于心。荆楚文化在其文学创作中，留下了深深的烙印。这一方面在于荆楚之地历史悠久，文化源远流长，各种名胜古迹丰富，传说故事多不胜数，能够吸引柳宗元对当地文化胜地进行关注并得到他的认同，如舜帝祠与《楚辞》文化等；另一方面，荆楚地区山高水险，民族杂处，聚族而居，饭稻羹鱼，文化上形成相对的独立性，久居此地的文人难免会浸染其中，他们将所见所闻、所思所感一一记录下来，其诗文便具有明显的地域文化特色，如柳文中具有代表性的"永州八记"和他的骚体赋。

柳宗元的永州诗据统计有85首之多，占其全部诗歌的一半以上，散文据笔者统计达百多篇，其中以序志最多，达27篇，赋体（包括古赋和骚体文）和游记次之，分别为18篇，书信也很可观，约15篇，以上三种文体占所有永州所作散文的2/3，其他碑铭、墓志、箴表、论说、启状、问对等约为38篇，只占1/3。

胡可先先生称"刘（禹锡）、柳（宗元）二人受南方文化的影响，非常明显"[222]，应当不是只指他的山水游记，而是指他在永州期间创作的所有诗文。的确，在贬永州之后，柳宗元受到楚地文化的熏染，继承了屈原"发愤以抒情"的传统，同时在主题思想、物象选择、句式声韵、意境构造四个方面都进行了开拓。

一、"哀怨感伤、发愤抒情"的主题思想

柳宗元被贬永州后，楚地的文化氛围、《楚辞》中包含的那种楚民族的哀怨色调和悲凉气息感染着他，使他不由自主与屈原产生了精神上的共鸣。他的诗文以"哀怨感伤、发愤抒情"为主题，或抒写蒙冤遭贬、怀才不遇，或记述登高远望、怀乡恋土，或摹写山水，暗寓高志，都发扬着自屈原以来的荆楚"骚怨"传统。如《闵生赋》中："肆余目于湘流兮，望九嶷之垠垠。波淫溢以不返兮，苍梧郁其蜚云。重华幽而野死兮，世莫得其伪真。屈子之悁微兮，抗危辞以赴渊。"[223]该诗既提到楚地物景如湘江、九嶷山等，深厚的文化底蕴如《楚辞》、舜帝的传说、湘妃的神话等对他心灵的巨大触动，

又从重华、屈原的"野死""赴渊"和孔孟的作为等描述中，自陈不幸的遭遇，表达愤然不平的心境。

屈原所处时代，内有奸佞小人误国，外有强秦相侵，楚王朝处于岌岌可危的状态，屈原身为楚国的贵族大夫，不能发挥自己的才干令国家强盛，反而遭谗被流放，远离郢都，这种遭际使他的诗歌大起大落，显得格外凄怆和悲怨。

柳宗元没有那种长歌当哭的气势和一泻千里的激越之情，但他感同身受，一开始贬谪后的忧惧和哀痛使他心境难宁，他自称"僇人"，"居是州，恒惴栗。其隙也，则施施而行，漫漫而游。日与其徒上高山，入深林，穷回溪，幽泉怪石，无远不到"[224]（《始得西山宴游记》）。借出游来排遣胸中的郁闷和惴惴不安，这种心情与屈原那登高、涉江时感叹春秋代序、时不我待而功业未成的忧患和惶恐何其相似！"将沉渊而陨命兮，诅藏罪以塞祸。惟灭身而无后兮，顾前志犹未可。"[225]（《惩咎赋》）这种因忧惧和哀痛而想要自杀的念头和屈原也是如出一辙，尽管原因略有不同，但是这种哀怨感伤的感情基调始终贯彻在其永州的诗文之中。如《惩咎赋》中："既受禁锢而不能即死者，以为久当自明。"又如《闵生赋》中，以"闵吾生之险厄兮"开头，抒发了作者"气沉郁以杳渺兮，涕浪浪而常流"[226]的悲伤情怀。后来，他慢慢适应了荆楚之地的生活，借出游、写作等活动来排解自己的苦闷。"仆闷即出游。"[227]（《与李翰林建书》）"投迹山水地，放情咏离骚"[228]（《游南亭夜还叙志七十韵》）等都可以看出，他的心态慢慢趋于正常，到《田家三首》关注并参与农民的劳动生活，再到《同刘二十八院长述旧言怀感时书事奉寄澧州张员外使君五十二韵之作因其韵增至八十通赠二君子》中与老人、小孩的亲密相处，都说明他已经融入了当地的生活，适应了荆楚之地炎热的气候环境。他既被荆楚之地的文化和传统熏染，又慢慢对荆楚文化做出了开拓性的贡献。

《离骚》中，屈原自述身世，宣称自己是高阳之苗裔，伯庸之后代，身份高贵，名字高洁，品德高尚，充分表现其对楚先民自洁自爱的认同和继承；再对自己的品德和才能进行定位，表达了高度自信和锐意进取精神。而当"美政"思想在现实面前无法实现时，屈原陷入了进与退、坚守与逃避的痛苦选择，发出"何方圆之能周兮，夫孰异道而相安"[229]的问句。而最终他选择了"亦余心之所向兮，虽九死其尤未悔"[230]，对自己的理想忠贞不渝。《渔父》篇中虚设的对话就是屈原两难境地中做出的坚守选择的诠释。

柳宗元在《同刘二十八院长述旧言怀感时书事奉寄澧州张员外使君五十二韵之作因其韵增至八十通赠二君子》中言："弱冠游玄圃，先容幸弃瑕。名劳长者记，文许后生夸。……未竟迁乔乐，俄成失路嗟。还如渡辽水，更似谪长沙。别怨秦城暮，途穷越岭斜。……慕友惭连璧，言姻喜附葭。沉埋全死地，流落半生涯。……枭族音常聒，豺群嗥竞牙。……"[231]这也是先对同为贬谪的友人和自己的品德进行了肯定，再借荆楚之地的蛮荒环境，于字里行间流露不平之意，借豺狼虎豹比喻朝廷小人当道的现实。

然而，在理想与现实的冲突中，柳宗元的处理方式又与屈原完全不同。《离骚》中采取荆楚民族"天问"的传统形式，展开丰富的想象，到神话传说和幻想国度去寻求生命的解答，柳宗元则因为受到多种思想的影响，多种思想融合在其诗文中，使得他"发纤秾于简古，寄至味于淡泊"[232]，以较为理性的态度去坦然接受，不断自省并借助恬淡的山水田园生活，摆脱这种精神上的痛苦，让不平之气慢慢消磨在自然和道心佛理中。如《渔翁》中："渔翁夜傍西岩宿，晓汲清湘燃楚竹。烟销日出不见人，欸乃一声山水绿。回看天际下中流，岩上无心云相逐。"[233]前四句已经勾勒出一副清幽冲淡的图景，若没有最后两句，虽仍然是妙绝的写景绝句，但不能体现诗人孤高自赏、与世无争的气质。渔翁的不合群，不与世俗同，都显示出对现实的一种无言批判和怨讽。这种在极致的平淡中发出的声音乃是"不怨而怨"，发人深思。

《离骚》中的感情外放、激越，班固批判屈原《离骚》"露才扬己"（《离骚序》）[234]，朱熹批判他"怨怼激发而不可以为训"[235]，正是因为其不符合儒家的中正思想和敦厚的美学理念。而柳宗元作为儒家文道观的发起者之一，他的诗文就显得内敛多了，含蓄曲折，苏轼《评韩柳诗》称其"外枯而中膏，似淡而实美"[236]就充分道出了内敛浑厚的特点。如《登蒲州石矶望横江口潭岛深迴斜对香雾山》《与崔策登西山》《苦连州凌员外司马》《行路难三首》等。

屈赋运用浪漫主义的写作方法，在主体上将巫文化与现实生活融为一体，又吸收楚地大量神话素材，在楚地风土人情的基础上，大量使用夸张比喻，想象自由新奇，与《诗经》中"温柔敦厚""怨而不伤"的风格迥然不同。其表达的感情是哀怨而奔放的，如《湘夫人》《山鬼》《国殇》《涉江》《招魂》《九辩》等，都带着肃杀悲凉之意，给人心灵以震撼。

柳宗元则排斥巫鬼文化，认为"窜身楚南极，山水穷险艰"[237]（《构法华寺西亭》），"永州居楚越间，其人鬼且襟"[238]（《永州龙兴寺息壤记》）。柳宗元在永州十年，充分了解当地人们"信巫鬼，重淫祠"[239]的习俗，一方面认为这种淫祀行为是愚昧无知的表现，充分排斥；另一方面又感到这种文化根深蒂固，显示出原始崇拜的心理特征，因此，他借助提升舜文化的地位来加以改善，力图"深入尧舜、孔子之道，利安元元为务"[240]（《寄许京兆孟客书》），在歌颂舜帝的同时传播儒家的仁爱思想。正因如此，他的诗文没有屈原那般瑰丽无比的想象和天马行空，上天下地无所不在的虚构，而是用简洁而凝重的语言勾画清冷、幽深、奇异的景物，营造一种"萧然冲淡"的艺术境界，将自己的感情浸润其中。其景物描写和意境构造句句写实，句句记真，如泉水般涓涓细流清澈见底，却又"牢笼百态"（《愚溪诗序》），即使在《梦归赋》这样具有虚幻色彩的作品里，现实性也很强。

二、趋奇尚异的物象选择

荆楚之地"土地卑湿"，"最为沃壤"[241]，利于常绿植被生长，奇花异草丰富，珍禽异兽极多，植物如兰、竹、红枫、莲、菊、橘、樱桃、枇杷、藤萝、白苹、兰芷等，虫兽如鹧鸪、猿猴、大雁等，都具有明显的荆楚风味。其他如楚云、洞庭、云梦、衡山等最能引起文人墨客诗意连篇，豪情激涌。

竹是柳宗元诗歌中吟咏得最多的植物形象，如《巽上人以竹闲自采新茶见赠酬之以诗》中的"湘竹"，《渔翁》中的"楚竹"，《青水驿丛竹天水赵云余手种一十二茎》中的"篁竹"等。其中以"湘竹"最具特色，又名"泪竹""斑竹"。永州（今湖南零陵）一带盛产湘竹，湘竹为楚地所独有，《述异志》云："舜南巡，葬于苍梧，尧二女娥皇、女英泪下沾竹，久悉为之斑。"这就是湘妃泪竹的典故。《楚辞·九歌》中有湘君、湘夫人，《远游》有"使湘灵鼓瑟兮，令海若舞冯夷"[242]。这些故事也给湘妃竹增添了神秘韵味。在柳宗元《巽上人以竹闲自采新茶见赠，酬之以诗》中，"芳丛翳湘竹，零露凝清华"[243]，既写出了茶叶的清新，又借湘竹这一独特意象，给茶叶渲染上美丽动人的色彩。

在刻画竹这一意象时，柳宗元常常将自己的情感投射到所咏之物象上，如《苦竹桥》中的"苦竹"，"迸箨分苦节，轻筠抱虚心"[244]，特写竹子的拔节，突出了"苦节"与"虚心"，借竹自喻，抒发怀才不遇之情。《初秋夜坐赠吴武陵》中的"稍稍雨侵竹，翻翻鹊惊丛"[245]，借夜雨侵竹，暗喻环境之险恶，表达诗人的愁思和对友人的思念。《中夜起望西园值月上》中："觉闻繁露坠，开户临西园。寒月上东岭，泠泠疏竹根。石泉远逾响，山鸟时一喧。倚楹遂至旦，寂寞将何言。"[246] 潇潇疏竹，以无声衬有声，更映照了他谪居抑郁的情怀。

除了诗歌，散文中也可见竹的意象。《至小丘西小石潭记》中也有"隔篁竹，闻水声，如鸣佩环，心乐之"[247]，表达发现小石潭记的空明清澈之美的喜悦之情，竹在这里如同一道神秘的面纱，将小石潭的美好传达到人们的耳朵而不是眼睛，增添了一抹神秘色彩。

总体来看，这些诗文中的竹，或与高洁之物（人）相关，或与奇特之物两联，或在特殊环境下进入作者的视野，总有奇异之处，非奇不以为用。

又如橘这一物象，《楚辞·九章·橘颂》云："后皇嘉树，橘徕服兮。受命不迁，生南国兮。"[248] 王逸注："言皇天后土生美橘树，异于众木，来复南土，便成风气。屈原自喻才德如橘树，亦异于众也。"[249]

柳宗元《同刘二十八院长述旧言怀感时书事奉寄澧州张员外使君五十二韵之作因其韵增至八十通赠二君子》中"寒初荣橘柑，夏首荐枇杷。……沉埋全死地，流落半生涯"[250]，既指出了橘柑的地域性，又通过细致描绘这楚地的季节性物事来抒发贬谪后无力改变现状的不平和哀怨之情。

《南中荣橘柚》又云："橘柚怀贞质，受命此炎方。密林耀朱绿，晚岁有余芳。殊风限清汉，飞雪滞故乡。攀条何所叹？北望熊与湘。"[251] 写橘柚的坚贞，不因异地而变节，实际上是写自己虽贬南方，矢志不改，也寄托了对故乡的思念之情。

《得卢衡州书因以诗寄》："临蒸且莫叹炎方，为报秋来雁几行。林邑东回山似戟，舻舸南下水如汤。蒹葭淅沥含秋雾，橘柚玲珑透夕阳。非是白苹洲畔客，还将远意问潇湘。"[252] 雨滴蒹葭，夕阳映橘，诗人以具有代表性的物象告知友人自己所处的蛮荒环境，"非是白苹洲畔客"，客寓的意识十分明显。

在物象的选择上，屈原《楚辞》中有荷裳、孔盖、桂棹、云旗这些用物意象，植物意象则有芳芷、杜衡、芙蓉、艾、茅、葛、箟等，展示了奇异的地方特色，而动物意象中则选择了龙、凤、鸾、鸷鸟、虎、青虬等包含楚民族图腾色彩和神话色彩的特殊飞禽走兽。柳宗元所选物象有所拓展，除了竹、橘柚，植物意象还有松、桂、柳、柑、枇杷、苦笋、山楂、海石榴、白芷、蒹葭、蕙草、菌苔、萍藻等，动物意象则有猿、麋鹿、大雁、牛、异蛇等，用物意象则有曲几、孤舟、石樽、竹桥等，可以看出，较之屈原，柳宗元的物象选择更具生活气息，具有荆楚地方生活的特色。

屈原主要以"香草""美人"象征自己的高洁，又以忌妒的"众女"喻小人，抒发愤懑不平之意。柳宗元则选取不为人知的奇崛幽美型的小景物，借"弃地"如《钴鉧潭西小丘记》中"唐氏之弃地"的小丘、《小石城山记》中被冷落的小石城山、《愚溪诗序》中的愚溪等，来表现自己卓越的才华而不得朝廷重用的悲哀。屈原以"鸷鸟"自喻，以"燕雀"比无德才的俗众，显示自己的忠正高洁，柳宗元则多以"橘柚""奇石"自况，表明自己的坚贞和孤高，两相对比，屈原的物象选择更显虚幻，柳宗元则比较实际，多是生活中可感可触的具体事物，特别选取其中幽奇孤怪之物，使得行文新奇幽美，给人耳目一新之感。

三、错落有致的句式和刚柔并济的声韵特色

柳宗元继承楚辞句式特点最鲜明的是他的辞赋。他仿屈原的骚体文赋，写有 8 篇古赋和 10 余篇骚体文，或抒情或写物，都带有浓郁的"骚怨"情怀。

从句式来看，楚辞大多采用七—六句型或七—七句型，如《离骚》《九章》等，《远游》《渔父》等，而《天问》《招魂》《大招》等则采用了四—四句型。这种句式自由活泼，利于歌咏或吟唱，率真纵情，充分体现出荆楚民族追求个性张扬和自由的性格。

柳宗元的辞赋模仿这种句式，能更好地抒发作者的抑郁之情。如《闵生赋》中主要采用了楚辞的"七—六"句式，全篇"兮"字运用得炉火纯青。"闵吾生之险厄兮，纷丧志以逢尤。气沉郁以杳渺兮，涕浪浪而尝流。膏液竭而枯居兮，魄离散而远游。言不信而莫余白兮，虽遑遑欲焉求？合喙而隐志兮，幽默以待尽。为与世而斥谬兮，固离披以颠陨。骐骥之弃辱兮，驽骆以为骎。元虬蹶泥兮，畏避蛙邑。行不容之峥嵘兮，质魁垒而无所隐。鳞介槁以横陆兮，鸱啸群而厉吻。心沉抑以不舒兮，形低摧而自愍。"[253] 在这里，虚字强化了作者对楚地蛮荒闭塞环境渲染特征，更凸显作者的困苦心境。

柳宗元的山水散文多用短句，也吸收骚赋的句式特点，读来铿锵有力，节奏感很强，凸显了散文的诗意化。如《袁家渴记》中写道："每风自四山而下，振动大木，掩苒众草；纷红骇绿，蓊勃香气；冲涛旋濑，退贮溪谷；摇扬葳蕤，与时推移。"[254] "每风自四山而下"后面是八个四字句，每两句为一组，气势急促，很好地烘托了风的回旋俯仰之气势。这种句式组合，正脱胎于《楚辞》中的四—四结构。

《至小丘西小石潭记》中也用了四字句的结构，"日光下彻，影布其上，怡然不动，俶尔远逝，往来翕忽，似与游者相乐"[255]。去掉"似与"这个关联词，则这四字句式朗朗上口，如诗歌一般，读来抑扬顿挫，清新自然。

除了辞赋和山水散文受到影响，柳宗元的永州诗也在一定程度上吸收了楚辞的句式特点，如《渔翁》的不拘句数，就是受到荆楚古歌谣到《楚辞》形成的诗歌传统的影响，许多流寓到此的诗人都受到其影响，如王昌龄、杜甫等人到荆楚后，就创作了不少六句诗。

在这种参差不齐却又暗含韵律的句式下，最明显的就是起到舒缓或加强语气的"兮""些"等字的使用，这是具有荆楚方言色彩的虚词，本身并无太多意义，却能加强情感，增加歌咏的音乐效果。

楚辞的音乐性，是指楚诗赋可以"被诸管弦"[256]，后人学习楚辞，往往忽略这一点，没有那种悲壮、顿挫的楚风特点。屈原所处的时代是诗、乐、舞一体，受到巫风和民歌的影响，往往采用一唱三叹的语气，悠长婉转的旋律行文。刘禹锡《竹枝词》序云："昔屈原居沅湘间，其民迎神，词多鄙陋，乃为作《九歌》，到于今，荆楚歌舞之。"[257] 这一方面说明，至少唐代时候楚辞中的篇章还是可歌的，另一方面说明骚楚遗风引起了文人的极大兴趣，这遗风其实是指巫鬼祭祀、楚人好歌，而歌的主旋律则是"悲壮哀怨"。

柳宗元在《吊屈原文》中颂扬屈原"服道守义"的精神，总体采用七—六句型，全篇皆以"兮"来表达崇敬和哀怜之情。反复诘问中就有这种一唱三叹的效果。《惩咎赋》《梦归赋》《闵生赋》等则句句押韵，时时变韵，直追《九章》，林纾云："柳州诸赋，摹楚声，亲骚体，为唐文巨擘。"[258] 所言并非夸大。

句式上的承继，声韵上的模仿，仅仅是外在的"形似"，而若想达到形神兼备，则需要融入楚辞的精神，即楚辞中的那种恋土怀乡、忠君爱民、坚贞不渝的精神。《春觉斋论文》云："乃知《骚经》之文，非文也，有是心血，始有是言……后人引吭佯悲，极其模仿，亦咸不能似，似者唯一柳州。柳州《解崇》《惩咎》《闵生》《梦归》《囚山》诸赋，则直步《九章》……"[259] 可知，柳宗元对于楚辞的借鉴模仿，不仅是形似，更是神似。如《惩咎赋》中"畔尺进而寻退兮，荡回汨兮沦涟"，充满了进与退的矛盾痛苦，寻找前路而最终失望，"罹摈斥以窘来兮，予惟梦之归路"则又陷入逃避与坚守的两难境地，梦醒后却觉归路渺渺，"予无蹈夫归路"[260]。此种心境，与屈原追逐梦境、仙境，却最终无法实现自己的抱负，回归现实，抱着"虽九死其尤未悔"的心态何其相似！

《闵生赋》《乞巧文》《骂虫尸文》《宥蝮蛇文》《捕蛇者说》等传达的那种体恤民生、忠君爱民的思想，《寄许京兆孟容书》《零陵早春》《梦归赋》中的念京怀乡之思，都证实了柳宗元对于屈骚精神的理解得其精髓。

但，柳宗元的诗文毕竟局限于现实主义的藩篱，无论在描绘方法还是思想上都表现出浓厚的现实主义色彩，尽管他的《乞巧文》《骂尸虫文》《宥蝮蛇文》《哀溺文》等，皆通过咏物、叙事来言情写志，借鉴了楚辞的"比兴"传统，整篇比兴讽喻，塑造了生动独立的寓言形象，但他绝不可能像屈原那样，大量采用铺陈比兴、回旋往复的表述方法，在声韵上做过多的探索和模仿，也就没有了楚辞的那种灵动飘逸。

四、情景交融、天人合一的意境构造

仕途遭遇的相似，创作心态的相近，面对相同的南楚荒蛮之地的自然环境和巫鬼文化氛围，都使得柳宗元在意境构造上与屈原有相似之处，两者都是通过描写荆楚地区云遮雾绕、山高水长的自然环境和独特幽丽的物象来构建一种心理上的艺术氛围，达到物我合一、情景交融的境界。

屈原在《远游》《山鬼》等中的描写，对荆楚地区的深谷飞泉、南国佳木、空旷山野极力渲染，烘托出屈原的孤寂和被迫离开郢都的哀痛悲伤心情。那些险山流云、藤萝葛蔓、垒垒山石、芝兰艾草等荆楚的独有之景的渲染更营造了一派阴森萧瑟的气氛，衬托出屈原惆怅绝望的心情。

柳宗元初贬永州，作《构法龙寺西亭》云："窜身楚南极，山水穷险艰。步登最高寺，萧散任疏顽。西垂下斗绝，欲似窥人寰。反如在幽谷，榛翳不可攀。"[261] 通过描写环境的幽闭，营造清幽的意境，使情感沉浸于景物之中。"割如判清浊，飘若升云间"则写出了登临送目所产生的飘飘欲仙之感，与屈原无法排遣抑郁不平之气而转向天国遨游的浪漫幻想有一定相似处。"……赏心难久留，离念来相关。北望间亲爱，南瞻杂夷蛮。置之勿复道，且寄须臾闲"[262] 则又回到了现实，清幽的美景并不能消除作者的抑郁之情，虚幻的短暂解脱后继续陷入无法摆脱现状的无奈抑郁的心情。

这种感情的抒发和意境的营造又如《零陵春望》："平野春草绿，晓莺啼远林。日晴潇湘渚，云断岣嵝岑。仙驾不可望，世途非所任。凝情空景慕，万里苍梧阴。"[263] 在苍茫空旷的平野，诗人内心萧索失落，山水的奇美，虽见如未见，莺声的啼啭，虽闻如未闻，唯有这"望"才是心灵的依托，但却终"不可望"，只得无奈和惆怅。

不仅诗歌如此，柳宗元的山水散文也都借景抒情，寓情于景，抒发到蛮荒之地的忧愤，显示自己高洁的情怀。

如《钴鉧潭西小丘记》中物我相通相融，山水天云、飞禽走兽莫不渲染了作者的情思，"由其中以望，则山之高，云之浮，溪之流，鸟兽之遨游，举熙熙然间技献巧，以效兹丘之下，枕席而卧，则清冷之状与目谋，瀯瀯之声与耳谋，渊然而静者与心谋"[264]。这时候，主观之"我"被遗忘了，"我"

与大自然同化，渐渐达到物我冥合的境界。又如《始得西山宴游记》中"苍然暮色，自远而至，至无所见而犹不欲归。心凝形释，与万化冥合"。这是作者对永州山水最独特的感受，山水是宁静自由之山水，人处其中，山水便不再只是单纯意义上的被鉴赏者，而是心灵的寄托和归宿，人与自然万物融合为一体，达到天人合一，精神上得到了高度升华。

"一切景语皆情语"[265]，柳宗元赋予了永州山水以深厚的感情色彩，使山水充满深沉的情境之美。在对自然美的不断发掘中，柳宗元的永州诗文达到了物与我、心与境的交融，体现了山水个性与创作个性的完美统一。

柳宗元和楚辞在意境构造上又有很多不同之处，《楚辞》在意境上总是虚实结合，写景往往为抒情起到烘托或铺垫作用，主观色彩浓厚。如《离骚》中"朝搴阰之木兰兮，夕揽洲之宿莽"，借采摘木兰和冬青这样的事物来表达自己崇高的志向和要为理想奋斗的决心；"芳与泽其杂糅兮，唯昭质其犹未亏"，则借出淤泥而不染的芳草表达自己高洁的品质和坚持理想、不与小人同流合污的信念。

柳宗元祖籍今山西运城，而他自小在长安长大，中原文化对其的影响根深蒂固，再加上"永贞革新"失败的惨痛教训使其在抒发感情时不如屈原那样激越，而是委婉平和，以客观的景物描写为主，意境构造也采取实写，缺少了《楚辞》那种飘逸变幻的特殊魅力。

如同是写渔翁，屈原的《渔父》中，渔父作为一个欲引屈原"悟道"的先知，在劝告屈原不成功后，可以唱着"沧浪之水清兮，可以濯吾缨；沧浪之水浊兮，可以濯吾足"的歌子远去，情感洒脱自然，其虚幻成分更增添了屈原投江的神秘色彩。柳宗元则不然，《江雪》中的渔翁不是豁达的智者，而是实在的披蓑戴笠，独自垂钓的老翁，只是通过鸟迹绝踪的群山、寂静无人的旷野，以及冷寂的寒雪寒江一系列意象组合，由远及近，由背景到主景，勾勒出一幅冷峭的图画。暗喻作者横遭贬谪后的落寞而孤高的心情。这种心情，需要仔细研读，反复体味出来。《渔翁》中"晓汲清湘燃楚竹"的渔翁，则独立于世俗之外，意境的刻画具有浓郁的"清湘"气息，在"欸乃一声山水绿"中与世无争的孤高形象也跃然纸上，但其感情却平淡无痕，只在"回看天际下中流，岩上无心云相逐"句中委婉点出，含蓄隽永。这种意境构造的不同，一方面固然与各自的生活经历有关，另一方面也说明荆楚之地的文人情感自由奔放，不受拘束的特点。

综上所述，柳宗元在永州期间的创作，由于其心态和屈原等荆楚诗人相似，所面对的荆楚文化环境相同，不可避免地受到荆楚文化传统的影响，在文章取材、物象选择、体式变化、声韵讲究和意境构造上都流露着浓郁的荆楚气息，特别是他的永州山水游记和山水诗，既写出了荆楚本地的地理风貌和人文风情，在发现独特的永州山水自然和自由之美的同时，达到物我融合、"天人合一"的境界；又表达了和屈原相似的"怨骚"精神，"不怨而怨，怨而不怨"[266]。另一方面，柳宗元的成长经历决定了他的文学思想和学识修养带着吸取百家、兼收并蓄的痕迹，对荆楚文化传统既有继承又有革新。他在文中对巫鬼文化的排斥，对蛮荒之地旧俗的摒弃，对儒家文化的推广等，都显示出他革新的一面。

小　结

屈骚文化的产生既得益于荆楚之地独特的地理气候环境、民俗风物，又仰赖于在这片古老土地上长期孕育起来的文化精神和文化氛围等条件，无论是显性传承还是隐形传承，屈骚精神的实质始终不变，其内涵的阐发却随着时代的发展而变得更加丰富多彩。屈骚以其悲壮哀怨的情致风貌和百世无匹的文学成就给后世以莫大影响，就唐代文学屈骚接受的整体角度而言，荆楚诗人的诗文创作都不可避免地染上了屈骚文化的浓重色彩，无论是荆楚本土诗人还是流寓诗人，都显示出更多的地域性特征，这种地域性特征主要表现在"哀怨"的主题倾向、楚地风物的意象选择、"香草美人"比兴手法的借鉴及"尚情"传统的继承上。

注　释

1、49 刘勰著，范文澜注：《文心雕龙注》，人民文学出版社，1958年，第47页。

2 沈约：《宋书》，中华书局，1974 年，第 1778 页。

3 杜佑：《通典》，中华书局，1988 年，第 389 页。

4 李百药：《北齐书·文苑传序》，中华书局，1972 年，第 601 页。

5 魏徵：《隋书》，中华书局，1973 年，第 1090 页。

6 姚思廉：《陈书》，中华书局，1972 年，第 453 页。

7 令狐德棻：《周书》，中华书局，1971 年，第 742—743 页。

8 班固：《汉书·艺文志》，中华书局，1962 年，第 1756 页。

9—10 令狐德棻：《周书》，中华书局，1971 年，第 744 页。

11—12 魏徵：《隋书》，中华书局，1973 年，第 1729、1056 页。

13 刘知几：《史通通释》，江苏广陵古籍刻印社，1991 年，第 4 页。

14—17 彭定求等：《全唐诗》，中华书局，1999 年，第 2340、891、7842、1680 页。

18 瞿蜕园，朱金诚：《李白集校注》，上海古籍出版社，1980 年，第 14 页。

19—28 彭定求等：《全唐诗》，中华书局，1999 年，第 6629、8207、8060、8421、8427、9368、4240、4240、4197、4230 页。

29 司马迁：《史记》，中华书局，1959 年，第 2482 页。

30 魏徵：《隋书》，中华书局，1973 年，第 1729 页。

31—36 彭定求等：《全唐诗》，中华书局，1999 年，第 6240、4487、6451、6931、6629、6947 页。

37 杜牧：《太常寺奉礼郎李贺诗歌集序》，董诰等：《全唐文》卷 753，中华书局，1983 年，第 7807 页。

38—48 彭定求等：《全唐诗》，中华书局，1999 年，第 4690、931、5370、6584、7606、4240、4258、2264、254、2454、5984 页。

50 董诰等：《全唐文》，中华书局，1983 年，第 1829 页。

51 沈约：《宋书》，中华书局，1974 年，第 1778 页。

52 魏徵：《隋书》，中华书局，1973 年，第 1090 页。

53—55 董诰等：《全唐文》，中华书局，1983 年，第 1842、1930、1061 页。

56—57 彭定求等：《全唐诗》，中华书局，1999 年，第 891、1674 页。

58 刘熙载撰 王气中笺注：《艺概笺注》，贵州人民出版社，1980 年，第 147 页。

59 董诰等：《全唐文》，中华书局，1983 年，第 2946 页。

60—66 彭定求等：《全唐诗》，中华书局，1999 年，第 1724、1790、1718、2559—2560、2544、2337、2454 页。

67—72 董诰等：《全唐文》，中华书局，1983 年，第 3196、3198、3736、3736、3941、5261 页。

73 李善注：《文选·谢灵运传论》引扬雄《法言》（今本无）云："或问：'屈原、相如之赋孰愈？'曰：'原也过以浮，相如过以虚。过浮者蹈云天，过虚者华无根。'……"

74 柳冕：《谢杜相公论房杜二相书》云："古之作者，因治乱而感哀乐，因哀乐而为咏歌，因咏歌而成比兴。由《大雅》作则王道盛矣，《小雅》作则王道缺矣，《雅》变《风》则王道衰矣，诗不作则王泽竭矣。至于屈、宋，哀而以思，流而不反，皆亡国之音也。至于西汉，扬、马以降，置其盛明之代，而习亡国之音，所失岂不大哉？"见董诰等：《全唐文》，中华书局，1983 年，第 5354 页。

75—84 董诰等：《全唐文》，中华书局，1983 年，第 5587、5613、5646、5582、6412、7022、5814、5792、5816、4734 页。

85—93 彭定求等：《全唐诗》，中华书局，1999 年，第 5088、4905、4488、8060、200、8060、6357、8427、7842 页。

94—99 董诰等：《全唐文》，中华书局，1983 年，第 4147、972、6934、6984、8109、8119 页。

100 朱鹤龄：《笺注李义山诗集序》，刘学锴：《汇评本李商隐诗》，上海社会科学出版社，2002 年，第 8 页。

101—103 皮日休：《皮子文薮》，上海古籍出版社，1981 年，第 11、2、19 页。

104—105 彭定求等：《全唐诗》，中华书局，1999 年，第 1718、1721 页。

106 周振甫，冀勤编著：《钱钟书〈谈艺录〉读本》，中央编译出版社，2013 年，第 178 页。

107 余恕诚，刘学锴《李商隐诗歌集解》，中华书局，1988 年，第 2023 页。

108—109 皮日休：《皮子文薮》，上海：上海古籍出版社，1981 年，第 205、13 页。

110 彭定求：《全唐诗》，中华书局，1999 年，第 891 页。

111—113 洪兴祖：《楚辞补注》，中华书局，1983 年，第 32、216、4—6 页。

114 瞿蜕园，朱金诚：《李白集校注》，上海古籍出版社，1980 年，第 1483 页。

115—117 洪兴祖：《楚辞补注》，中华书局，1983 年，第 66、70、62 页。

118 彭定求等：《全唐诗》，中华书局，1999 年，第 1301 页。

119—122 洪兴祖：《楚辞补注》，中华书局，1983 年，第 64—65、63、56、59 页。

123 彭定求等：《全唐诗》，中华书局，1999 年，第 1301 页。

124 洪兴祖：《楚辞补注》，中华书局，1983 年，第 62 页。

125 钱仲联：《韩昌黎诗系年集释》，上海古籍出版社，1984 年，第 184 页。

126—127 彭定求等：《全唐诗》，中华书局，1999 年，第 6915、9619 页。

128 洪兴祖：《楚辞补注》，中华书局，1983 年，第 80 页。

129—132 彭定求等：《全唐诗》，中华书局，1999 年，3946、3955、3941、3966 页。

133—134 洪兴祖：《楚辞补注》，中华书局，1983 年，第 98、135 页。

135 仇兆鳌：《杜诗详注》，中华书局，1979 年，第 1956 页。

136—139 彭定求等：《全唐诗》，中华书局，1999 年，第 4405、4418、4413、4441 页。

140—143 洪兴祖：《楚辞补注》，中华书局，1983 年，第 199、188、5、85 页。

144 董诰等：《全唐文》，中华书局，1983 年，第 8119 页。

145 李商隐著，冯浩笺注：《玉谿生诗集笺注》，上海古籍出版社，1998 年，第 188 页。

146—147 洪兴祖：《楚辞补注》，中华书局，1983 年，第 215、79 页。

148 皮日休：《皮子文薮》，上海古籍出版社，1981 年，第 13 页。

149 洪兴祖：《楚辞补注》，中华书局，1983 年，第 133—134 页。

150 皮日休：《皮子文薮》，上海古籍出版社，1981 年，第 20 页。

151 洪兴祖：《楚辞补注》，中华书局，1983 年，第 199—200 页。

152 董诰等：《全唐文》，中华书局，1983 年，第 5756 页。

153—154 朱熹：《楚辞集注》，上海古籍出版社，1979 年，第 10、117 页。

155—156 董诰等：《全唐文》，中华书局，1983 年，第 5756、5757 页。

157—158 彭定求等：《全唐诗》，中华书局，1999 年，第 3956、2899 页。

159 李白：《泽畔吟序》，《李太白全集》，中华书局，1977 年，第 1288 页。

160 彭定求等：《全唐诗》，中华书局，1999 年，第 4462 页。

161 元稹：《元稹集》，中华书局，1982 年，第 46 页。

162—164 彭定求等：《全唐诗》，中华书局，1999 年，第 5093、4018—4019、7923 页。

165 严羽：《沧浪诗话》，郭绍虞：《沧浪诗话校释》，人民文学出版社，1961 年，第 198 页。

166 彭定求等：《全唐诗》，中华书局，1999 年，第 888 页。

167—168 董诰等：《全唐文》，中华书局，1983 年，第 4934、3525 页。

169—171 彭定求等：《全唐诗》，中华书局，1999 年，第 614、9166、576 页。

172—173 董诰等：《全唐文》，中华书局，1983 年，第 3986、8119 页。

174《四库全书存目丛书》册十，影印清康熙盛德容刻本，齐鲁书社，1997 年，第 137 页。

175 董诰等：《全唐文》，中华书局，1983 年，第 5022 页。

176—177 彭定求等：《全唐诗》，中华书局，1999 年，第 9607、3986 页。

178—180 董诰等：《全唐文》，中华书局，1983 年，第 5269、3634、3634—3635 页。

181 蒋方：《唐代屈骚接受史简论》，《中国韵文学刊》，2005 年第 4 期，第 59 页。

182—192 彭定求等：《全唐诗》，中华书局，1999 年，第 8064、7483、9590、6629、6451、9656、9616、9582、7141、1633、1656 页。

193 其他诗人为高正臣、崔湜、王昌龄、宋鼎、崔成甫、王熊、常建、高力士、王邕、郭受、苏涣、崔郊、阎防、王翰、贾至、元结、刘言史、杨凭、于鹄、张谓、郎士元、吕温、令狐楚。贾至《岳阳楼宴王员外枢长沙（一题作南州有赠）》："忽与朝中旧，同为泽畔吟"；郎士元《酬萧二十七侍御初秋言怀》："楚客秋多兴，江林月渐生"虽提及"泽畔吟""楚客"，但内容与屈原没有直接相关，故表中不列。

194 唐诗中的"楚客"除了特指屈原外，还泛指客居他乡的人，贬谪诗人以及诗人自况三种情况，表中只列举特指屈原的篇目，其余如孟郊《张徐州席送岑秀才》"生自楚客肠"、《吴安西馆赠从弟楚客》"湘客多远情"、刘禹锡《送春词》"楚客临江心事违"、《送慧则法师归上都因呈广宣大人》"楚客逢秋心更悲"等皆不录。

195《全唐诗》卷一四九，一作皇甫冉诗，《全唐诗》卷二四九，题作《送从弟豫贬远州》。

196—197 董诰等：《全唐文》，中华书局，1983 年，第 5017、5025 页。

198—209 彭定求等：《全唐诗》，中华书局，1999 年，第 2147、6112、3991、7953、1529、1491、2751、1532、7799、7814、6634、4245 页。

210 彭定求等：《全唐诗》，中华书局，1999 年，第 1534 页，另外卷 146 题为陶翰作《楚江怀古》与此同，第 1478 页。

211—216 彭定求等：《全唐诗》，中华书局，1999 年，第 3880、6265、10057、8569、7139、8215 页。

217 王勃：《越州秋日宴山亭序》，《王子安集注》，上海古籍出版社，1995 年，第 198 页。

218 宋祁：《江山宴集序》，《景文集》，文渊阁四库全书本。

219 唐顺之：《荆川先生文集》，四部丛刊本。

220 董诰等：《全唐文》，中华书局，1983 年，第 5989 页。

221 彭定求等：《全唐诗》，中华书局，1999 年，第 5950 页。

222 胡可先：《中唐政治与文学——以永贞革新为研究中心》，安徽出版社，2000 年，第 32 页。

223—227 董诰等：《全唐文》，中华书局，1983 年，第 5756、5870、5756、5756、5794 页。

228 彭定求等：《全唐诗》，中华书局，1999 年，第 3956 页。

229—230 洪兴祖：《楚辞补注》，中华书局，1983 年，第 9、8 页。

231 彭定求等：《全唐诗》，上海古籍出版社，1983 年，第 3936—3937 页。

232 苏轼：《苏轼文集》，中华书局，第 2124 页。

233 彭定求等：《全唐诗》，中华书局，1999 年，第 3970 页

234 洪兴祖：《楚辞补注》，中华书局，1983 年，第 49 页。

235 朱熹：《楚辞集注》，上海古籍出版社，1979 年，第 2 页。

236 苏轼：《苏轼文集》，中华书局，1986 年，第 2010 页。

237 彭定求等：《全唐诗》，中华书局，1999 年，第 3955 页。

238 董诰等：《全唐文》，中华书局，1983 年，第 5866 页。

239 班固：《汉书·地理志》，中华书局，1962 年，第 1666 页。

240 董诰等：《全唐文》，中华书局，1983 年，第 5789 页。

241 郦道元：《水经注》，浙江古籍出版社，2001 年，第 775 页。

242 朱熹：《楚辞集注》，上海古籍出版社，1979年，第111页。

243—246 彭定求等：《全唐诗》，中华书局，1999年，第3941、3967、3940、3960页。

247 董诰等：《全唐文》，中华书局，1983年，第5871页。

248—249 洪兴祖：《楚辞补注》，中华书局，1983年，第98、135页。

250—252 彭定求等：《全唐诗》中华书局，1999年，第3937、3966、3948页。

253—255 董诰等：《全唐文》，中华书局，1983年，第5756、5871、5871页。

256 游国恩：《游国恩学术论文集》，中华书局，1989年，第147页。

257 彭定求等：《全唐诗》，中华书局，1999年，第910页。

258 林纾：《韩柳文研究法》，商务印书馆，1914年，第64—65页。

259 林纾：《春觉斋论文》，人民文学出版社，1959年，第49页。

260 董诰等：《全唐文》，中华书局，1983年，第5756页。

261—263 彭定求等：《全唐诗》，中华书局，1999年，第3955、3966、3960页。

264 董诰等：《全唐文》，中华书局1983年，第5871页。

265 王国维著，施议对译注：《人间词话》，岳麓书社，2008年，第176页。

266 沈德潜：《唐诗别裁集》，上海古籍出版社，1979年，第129页。

第四章

荆楚神女传说
与唐诗中的神女意象

荆楚自古就流传着美丽的神女传说，在古老传说中，汉水神女、湘水神女与巫山神女的故事最为动人心肠。她们是荆楚汉水流域、湘水流域、三峡地区楚先民理想中纯洁美丽而多情的化身。以神女神话传说为原型的精神创作（文艺作品）和物质传承（神女祠、神女庙），饱含了荆楚劳动人民对美好事物的向往，流露出他们淳朴而诚挚的性格，是荆楚文化中不可或缺的精神瑰宝。

第一节　诗一样的女神：唐诗中的荆楚神女意象

唐代诗歌中的神女意象非常丰富，如女娲、西王母、洛神、织女、姮娥、麻姑、素女等，涉及荆楚神话传说的则以巫山神女为主，汉水神女、湘水神女次之。据笔者自己统计，《全唐诗》中直接以"神女"为题或诗中提及"神女"的共有87次，其中除了指云雨气象的5次，喻人6次，喻花（蔷薇、蜀葵、紫薇）3次之外，指巫山神女的就有50次，汉水神女4次，洛神3次，潇湘神女3次，渔山神女3次，明妃神女（王昭君）2次，马生遇神女3次，其他如蚕神、上清神女、浣纱神女（西施）、智琼神女、应城玉女汤神女、鼋头山神女、古神女各1次。

就数据而言，巫山神女出现频率最高，占一半以上，足见唐代对巫山神女及神女襄王故事的青睐。而汉水神女、湘水神女出现的次数只是稍微逊色。据笔者一番统计和鉴别，在《全唐诗》中，涉及巫山神女及楚襄王故事的约有55首（尚不包括单纯描写神女庙或圣女庙、湘妃庙、巫峡景观，内容上无涉神女的诗作），涉及汉水女神（游女）的约有31首，潇湘二妃的则约37首，数量相当可观。远远超出其他神女（除洛神29首，其他皆零星几首）。

一、描写荆楚神女的诗歌的内容倾向：可思不可得

这些描写荆楚神女的诗歌，在内容上基本可以划分为如下几类。

第一，对荆楚神女的体态、外貌、服饰、性格等的欣赏描写，目的较为

单纯，表达了对美孜孜不倦的追求。这类诗歌在描写神女时，不再如宋玉那般精细刻画神女的眉、眼、眸、颜，而是侧重整体形态的描绘，突出神女卓尔不凡的气质，如常建《古意三首（之三）》中的"闲艳绝世姿，令人气力微"[1]简单利落地道出神女的风韵，虽不见正面描摹，却生动形象，又如张潮《江风行（一作长干行）》"窈窕神女颜"[2]用"窈窕"二字突出神女的体态美，杜甫《渼陂行》"湘妃汉女出歌舞，金支翠旗光有无"[3]则通过多衣饰的描写衬托舞姿之美。

唐诗对荆楚神女神态的描写尤其细致生动，如李沇《巫山高》"巫妆不治独西望，暗泣红蕉抱云帐"[4]，神女俨然成了一位独自垂泪的痴女怨妇；常建《古意三首（之三）》中"含笑竟不语，化作朝云飞"[5]，又将神女化为了一位矜持含笑而略带羞涩的可爱女子。其他如王粲、孟浩然、王适、李孟阳等人的诗作，也将人间凡女的各种神态赋予心目中的神女，使其形象更为饱满。

第二，通过对神女的描绘述说求思不可得的遗憾，主要表达对爱情的追求和向往，进而引申为对美好事物追求而不得的遗憾。如李群玉《赠人》：

> 曾留宋玉旧衣裳，惹得巫山梦里香。
> 云雨无情难管领，任他别嫁楚襄王。[6]

此诗借《神女赋》《高唐赋》中的典故[7]，写一位失恋的多情男子的惆怅与怨怼之情。诗人将男子比成宋玉，将他所爱女子比成神女，可惜女子无心，即使满腹才华的男子也未能挽回自己的恋情。

又如孟浩然《万山潭作》：

> 游女昔解佩，传闻于此山。求之不可得，沿月棹歌还。[8]

诗人在游女昔日解佩之地期待如郑交甫一般经历一场美丽的邂逅，可惜事与愿违，愿望不得实现，只好在月色下划着小船吟着歌谣而返。

这样的感遇与对神女（佳人）孜孜不倦的追求，在唐代诗人笔下比比皆是，如张子容《相和歌辞·春江花月夜二首（之二）》："交甫怜瑶佩，仙妃难重期。沉沉绿江晚，惆怅碧云姿。初逢花上月，言是弄珠时。"[9]

无法寄寓的相思，无法传达的心意，在无边的风景之下，总是令人觉得美中不足，怅惘无限。

于是在神仙思想弥漫的唐代，便出现了许多类似于郑交甫邂逅汉水神女、楚襄王梦遇巫山女神的故事，如《与何光远赠答诗（何光远伤春吟）》："檐上檐前燕语新，花开柳发自伤神。谁能将我相思意，说与江隈解佩人。"[10] 借汉水"神女弄珠"的典故既抒伤春之意，又含相思之情。其诗的背景就牵扯到何光远与明月潭龙女相互赠答的神秘爱情故事，可谓浪漫迷人。

第三，不正面描写荆楚神女，而侧重神话传说的背景渲染，引发哲思和对宇宙、历史、人生的思考。如孟郊《巫山高（之一）》，"见尽数万里，不闻三声猿。但飞萧萧雨，中有亭亭魂。千载楚襄恨，遗文宋玉言。至今青冥里，云结深闺门"，表达的就是一种神女楚王不见，而山河云雨依旧的时空的沧桑感。而陆龟蒙《巫峡》亦有此同感："巫峡七百里，巫山十二重。年年自云雨，环佩竟谁逢。"[11] 甚至惯写风月的女诗人薛涛在《谒巫山庙》中也感叹道：

乱猿啼处访高唐，路入烟霞草木香。
山色未能忘宋玉，水声犹是哭襄王。
朝朝夜夜阳台下，为雨为云楚国亡。
惆怅庙前多少柳，春来空斗画眉长。[12]

该诗于儿女情长之间道出了国家兴亡、世事变迁的沧桑，令人惆怅无限。

除此之外，也有诗人在感叹神女遗迹时夹杂着别的情愫，以一种超然的姿态看待历史人生，如李群玉《湘妃庙》："少将风月怨平湖，见尽扶桑水到枯。相约杏花坛上去，画栏红紫斗樗蒲。"[13] 这首诗将湘妃的故事淡化，在凸显人事已往、时空变幻无常之外，又转为活泼的游春画面，给人一种"不知今夕何夕"，看惯风月的淡泊之感。

王翰《春女行》："君不见楚王台上红颜子，今日皆成狐兔尘。"[14] 诗人借楚王神女的故事抒发青春易逝、盛年难再的感叹，提倡及时行乐："落花一度无再春，人生作乐须及辰。"

这些诗歌都没有正面言及神女或神女传说，却都有深意，无疑给神女诗篇增添了厚重感。

第四，以神女及其传说来丰富对山水的描写，表达对山川景物的热爱。或赋予山水人性，以山水比神女或描写人神恋爱的场景，给诗歌增添了浓郁的神秘色彩。

如孟郊《巫山高》中："巴江上峡重复重，阳台碧峭十二峰。荆王猎时逢暮雨，夜卧高丘梦神女。轻红流烟湿艳姿，行云飞去明星稀。目极魂断望不见，猿啼三声泪沾衣。"[15] 既描绘了相会发生的地点，极其简要地叙述了故事的内容，又通过对环境气氛的刻画来烘托神女飞去的风姿，使诗歌染上一层悲意，让读者依稀可见高耸入云的山峰，森然的丘林、飘飞的花瓣、云雾缭绕的场景，依稀可闻那一声声凄厉的猿啼。

其他如温庭筠《巫山神女庙》：

> 黯黯闭宫殿，霏霏荫薜萝。晓峰眉上色，春水脸前波。
> 古树芳菲尽，扁舟离恨多。一丛斑竹夜，环佩响如何。[16]

诗歌含蓄婉约地借山峰喻神女之眉，借春水喻神女之眼，借斑竹之声喻神女环佩之响动。

又如刘沧《题巫山庙》：

> 十二岚峰挂夕晖，庙门深闭雾烟微。
> 天高木落楚人思，山迥月残神女归。
> 触石晴云凝翠鬓，度江寒雨湿罗衣。
> 婵娟似恨襄王梦，猿叫断岩秋藓稀。[17]

每一处风景似乎都沾染了神女的清韵，处处引人情思，那一弯残月似乎在迎接女神的回归，那山石烟云如神女的云鬓一样重重叠叠，那江上寒雨似乎能打湿神女的罗衣。在凄厉的猿啼声中，最终神女的倩影悠忽不见，诗人回到现实，襄王之梦也被打断。

再如李频《过巫峡》：

拥棹向惊湍，巫峰直上看。削成从水底，耸出在云端。

暮雨晴时少，啼猿渴下难。一闻神女去，风竹扫空坛。[18]

此诗重点不在描写神女而是烘托幽深神秘的意境。无论是险峻的巫山，惊湍的江水，迷蒙的雨雾，奇怪的云石，还是那令人断肠的猿声，都因为神女的传说而显得神秘莫测，教人神往。正是罗隐《渚宫秋思》中所说的"襄王台下水无赖，神女庙前云有心"[19]。

第五，以神女故事中的情节抒发某种情绪或慨叹，引出对人生际遇的慨叹，主要是对怀才不遇、知音难觅的幽怨。如张子容《赠司勋萧郎中》："渔父留歌咏，江妃入兴词。今将献知己，相感勿吾欺。"[20]诗歌借渔父与神女的典故来表达寻求知己的意味。魏璀《湘灵鼓瑟》则借湘妃乐曲中的悲怨之意来衬托自己的心境，将迫切希望得到知音赏识的心思表达得露骨："瑶瑟多哀怨，朱弦且莫听。扁舟三楚客，丛竹二妃灵。……良马悲衔草，游鱼思绕萍。知音若相遇，终不滞南溟。"[21]

而唐诗中大量侧重神女"环佩"的描写及"遗珠""赠佩"的出现，也能说明诗人对赏识自己才华与抱负的知音、知己的渴求。

如储光羲《同张侍御宴北楼》："水灵慷慨行泣珠，游女飘飖思解佩。"[22]张九龄《杂诗五首（之二）》："汉水访游女，解佩欲谁与。"[23]这里的"解佩"都已超出遗珠赠佩原本的意味，有种思遇不得的感慨。这样的感慨在张九龄《感遇十二首（之十）》中也表现得颇为明显："汉水有游女，求思安可得。袖中一札书，欲寄双飞翼。冥冥愁不见，耿耿徒缄忆。紫兰秀空蹊，皓露夺幽色。馨香岁欲晚，感叹情何极。白云在南山，日暮长太息。"[24]由汉水游女起兴，既写出空间的距离，也道出了时间的流逝，充满对人生际遇的慨叹。诗人的愁思终究无法寄托、难以排遣，只能深深叹息而已。

尽管其他神女意象的描写也或多或少包含了以上诸方面的内容，但荆楚神女的独特性却在字里行间流露无遗。

二、唐诗中荆楚神女意象的独特性：性灵与真情之美

第一，与西王母、麻姑、织女、姮娥等其他神女意象不同的是，荆楚神女意象关注的不是求丹问道、长生不老，也不主要是离愁别恨，聚合无常，而是可遇不可求、可思不可得的爱情与际遇，唐人在诗歌中反复描绘巫山神女、汉水神女、潇湘神女的容止光辉、美丽端方、高贵飘逸，以及她们的忠贞深情、含怨守望，借以抒发对神女的爱慕与渴求，期望自己也是那个被神女眷顾的男主人公，是被神女遗珠赠佩或"自荐枕席"的那个幸运儿。

而遗珠赠佩正是人神爱恋的一个标志性举动，为荆楚神女意象所独有，西王母、洛神、织女、姮娥、麻姑等神女都没有这种标志性的描写。遗珠赠佩不仅汉水神女为之，湘水神女、巫山神女也偶尔有此举动。遗珠赠佩同时也印证着爱情如昙花一现那般虚渺、不可捉摸。因为神女往往在留下此物后便消失不见，再也无从寻觅，令人怅然无限。

从人神爱恋的结局来看，爱情往往以迷惘或失败告终，或神女飘忽而来飘忽而去不可捉摸，或"神女有心，襄王无梦"。如湘夫人捐玦遗佩便是失恋后的举动。这种结果也是诗人在现实中理想受挫、际遇不佳、生命隐痛的一种投影。

第二，唐诗中的神女都兼具神性与人性，这点在荆楚神女意象上表现得更为突出，且荆楚神女意象，更多地关注了神女的性灵之美，即注重主体生命、原初以来的性灵与生命之美，如王适的《江滨梅》："忽见寒梅树，开花汉水滨。不知春色早，疑是弄珠人。"[25] 该诗因以梅的清冷灵性比拟汉皋神女的神秘缥缈，颇为人称道。胡应麟在《诗薮》中就高度评价："古今梅诗，五言惟何逊，七言惟老杜，绝句惟王适，外此无足论者。"[26]

对神女性灵之美的抒写还表现在，她们不再是高高在上、不食烟火的女神，而是人间有血有肉的女子，具有各种丰富的情感，或为知己或情人痴心无悔守望，或为年华易逝、欢情短暂而叹息，或因生死之别、离别之恨而弹琴鼓瑟、抒发悲怨；在对爱情的执着追求中迸发出对生命的热情与尊重。如李嘉佑《江上曲》："江上澹澹芙蓉花，江口蛾眉独浣纱。可怜应是阳台女，

坐对鸬鹚娇不语。掩面羞看北地人，回首忽作空山雨。"[27]这里的阳台神女，就演变为一位可爱的江上渔女，她如芙蓉花一般美丽，又安静美好，含羞不语。"回首忽作空山雨"既可以理解为她如巫山神女一般缥缈不可捉摸，又可以理解为她内心的多情奔放。

而白居易《听弹湘妃怨》中的湘妃演变为满怀愁绪、盼望丈夫回归的怨妇："玉轸朱弦瑟瑟徽，吴娃徵调奏湘妃。分明曲里愁云雨，似道萧萧郎不归。"[28]孟郊《杂怨三首》中的汉水"游女"也演变为悲叹青春易逝的妙龄少女：

> 夭桃花清晨，游女红粉新。夭桃花薄暮，游女红粉故。
> 树有百年花，人无一定颜。花送人老尽，人悲花自闲。[29]

这里的"游女"不再是飘忽来飘忽去的江上神女，而是落入凡尘、随着时光的流逝也会衰老的凡间女子。以桃花喻"游女"，说明美好的青春年华稍纵即逝，和鲜花一样短暂，但桃花年年绽放，人却很快老去，因此，这首诗不仅传达出女子的悲怨之意，还流露出对生命的珍惜。

又如李群玉《宿巫山庙二首》："寂寞高堂别楚君，玉人天上逐行云。停舟十二峰峦下，幽佩仙香半夜闻。"[30]多情的神女也因离别而倍感寂寞，或追逐行云或半夜徘徊于巫山，那样令人心生怜惜。

可见，唐代对荆楚神女的刻画已经不再停留于表面的摹写和单纯故事的叙述，而发掘了她们的内心世界，将神女的爱、怨、痴、嗔与她们独立的个性气质联系在一起。一方面，荆楚神女们有着邻家小妹的可爱、贵族仕女的优雅聪慧、深闺妇人的凄怨，以及民间歌女的奔放热情，令人觉得不再抽象，而变得具体可感；另一方面，荆楚神女又超脱于她们之上，是"人化的神"，她们不必理会世俗的太多羁绊，因而比现实中的女子更自由地展现真性情，更真，更纯，更灵动，更迷人。

第三，较之其他女神意象的描写，唐代诗人描写荆楚神女时往往会注意到荆楚女神那逍遥奔放的主体性格，这与先秦以来楚地女性在情感选择上一直比较自由的传统有关。如唐初沈佺期《巫山高》："神女向高唐，巫山下夕阳。裴回作行雨，婉娈逐荆王。"[31]这里的巫山神女是主动追逐爱情的，毫不扭捏和矫揉造作。又如薛媛《古意》："昨夜巫山中，失却阳台女。朝来香阁里，独伴楚王语。"该诗以设疑的手法暗示巫山神女的去处，引出神女在清晨与楚王独处的温馨场景，可知神女的行为完全凭借自己的心意，随性而来，随性而去，不受约束。

又如李群玉《黄陵庙》（一作李远诗）：

> 黄陵庙前莎草春，黄陵女儿茜裙新。
> 轻舟短棹唱歌去，水远山长愁杀人。[32]

黄陵庙，在今湖南湘阴县北洞庭湖畔，是古代当地人民为舜帝二妃娥皇和女英修的祠庙。这里一扫悲怨之色，将湘妃比作天真烂漫的游春女子，划着轻舟唱着歌谣逍遥而去，可谓别有情趣。

第四，较之其他神女意象的描绘，唐人对荆楚神女倾注更多的情感体验，注重神女主体性情的自由抒发，使其笔下的荆楚神女都具有"重情"的特点。在唐诗中，荆楚神女多情、伤情、痴情、怨情、悲情的例子，比比皆是。

如李嘉佑《江上曲》："苍梧秋色不堪论，千载依依帝子魂。君看峰上斑斑竹，尽是湘妃泣泪痕。"[33] 就借秋色与斑竹写出了湘妃的痴情、悲情，可谓千载不变。施肩吾《湘竹词》与之有异曲同工之妙："万古湘江竹，无穷奈怨何。年年长春笋，只是泪痕多。"[34] 全诗道尽了湘妃的无穷悲怨。

李群玉《黄陵庙》："小姑洲北浦云边，二女容华（一作啼妆，一作明妆）自俨然。……犹似含颦望巡狩，九疑愁断（一作如黛，一作愁绝）隔湘川。"[35] 诗人将黄陵庙中二妃的塑像写活了，她们面容悲切，愁绪满怀，终日面向江水，痴痴地望着苍梧的方向，那般决然和无悔，在萋萋的荒草和一片寂寂春色中，她们俏丽的身影显得分外寂寞。

除了湘妃的怨情悲情之外，汉水神女的多情、巫山神女的痴情也是感人甚深。如储光羲《同张侍御宴北楼》"水灵慷慨行泣珠，游女飘飘思解佩。"[36] 一个"思"字就写出了汉水神女多情的一面。而孟浩然笔下的"神女鸣环佩，仙郎接献酬"[37]（《陪独孤使君同与萧员外证登万山亭》）也写出了汉水神女并非是无情之女，环佩的响动表露了内心的愉悦之情。

刘方平《巫山神女》："今宵为大雨，昨日作孤云。散漫愁巴峡，徘徊恋楚君。"[38] 这里，诗人为我们勾勒了一幅散漫气质的巫山神女画像，她深深眷恋着楚王，因不见心上人而面带忧愁，只好行云布雨，聊以遣怀。

又如李沇《巫山高》："襄王端眸望不极，似睹瑶姬长叹息。巫妆不治独西望，暗泣红蕉抱云帐。"[39] 襄王与神女相互思念，却因距离的阻隔而叹息伤怀，神女"妆不治"，独自眺望，企盼着楚王的来临，却只能暗自垂泪。这里不但将巫山神女的凄怨刻画得淋漓尽致，且衬托出仙山阻挠、人神难通的空茫之感。

三、对唐代不同时期诗歌中神女意象的差异分析

如前所述，唐前诗歌吟咏荆楚神女传说，主要是单纯地叙述如郑交甫遇神女这样一个动人的故事，感叹这个事情本身，并没有融入太多自己的情感。他们以敬畏的态度阐释神女的神秘，以仰视的角度描绘神女的美丽和轻灵举止，以艳羡的眼光投注遇到神女的宠儿，但唯独没有他们自己积极主动的一面。

诗人真实的意图往往隐藏在缥缈的诗句之外，主观情感的投射更是少得可怜，甚至有时仅仅以出场气氛的渲染侧面表达对神女的思慕与向往。

唐代诗人在吟咏荆楚神女传说之时，较之前代，无论在意境和主旨上都有所拓展。他们不再只是简单地复述故事，描摹神女情状，而是更多地关注神女本身的人性光环，让神女们从神坛上走下，融进自己真实的生活之中，具有人间女子应有的喜怒哀乐，悲欢离合。走下神坛的神女可以是纯真可爱的青春少女，可以是痴情守望的深闺怨妇，也可以是能歌善舞的歌女。只是她们比一般女子更具有灵性，更热爱自由，更温柔多情。

诗人们已不再满足艳羡神女故事中的男主角，而是亲自走进神女经过的场所，经历一番，或最终成为那个得幸见到神女的男主人公，或回归现实，将身边那多情绝艳的女子当作解佩弄珠的神女。如卢仝《有所思》："梦中醉卧巫山云，觉来泪滴湘江水。湘江两岸花木深，美人不见愁人心……"[40] 就非常典型地说明了这一点。更重要的是，诗人们不再肤浅地将神女故事只当作典故，而是借题发挥，发掘其在现实中蕴含的深意，表达自身对现实人

生的某种看法或体会，如张九龄的《杂感五首（之四）》《感遇十二首（之十）》、孟郊的《杂怨》等。

初盛唐时期，荆楚神女的形象还是清雅高贵、潇洒飘逸的，不杂一丝烟火的，神女诗歌的意境也是幽雅宁静、淡然清远的，如沈佺期、宋之问、乔知之、卢照邻等人的《巫山高》，李百药《王师渡汉水经襄阳》、李白《岘山怀古》《古风》《感遇六首》、孟浩然《万山潭作》《登安阳城楼》、储光羲《同张侍御宴北楼》、张九龄《杂诗五首》等诗中关于荆楚神女的描写；中唐时期，相较于那些道家神仙女的高高在上，荆楚神女们显得更亲切动人，她们逐渐沾染了人间种种离愁别恨，或多情与愁恨相生，或缠绵伴随幽怨，神女诗歌的意境也渐趋于奇诡瑰丽、幽深绮艳，如李贺《巫山高》《神弦别曲》、孟郊《巫山高》《湘妃怨》、薛涛《谒巫山庙》、刘禹锡《杨柳枝（其三）》《武陵书怀五十韵》、李群玉《宿巫山庙二首》《湘妃庙》《黄陵庙》等关于荆楚神女的作品；晚唐的荆楚神女形象更是显得世俗化，尽管诗人仍然频繁引用荆楚神女的故事来抒发情感、寄托相思，但已经不再是纯精神上的抒写，而是具体的生活体验。这时期荆楚神女诗歌的意境就显得几分绮艳颓靡，几分朦胧迷离。如韦庄《谒巫山庙》、李沇《巫山高》、温庭筠《巫山神女庙》、薛爵《古意》等作品。

第二节　汉水神女传说与"江汉好游"

荆楚最有名的神女传说无外乎汉水神女传说。汉水神女传说至迟起源于春秋战国时期，流传下来的神女弄珠、江汉游女的故事备受后人青睐。

一、汉水神女传说的渊源、来历

汉水"神女弄珠"是我国古代典籍中最早的浪漫、迷人的爱情故事。据《韩诗外传》载："郑交甫将适楚，遵彼汉皋台下，乃遇二神女，佩两珠，大如荆鸡之卵。交甫与之言，曰：'欲子之佩'。二女解与之。既行返顾，二女不见，佩亦失矣。"[41]诗中出现的二位神女，就是汉水女神的最初版本。她们神秘莫名，慷慨解佩，却转眼消失不见，身世、来历、音容、形貌都如一团迷雾，给后世文人墨客留下无穷想象的空间。

针对这两位汉水女神的来历，后世有两种看法，一说指的是周昭王的两位侍女延娟、延娱，依据是《帝王世纪》所载的周昭王故事：周昭王伐楚，返济汉，楚人献胶船，船之中流胶解而溺昭王。[42] 他的两位侍女延娟、延娱，"夹拥王身，同溺于水"，化为神女。之所以为神，是因为二女无辜而死，深得荆楚人民的同情："嗟二姬之殉死，三良之贞节，精诚一至，视殒若生"；及至"数十年间，人于汉江之上，犹见王与二女乘舟戏于水际"[43]。这种看法后世有不少人认同，如唐朝诗人梁洽《观汉水》："求思咏游女，投吊悲昭王。水滨不可问，日暮空荡荡。"[44] 即认为汉水女神产生于周昭王时期，游女指的是陪伴周昭王的延娟和延娱。

另一说则与毛诗里的"游女"有关。《诗经·周南·汉广》云："南有乔木，不可休思；汉有游女，不可求思。汉之广矣，不可泳思；江之永矣，不可方思。翘翘错薪，言刈其楚；之子于归，言秣其马。汉之广矣，不可泳思；江之永矣，不可方思。翘翘错薪，言刈其蒌；之子于归，言秣其驹。汉之广矣，不可泳思；江之永矣，不可方思。"[45]

诗中"汉有游女，不可求思"一句，后被汉朝刘向收入《列仙传》，"游女"又称"江妃二女"，来源亦追溯至齐、鲁、韩三家诗注。齐、鲁、韩三家注均以"游女"指汉水女神，鲁说曰："江妃二女者，不知何所人也。出游于江汉之湄，逢郑交甫。见而悦之，不知其神也。"

齐说曰："乔木无息，汉女难得。橘柚请佩，反手离汝。"

韩说曰："游女，汉神也。言汉神时见，不可得而求之。"[46]

三家都称游女为神女，将《诗经》中的"游女"与神女解佩的故事联系在一起，这说明"游女"与汉水女神很可能同源，或许在郑交甫故事之前，就有汉水神女的传说，而郑交甫所遇二神女只是衍化的比较通行的版本。《汉广》作为当时的民间歌谣，吟咏的就是汉水女神的故事，只是歌谣歌咏的是一种求思不可得的心境，而略去了故事的具体情节，因此留下了太多想象的空间。

张衡在《南都赋》中引用一个典故："游女弄珠汉皋之曲。"[47] 李善在注解中说明出自《韩诗外传》，也即是张衡认同了游女即神女的说法。这种看法影响深远，从汉代到唐代，一直深入绝大多数文人内心，如阮籍《咏怀诗》中写道："二妃游江滨，逍遥顺风翔。交甫怀环佩，婉娈有芬芳。"[48] 唐代诗人孟浩然在《登安阳城楼》诗中云："向夕波摇明月动，更疑神女弄珠游。"[49] 大诗人李白在《岘山怀古》诗中说："弄珠见游女，醉酒怀山公。"[50] 这些都是对此传说中"神女"即"游女"的认同者。

且因张衡将本不具体的地点定位在了"汉皋"，汉水女神传说就成为襄阳的专利，成为一种地域性的文化标志。《元和郡县图志》卷二一《襄阳县》云："万山一名汉皋山，在县西十一里。"[51]《水经注》亦云："万山下水曲之限，云汉女昔游也。"[52] 东晋襄阳史学家习凿齿在《襄阳耆旧传》中说："万山北隔（隔）汉（沔）水，父老相传：即交甫见游女弄珠处。"[53]

宋代祝穆的《方舆胜览》卷三十一《复州》也载："晋郑交甫南游汉江，遇二女，佩两珠，交甫与言，愿得子之佩。二女解佩与交甫怀，去十余步，探之亡矣。回视二女，亦失所在。"[54] 这里明言郑交甫是春秋时期晋国人，也证明汉水女神至少产生于春秋战国之前。"复州"在今天湖北天门境内，地处汉江下游。同书卷三十二《襄阳府》又云："万山，在襄阳西十里。有解佩渚，即郑交甫遇龙女解珠之所。"[55] 如此多的材料将汉水女神打上"襄阳万山"的烙印，以至于唐代诗人孟浩然在《万山潭》诗中云："游女昔解佩，传闻于此山。求之不可得，沿月棹歌还。"[56] 即是表明，万山附近的山水皆因神女弄珠而染上神秘色彩，令人心驰神往，而神女即"游女"，其特质在于"游"，交甫与神女的美丽邂逅只是因为神女游于江汉之上，巧遇而已，更突出了对神女的惊鸿一现，"求思不可得"的遗憾与感慨。

因其"神女弄珠"的确切时间不可考，如闻一多先生在《诗经通义》中所言："郑交甫故事，未审起于何时代，要足证汉水旧有此神女传说。"[57] 即使可以考证楚昭王侍女溺汉水亡而成神之说的时间（约在公元前960年，或为《夏商周年表》公布的公元前977年），也无法推断汉水女神就是延娟、延娱。

而《诗经·周南·汉广》诗中的"游女"，曾被视为"贤女"，《毛诗正义》曰："美化行于江、汉之域，故男无思犯礼，女求而不可得，此由德广所及然也。"[58] "贤女虽出游流水之上，人无欲求犯礼者，亦由贞洁使之然。"[59]

这种说法认为游女的行为是德行之所广，虽然解释了为何神女遗珠后，人与佩都消失的原因，但与"后妃之德"类似，过于注重教化，忽视了《汉广》一诗所创作的社会背景，即楚地的民俗风情。宋代邹浩《泛汉江》诗中写道："谁家游女戏江滨，才见舟来竞敛身。须信文王风化远，至今犹自被行人。"[60]即是认为"好游"风俗的转变是受文王所化，即受儒家思想熏陶的结果，显然是《毛诗》的承传者。清人王先谦也认为："江汉之间被文王之化，女有贞洁之德，诗人美之，以乔木、神女、江汉为比。"[61]即表示以游女为神女，喻诗人所爱慕的"女子"，而这女子自然也是江汉"贤女"。

尽管江汉游女与汉水女神同样有着"不可求思"之叹，反映出对爱情的追求与遗憾，但仍然不能轻易断定"游女"即为汉水神女的原型。但《汉广》一诗反映了荆楚江汉一带的女子好游的习俗，朱熹曾明确地指出："江汉之俗，其女好游，汉魏以后犹然。"[62]在诗经中，男子爱慕偶然遇到的"游女"，"不可求思"，故而将"游女"神化，这也是有可能的。

只是，毛诗所说的"文王之化"，即便在前提上肯定江汉地区作为儒家诗教的一个实例，但"所化"的过程还是极其缓慢的。六朝大堤曲的流行，唐代的大堤行乐和女性出游的繁盛景象，都能说明"好游"的习俗不会轻易改变，这其中固然有时代经济文化政策的关系，但更多的还是地域文化特质使然。

二、汉水神女传说与汉水祭祀

除了昭王侍女与游女两种比较有影响力的看法，许多学者在论及汉水女神传说时，还试图将之与汉水祭祀联系起来。

中国古代，水神崇拜是很普遍的现象，黄河有河伯，长江有江神，洛水有宓妃，潇湘在屈原《离骚》中也有湘君、湘夫人，汉水作为长江的第一大支流，产生汉水女神是必然的。《尚书·禹贡》云："嶓冢导漾，东流为汉。"[63]《孟子·滕文公》云："水由地中行，江、淮、河、汉是也。"[64]这些都说明汉水的自然地理环境优越，它既是南北文化交流的大通道，又是孕育上古美丽神话传说的摇篮。

水神崇拜与原初人们"以己度物""以物观物"的类比性思维有关，也与先民们"万物有灵"的审美传统密不可分。将山川人化、神化，赋予其特殊的内涵，通过祭祀活动，使得"山川"或"天"的神秘力量降临、转化或相合于祭祀人员（巫觋）身上，使得"天"与人相通，然后获得民众的权威。如前文所提及《楚辞·九歌》中关于祭祀的描写，其中就有祭祀湘水之神的《湘君》《湘夫人》，湘君与湘夫人的扮演者通过神秘的方式——娱神乐舞来获取"山川"或"天"的意志，然后传达给普通民众。

司马迁《史记·封禅书》载："水曰河，祠临晋；沔，祠汉中；湫渊，祠朝那；江水，祠蜀。"[65]唐人司马贞在《索引》中注释曰："《水经》云：沔水出武都沮县。注云：'东南注汉，谓汉水'，故祠之汉中。乐产云：'汉女，汉神也。'"[66]说明在战国秦汉时期，各大河川都有祭祀情况，而汉水的祭祀也在其规定之内。而又据《汉书·郊祀志》载，汉文帝时期，"河、湫、汉水，玉加各二"[67]。这说明随着国家经济的发展，汉水等江河的祭祀的祭礼规格被进一步提高，也说明汉水之神已经得到官方的认可。

《汉书·地理志》言楚国"信巫鬼，重淫祀"[68]。楚地相较于中原地区巫风更浓，祭祀活动更为频繁。楚国的云梦，就是巫祭的最大场所。一方面，关于水神崇拜的原始心理催生出汉水女神的传说。被拟人化、人格化的诸神，虽然他们飘忽而来、飘忽而去，不可捉摸，但他们同样既具有常人的喜怒哀乐，也有对美好事物和爱情的追求，于是在刘向的《列仙传》里，汉水女神是两位面目不详、飘忽不定、机智聪慧的神秘女郎；而在前秦人王嘉的《拾遗记》中，汉水女神是昭王的两位侍女，她们美丽多情，溺水而亡，楚人怜其无辜而死，因以为神。另一方面，祭祀活动的频繁给先秦时期的男女聚会提供了最佳场所，扮演祭祀中各种山川之神的"巫觋"，往往上演人神相恋的戏码，也成为后世文人笔下的人神相恋故事的源头。

三、节日·婚恋·生存——游女之"游"的文化阐释

（一）游女神化与襄阳穿天节——节日出游之"游"

提到将游女神化、神女"人化"及"江汉好游"的习俗，不得不提及楚地襄阳的特有节日——穿天节。穿天节是襄阳古代特有的传统节日。宋庄季

裕《鸡肋篇》说："襄阳正月二十一日，谓之穿天节，云交甫解佩之日，郡中移会汉水滨，倾城自万山泛彩舟而下，妇女于滩中求小白石有孔可穿者，以色丝贯之悬插于首，以为得子祥。"[69]

范仲淹《献百花洲图上陈州晏公》诗可以佐证这一节日："彩丝穿石节，罗袜踏青期。"范自注："襄、邓间旧俗，正月二十二日，仕女游涧，取小石通中者，用彩丝穿之，带以为祥。"[70]由此看出，穿天节在二月二十一或二十二日，这一日女子出游是惯例。

金代李俊民在襄阳写过一首《弄珠滩》："江沙一日蚌胎虚，游女争夸掌上珠。美化不将风俗禁，他年恐做媚川都。"[71]咏的正是穿天节那一日当地女子到弄珠滩出游的情形，现代学者张伟然在《湖北历史地理研究》一书中提及此，试图将郑交甫的故事与此节俗对应起来，即认为"既然是出游，少不了要打扮一番，因而那女子'皆丽装华服'；既然那石头要穿起来佩在身上，那么那石头完全可能'大如鸡卵'"[72]。对于故事中"明珠"的解释则是，在水边的石头大多非常圆润，被误认为明珠极有可能。

且不说这样的对应是否巧合，就这种推断而言，汉水二女神的来历已经与具有地域特色的节俗紧密联系起来，不再属于个别的神话的解释，而是大众的普遍的现象。神女走下神坛，成为万千喜爱出游并信奉某种神秘的象征的"江汉女子"中的一员。交甫故事成为普遍中的偶然或特例，因为虽有授受之亲却无期待中的结果而让人感慨、好奇而流传下来。

为何穿天节在襄阳盛行，且女子一定要佩戴有孔的石头，有研究民俗的学者指出，这与一种婚姻祭祀有关，而穿孔的石头象征着生子的意味，其源头要追溯到夏民族大禹生启的神话故事，[73]在先民的看法里，石头具有神性，与生育有关，而江汉之地正是夏民族的繁衍之地，襄阳汉江中特有的有窍的石头，被认为有助于生子。且襄阳万山之地还曾发现过新石器时代先民的生活遗址，这样的解释从宗教和民俗学上而言，无疑能解释江汉女子"好游"的另一层意味。

究竟是这节俗出现在前，而后才有交甫遇神女故事，还是因为郑交甫的故事过于浪漫神秘而影响了楚地的风俗。从现有的史料来看，郑交甫遇神女的故事可追溯至春秋时期，穿天节这个节日产生时代也当在春秋以前，和《汉广》诗的产生年代相去不远。从"求小白石有穿者,以丝贯之,悬插于首,以为得子祥"的特有习俗来看,穿天节的渊源显然可以追溯到夏初以前,若以此推断,郑交甫在万山所遇的二位神女很可能只是姿容尚佳的楚地出游女子,佩戴着如鸡卵般大小的石头;穿天节也不仅仅是一个女子自由活动的节日,而是男女自由恋爱的节日。

走下神坛的神女,显得那般亲近,她们也有对爱情的向往,对生活的热爱,对未来婚姻美满的企盼,因"游"的目的性凸显而显得更加可爱。

不局限于出游的"游"的含义,可以引导我们的思维向更广阔的空间延伸,探究更加丰富的社会生活画面,而将楚地的特质从沉淀的历史中窥出一丝来。

关于楚俗好游的记载,除了朱熹外,明代《图书编》及《大明一统志》描写襄阳府风俗的时候都曾提及"其俗江汉好游"[74],可知这种风俗由来已久,早已深入人心。南朝梁宗懔《荆楚岁时记》中有一些关于春日出游的记载,"元日至于月晦,并为酺聚饮食,士女泛舟,或临水宴会,行乐饮酒"[75]都说明不但女子爱好出游,男子也一样以嬉游为乐。金代李俊民言"楚俗以嬉游为事",他在文集中征引《襄沔记》所云"正月二十一日、二十二日谓之天地穿日,移市于城北津弄珠滩",还有《襄阳志》所谓"楚俗三月游南山诸寺,移市于山寿,四月八日罢游,谓之辞山"[76],以说明该地嬉游机会之繁多。但此类节令上的"好游"习俗,在古代许多地方都有,并不能解释楚地独享"好游"的评价,因此"游"的确切含义还需要继续探寻。

(二)云梦之会与楚地自由婚恋习俗——由祭祀衍生的男女聚会之"游"

有学者认为"江汉好游"的习俗是由"云梦之会"演化而来[77],其本质乃是男女聚会,依据是《墨子·明鬼下》:"燕之有祖,当齐之社稷、宋之有桑林,楚之有云梦也,此男女之所属而观也。"这里"祖""社稷""桑林""云梦"都是各国祭祀的集会场所,主要功用是祈生育和丰收。这样神圣的地方,却是"男女之所属也",可知古代对生育繁衍看得极为重要,男女聚会恋爱的场合往往是与民间的祭祀活动联系在一起的。《吕氏春秋·直谏》载:"荆文王得茹黄之狗,宛路之矰,以畋于云梦,三月不反,得丹之姬,淫,期年不听朝。"[78]可知云梦男女自由聚会的风气之盛,乃至文王沉溺其中"三月不反"。闻一多先生曾指出："云梦即楚的高禖"[79]，依据是《左传·定公四年》载："楚子涉沮，济江，入于云中。"杜注："入云梦泽中。"[80] 这里的"云中"实指楚国的云梦泽，是楚地男女聚会之所。

单看这则材料，只能说明先秦时期楚地云梦男女聚会比较自由而普遍，且含自由恋爱的意思，可以推断南朝时的春游之俗，孟浩然笔下的王孙游女共游春，都是先秦楚地云梦之俗的延续；但并不能完全说明"江汉好游"由此而来。因为男女聚会燕有祖，齐有社稷，楚有云梦，宋有桑林，论风靡程度，齐国"社"日的活动较之楚国的云梦之会不遑多让。《春秋》就有鲁庄公二十三年"如齐观社"的记载。为何只有江汉之地得到"好游"的定评，这是值得推敲的。

尽管先秦时期男女交游相当自由，如《列子·汤问》载："男女杂游，不媒不聘"，《周礼·地官·媒氏》也载："仲春之月，令会男女，于是时也，奔者不禁……"[81] 但比较各国的祭祀与游乐活动，以及之后的各地风俗传承，可以看出，只有楚地自由恋爱婚配习俗被保留下来，并一直延续，礼法的约束在楚地比较薄弱，虽有"文王所化"，有中原文化的熏陶，但楚地仍然保留着男女间自由寻找情人，情人不合理想可以自由离开等风俗。媒妁虽然存在，却无法如中原那般具有主导性，更不具约束力。男女双方具有较大的自主权。

如《离骚》中说："苟中情其好修兮，又何必用夫行媒。"[82] 可以看出，楚地婚姻也有媒妁，但并不重视媒妁，只要双方情投意合，可以自主行媒。乃至于在《离骚》中有"吾令鸩为媒兮，鸩告余以不好"的句子，以鸟为媒，结果却仍以自己的主观判断为准："雄鸠之鸣逝兮，余犹恶其佻巧。心犹豫而狐疑兮，欲自适而不可。"[83]

中原地区讲究"父母之命，媒妁之言"，其婚姻非媒妁不可，媒妁的地位举足轻重，如《诗经·齐风·南山》中就有"取妻如之何？匪媒不得"[84] 的看法。而在楚地，彼此是否情投意合是遣媒缔结婚约的一个重要条件，若情缘浅薄，即使有媒撮合也是枉然。若彼此情真意切，甚至可以不要媒妁。如《离骚》中"及荣华之未落兮，相下女之可诒"[85]，"虽信美而无礼兮，来违弃而改求"[86]，就显示了主体意愿的主导性。

中原地区又讲究"男女授受不亲"，男女交往受到限制，婚姻是否存在自由的爱情是不在考虑之列的，而楚地的男女交往则是"士女杂坐，乱而不分些；放陈组缨，班其相纷些；郑卫妖玩，来杂陈些"[87]（《楚辞·招魂》），往往先通而后婚，如《左传·昭公十九年》载："楚子之在蔡也，郧阳封人之女奔之，生大子建。"[88]后郧阳封人之女被楚平王立为夫人，其子被立为太子，其地位并未因"奔"而受影响。这与中原礼教限制下的婚恋观是大相径庭的。

当然，这种风俗的保留与楚地重情的传统及楚人崇尚自由的主体性格有关。楚人大多具有浪漫主义情怀，且感情细腻外露，多情缠绵，在男女交往中，女子并非处于被动地位，而是大胆而热烈的，这在荆楚民歌中表现得淋漓尽致，这种自由恋爱的风气比较浓厚，不仅在民间存在，在上层社会也并不少见。

从《离骚》到南朝西曲到唐代描写大堤景观的诗歌中，就可以见到楚风俗中仍保留着原始先民的特征，男女自由交往，相互嬉戏，互相赠答，不受拘束。南朝时期，荆、郢、樊、邓之间经济发展较快，由此地衍生的西曲非常流行，这些乐府歌曲兴盛于宋、齐、梁之间，歌词往往活泼香艳，歌中女子不受礼法约束，直抒胸臆，情感表达自由而充分，如《莫愁乐》"探手抱腰看，江水断不流"[89]；《孟珠》"愿得无人处，回身与郎抱"[90]等。这些或大胆情深，或细腻忧愁的情歌，在西曲中比比皆是，如《石城乐》："布帆百余幅，环环在江津；执手双泪落，何时见欢还。"[91]《那呵滩》："闻欢下扬州，相送江津湾。愿得篙橹折，交郎到头还"[92]等。

最引人注目的是襄沔一带的大堤歌舞。大堤的景观因女子出游歌舞而显得独特，《襄阳乐》云："朝发襄阳城，暮至大堤宿。大堤诸女儿，花艳惊郎目。"[93]这种出游的时间一般在日暮之后，月出时分热闹非凡，行至大堤的女子们联袂踏歌，吸引不少行人商客。当然，这种活动如何惊艳诗中不详，但可以从唐代刘禹锡的《踏歌词四首》中窥见一斑，其一："春江月初大堤平，堤上女郎联袂行。唱尽新词欢不见，红霞映树鹧鸪鸣。"其二："桃蹊柳陌好经过，灯下妆成月下歌。为是襄王故宫地，至今犹自细腰多。"[94]

刘禹锡所咏的地点在江陵，但其习俗与襄阳一带颇为相似，也说明至唐代，这种大堤夜乐的习俗还颇为盛行，女子在月夜出行、聚会、踏歌等，都体现了其情感选择的自由性。

乐府《江陵乐》描述江陵一带春日出游的情景，"阳春二三月，相将踏百草，逢人驻步看，扬声皆言好"[95]。由此可知，这里的女性出游活动不是夜晚聚会唱歌，而是白天出游，"踏百草"。"踏百草"包括游春、踏歌、斗草等丰富的民俗内容，《荆楚岁时记》云："五月五日，谓之浴兰节。四民并蹋百草，今人又有斗百草之戏。"[96]这些活动并非只有女子参加，如《石城乐》云："阳春百花生，摘插环髻前。腕指蹋忘愁，相与及盛年"[97]就暗示了男女聚会的情景，只是过于含蓄。石城在竟陵（今钟祥市），据《旧唐书·音乐志》载，《石城乐》是刘宋时期臧质所作。"质尝为竟陵郡，于城上眺瞩见群少年歌谣通畅，因作此曲"[98]，说明这种春游的习俗是男女都参与的。特别是青春时期的少男少女，在春意盎然的季节，最喜出游聚会，或于桃蹊柳陌，或在花树莺歌之下，以踏歌或斗草为由聊一些共同的话题，并且欣赏春日美景，这些，无疑给"游"的含义染上一层浪漫色彩。

这种男女同"游"的情形，在唐代仍然数见不鲜，如孟浩然《大堤行寄万七》说明得更为详细一些："大堤行乐处，车马相驰突，岁岁春草生，踏青二三月，王孙挟珠弹，游女矜罗袜，携手今莫同，江花为谁发。"[99]这里既有"王孙"，又有"游女"，春游与大堤行乐结合在一起，更凸显了唐代习俗的微妙变化。当然除去商业成分，这种王孙与游女的出游最接近先秦以来的荆楚习俗，除了踏歌、游春等活动，还有宴会、饮酒赋诗等，由于荆楚之地多江河，出游的地点往往在大堤之上，汉水之边，如在《荆楚岁时记》所载的"士女泛舟，或临水宴会，行乐饮酒"[100]。

（三）从游女到妓女——大堤女儿"怜钱"之"游"

唐代楚地女性出游的习俗非常发达，较之男女同游的习俗，唐代对春游及其他出游活动的关注更多集中在女性身上，在唐诗中，可以发现，只要涉及襄阳，几乎都会提及"游女"及郑交甫的故事，如王适、孟浩然、刘禹锡、储光羲、张九龄等诗人对汉水女神传说反复咏叹，大诗人李白更是在《岘山怀古》的诗中说，"弄珠见游女，醉酒怀山公"[101]，可知汉水女神传说的影响力。

但登高缅怀、有着"游女弄珠"情结的诗人仍是少数，大多数途经襄阳一带的羁旅人士津津乐道的还是那艳丽惊目的大堤景观。如张祜《襄阳乐》：
"大堤花月夜，长江春水流。东风正上信，春夜特来游。"[102] 这说明唐代也有大堤夜游的习俗。一个"特"字，将大堤的吸引力暗示出来。

大堤行乐的时间在春季，这个季节非常利于男女自由交往、抒发情思，李白《大堤曲》也可佐证：

> 汉水临襄阳，花开大堤暖。佳期大堤下，泪向南云满。
> 春风无复情，吹我梦魂散。不见眼中人，天长音信断。[103]

这首诗记述了在春游之际，与美丽的大堤女儿倾心相恋的过程，以及分别之后，诗人对大堤女子浓浓的思念之情。

无独有偶，张柬之在《大堤曲》中极尽渲染大堤女儿之美：

> 南国多佳人，莫若大堤女。玉床翠羽帐，宝袜莲花炬。
> 魂处自目成，色授开心许。迢迢不可见，日暮空愁予。[104]

与李白的《大堤曲》在抒发"可思不可得"的惆怅之情上有异曲同工之妙。这无疑让我们联想到汉水"游女"的"不可求思"之叹，可见自《汉广》以来，男子对佳人的思慕及不完满的恋情的表达都是相似的。

两首《大堤曲》从侧面可见出大堤女儿的冶艳、大堤女儿的恋情如何吸引许多文人墨客心驰神往。以至于元稹在《酬乐天赴江州路上见寄三首（之二）》中则说："襄阳大堤绕，我向堤前往。"[105] 杨巨源在《襄阳乐》中也颇有几分期待地说道："闲随少年去，试上大堤游。"[106]

也许最初因"游"而产生的男女相互倾慕的恋情，使得文人墨客觉得襄阳乃至整个江汉之地风情无限，"江汉风流地，游人何岁归"；但随着诗人逐渐了解到大堤女儿的生活之后，更多的笔墨便触及更现实的商旅与大堤女儿的爱情上来。"大堤女儿"几乎成了风流女性的代名词。

这种现象从南朝开始就存在，只是随着商业经济的发展，在唐代更为人关注罢了。梁代简文帝萧纲在《大堤》诗中说："宜城断中道，行旅亟留连。

出妻工织素，妖姬惯数钱。炊雕留上客，贳酒逐神仙。"[107]

较之织妇，这里的"妖姬"，更引人注目。因其"妖"，而有钱可数，在后世文人心中，这种行为几乎成为大堤行乐的主题，如张潮《襄阳行》："襄阳传近大堤北，君到襄阳莫回惑。大堤诸女儿，怜钱不怜德。"[108]诗人借女子口吻告诫即将远行襄阳城的丈夫，一定要忠于他们之间的爱情，千万不要被妖艳的大堤女儿所迷惑。由此可知，当时大堤女儿真是闻名遐迩，魅力独特，让来往旅人流连忘返，让良家女子谈之色变。

韩愈在《送李尚书赴襄阳八韵得长字》中更是明确地点明大堤行乐不再单纯："风流岘首客，花艳大堤倡。"[109]大堤女儿操持某种特殊行业，与当时商业的繁荣有关，襄阳独特的地理优势使无论是沿汉水而下，从西北入境的商贾，还是东南溯汉水而上的游客，皆至襄阳停歇，因而大堤上居住的房屋便开始增多，且出现许多营利的设施，如诗中所说"酒旗相望大堤头，堤下连檐堤上楼"[110]，又如李贺《大堤曲》："……大堤上，留北人。……莫指襄阳道，绿浦归帆少。"[111]可见其繁华景象。

在这样的环境下，大堤女儿的出游便变相地成为一种展现魅力招揽生意的手段，如陆龟蒙《大堤》："大堤春日暮，骢马解镂衢。请君留上客，容妾荐雕胡。"[112]在春暖花开之际，大堤上不仅酒楼林立，大堤女儿还主动迎客，来往的文人商客往往因此而驻足，这样的情景比较普遍，以至于引发诗人的担心和劝告，如施肩吾《襄阳曲》："大堤女儿郎莫寻，三三两两结同心；清晨对镜理容色，意欲取郎千万金。"[113]对于在大堤行乐销金的行为，诗人显得痛心疾首，可知当时的奢靡程度已让人惊觉。

大堤女儿这样的生活都是比较短暂的，一来，大堤女儿因姿容冶艳而闻名，但姿容随着时间的流逝会逐渐黯淡，二来，来往商旅都只是驻足之客，一时的欢爱也并不长久，即使嫁给"五陵年少"，也因离别故土而悲伤叹惋，杨巨源《大堤曲》中就细腻而清晰地记述了一位大堤女儿的经历。

> 二八婵娟大堤女，开垆相对依江渚，待客登楼向水看，邀郎卷幔临花语；细雨濛濛湿芰荷，巴东商侣挂帆多。自传芳酒浣红袖，谁调妍妆回翠娥。珍簟华灯夕阳后，当垆理瑟矜纤手。月落星微五鼓声，春风摇

荡窗前柳。岁岁逢迎沙岸间，北人多识绿云鬟。无端嫁与五陵少，离别烟波伤玉颜。[114]

除了被人关注较多的襄阳地带，江汉其他地区也有类似的大堤景观，如江陵的大堤也是"春堤缭绕水徘徊，酒舍旗亭次第开。日晚上楼招估客，轲峨大艑落帆来"[115]。商业气息比较明显。

大堤游乐的风气如此盛行，以至于有着"游女弄珠"传说的岘山和弄珠滩附近，也不得不拿着"神女"作幌子，借典故来描写携妓游乐的实质："羊公岘山下，神女汉皋曲。雪罢冰复开，春潭千丈绿。轻舟恣来往，探玩无厌足。波影摇妓钗，沙光逐人目……"[116]又襄阳妓《送武补阙》："弄珠滩上欲销魂，独把离怀寄酒尊。无限烟花不留意，忍教芳草怨王孙。"[117]该诗将昔日神女解佩之地当作了行乐的背景，抒发妓女与王孙离别的哀怨与留恋之情。

"游女"的身价一落千丈，在孟郊诗中就有暗示："天桃花清晨，游女红粉新。天桃花薄暮，游女红粉故。树有百年花，人无一定颜。花送人老尽，人悲花自闲。"[118]这里的"游女"就已经是悲叹青春易逝的普通女子，而本应该感受春天美好、内心愉悦的游女为何会悲叹颜色易衰、年华易逝，这里颇耐人寻味。很可能这里的"游女"就是操持某种行业的大堤歌女。

在武元衡笔下，神女似乎意指某种特殊意味的佳人，其《赠佳人》中隐晦地表达了这一点："步摇金翠玉搔头，倾国倾城胜莫愁。若逞仙姿游洛浦，定知神女谢风流。"[119]按武元衡生平交往的女性来看，这首诗很可能是写给女冠薛涛的。女冠在唐代具有特殊的地位，她们不受礼法的约束，精神上往往相对自由，许多女冠与男性诗人暧昧，介乎于淑女与妓女之间。这一点后文将会讨论到。

将神女世俗化的现象在唐诗中数见不鲜，然直接将神女比作妓女的，还属白居易，如他的《醉后题李、马二妓》《卢侍御小妓乞诗，座上留赠》等诗，将妓女的才情美貌、绰约风姿与传说中的神女相比，只不过他比拟的对象成了巫山神女，而非汉水神女。

到晚唐，这种情形更为明显，如韦庄《浣溪沙（之三）》中："绿树藏莺莺正啼，柳丝斜拂白铜鞮，弄珠江上草萋萋。日暮饮归何处客，绣鞍骢马一声嘶，满身兰麝醉如泥。"[120]

"绣鞍骢马"的行装，应为有钱的王孙或旅客所有，而为何"满身兰麝"，说明弄珠江畔有"兰麝飘香"的女子在酒肆招揽客人。

至唐末五代，汉水游女已经不再是不可亲近的神女，如毛文锡《摊破浣溪沙》下半阕：

> 罗袜生尘游女过，有人逢著弄珠回。兰麝飘香初解佩，忘归来。[121]

得到神女赠佩已经不足为奇，神女"罗袜生尘""兰麝飘香"，令游者不归，流连忘返，给诗歌染上了一抹香艳色彩。

从神女、游女到妓女，唐代文人心中"好游"女子的角色随着时代的推移不断在变换，"游"的含义也在发生偏移。在大堤女儿"怜钱不怜德"的行为的潜移默化的影响下，后世的文人渐渐淡忘了游女的最初目的和本质，而将大堤行乐作为"江汉好游"的全部内涵。南朝夜月踏歌的习俗到唐代虽仍有遗韵，但主要集中在荆州江陵一带，只在刘禹锡的《踏歌词》中可窥见一斑，至于男女自由聚会游春的习俗也被以女儿为主导的大堤景观的光芒所遮掩。

至此，我们可以看出，"江汉好游"的习俗与楚先民的祭祀活动密切相关，"游"的本义来源于祭祀中男女自由聚会所传达的原始婚恋观，这其中就包含繁衍求子等。而作为文学领域中的"江汉游女"之"游"则应当排除各种功利色彩，它的含义可以总结为：并不是单纯的出游，而是女子借出游的机会与异性交往，表现自身，追求自由爱情的一种风俗习惯。这种风俗习惯仍以"情"为主导，"情动于中而发于声，形于外"，因此出游往往伴随着踏歌舞等能充分表达主体情性的活动。

但后世对"好游"的内涵的认可或评价却并非一成不变，总会因为所处时代和自身学识的局限性而发生偏差，或褒或贬或局限于某一阶段，因此"游"的面目就变得更加扑朔迷离起来。

如果游的最初目的只是求神生子繁衍如此简单，那么它的本质其实只是两性之间的自由活动，即使"游"在古代沾染上桃色氤氲的色彩，被卫道者称之为"淫乱之俗"也只是出于某种目的的宣传，某种立场的维护及以偏概全的论断，但"好游"本身是无关褒贬的。只是"好游"最后成为江汉这一地域的定评，男女同游被淡化，"游女"成为关注的主体。女性出游成为一种唐代的独特景观，还得益于南朝至唐代楚地女性出游活动的频繁，荆襄一带水陆交通的发达与商业经济的繁盛；也得益于唐代开放的文化环境。但究其内因来说，这与荆楚之地自先秦以来的自由恋爱婚配习俗及荆楚重情的浪漫传统是分不开的。

第三节　湘水神女传说与唐诗中湘水神女形象的多样化

汉水女神文化源远流长，有一些学者认为屈原笔下的湘夫人、湘君也是由汉水女神衍化而来，事实上，这种说法并没有足够的证据，且混淆了二者最初的来源。

一、湘君、湘夫人并非汉水神女辨析

将汉水女神与湘水女神混淆，主要有五个方面的原因，其中，前三种是学者们探讨湘水女神的主要依据。

（一）来源于"二南"与楚辞文化上前后相继关系的推断

现代著名学者钱穆先生认为："屈原居汉北，所祭湘君即为汉水女神。"[122]其后也有不少学者指出屈原作《九歌》以汉水女神为湘夫人，其理由是屈原流放至汉北，受到"二南"及汉水女神传说的影响，而"二南"之地后又为楚所有，实为楚地民歌。

自然，诗经中"二南"是荆楚歌谣的萌生阶段，它与以荆楚歌谣为基础创作的《楚辞》存在前后相继的文化关系，上古神话传说给楚辞提供了养分，但仅仅以此推断屈原创作的湘夫人即为汉水女神，这未免过于武断，而且忽视了湘君、湘夫人的创作来源的多样性。

湘水自古就有神女的传说，《山海经·中山经》载："洞庭之山……帝之二女居之，是常游于江渊。澧沅之风，交潇湘之渊，是在九江之间，出入

173

必以飘风暴雨。"[123] 可知天帝二女嬉游于沅、湘之间，行则飘风暴雨，俨然是一派神灵之势，以此为司管雨泽的水神，可谓合情合理。汉魏两晋的《史记》《述异记》《博物志》《群芳谱》等，皆有此类记载，且刻画渐趋详细。

这些神话无疑给湘水增添了神秘色彩，而屈原作《湘夫人》《湘君》，也是从这些民间神话传说中提取素材，郭璞注上述《山海经》中的"帝女"云："天帝之二女而处江为神，《离骚》《九歌》所谓湘夫人称帝子者是也。"[124] 即是认为，屈原笔下的湘夫人是来自山海经中的帝女传说。

这里并没有提及湘君，而《楚辞·九歌·湘君》王逸注云："湘君所在，左沅湘，右大江，包洞庭之波，方数百里。"韩愈《黄陵庙碑》云："王逸之解，以湘君者，自其水神。"[125] 说明，王逸将湘君视为湘水之神。洪兴祖《楚辞补注》亦曰："逸以湘君为湘水神。"[126] 湘君的活动范围在沅水、湘水与长江之间，并不包括汉水，可知其与汉水之神是分别独立的存在。

《九歌》是祭祀神灵的乐歌，《国语·楚语》云："夫人作享，家为巫史"，就说明巫术早在先秦时期就已经深入楚国家家户户，王逸《楚辞章句》亦云："《九歌》者，屈原之所作也。昔楚国南郢之邑、沅湘之间，其俗信鬼而好祠……因为作《九歌》之曲。上陈事之敬，下见己之冤结，托之讽谏。"[127] 可知《九歌》就是在这种巫风盛行下仿楚地祭歌而作，而朱熹在《楚辞集注·九歌第二》小序中也说，屈原放逐沅、湘之间，因见巫觋歌舞祀神，其词鄙俚，且有"亵慢淫荒之杂"，因而"更定其词，去其泰甚"，使之更符合借娱神来表达"忠君爱国"之情的目的。

如前文所说，楚国的云梦之地是祭祀神灵的主要场所，而楚人本就信奉多神论，沔水有水神祭祀，汉水有水神祭祀，湘水难道就没有湘水之神的祭祀？这无疑说不通。

湘水之神最初不分男女，王逸将娥皇、女英视为湘夫人，却不以虞舜为湘君，而仅仅将湘水视为祭祀的湘水之神，就可以看出，湘君的来源较之湘夫人更复杂，性别具有模糊性。

如汉水之神被赋予了聪慧多情的女性性格，并衍生出各种版本的美丽传说，湘水之神也因人为的想象而变得形象丰满，最初"洞庭山之帝女"与"湘灵鼓瑟"的传说还略显单薄，其后舜帝二妃的比附得到越来越多的人的赞同，

《楚辞·九歌·湘夫人》王逸注云："尧二女娥皇、女英，随舜不反，没于湘水之渚，因为湘夫人。"舜之二女因舜帝死于苍梧（九疑山）而哭泣，泪洒湘竹，竹因此成斑，这就是斑竹的由来。后二妃投湘水殉情。这个传说无疑是凄美的，而正因其浪漫神秘的色彩，在后世人心中，舜帝二妃与湘水之神杂糅以后，才真正变得鲜活生动起来。

也许因为湘夫人被定性得太早，而娥皇、女英的故事又过于动人，湘君也被赋予女性的身份，与二妃重合起来。秦汉时期，就有将舜之二妃称为湘君者。如《史记·秦始皇本纪》云："（秦始皇）浮江，至湘山祠。逢大风，几不得渡。上问博士曰：'湘君何神？'博士对曰：'闻之，尧女，舜之妻，而葬此。'"[128] 汉代刘向《古列女传·有虞二妃》亦云："舜陟方，死于苍梧，号曰重华。二妃死于江、湘之间，俗谓之湘君。"[129]《山海经·中山经》"帝之二女居之"条下郭璞注云："郑司农亦以舜妃为湘君。"[130] 郑司农即东汉人郑众，大学问家，说明至东汉，"湘君"尚被定为女性神。

将舜妃视为"湘君"，秦博士与汉代刘向所依据的都是传闻和民间习俗，而据此也可知尧女舜妃的故事在民间流传比较广泛，这样引人无限遐想的神话传说对《九歌》的创作不无影响。

湘君被定性为男神，与湘夫人相对，从现有资料来看，最早应当在魏晋时期。《山海经·中山经》"帝之二女居之"条下郭璞按云："《九歌》湘君、湘夫人自是二神，江湘之有夫人，犹河洛之有虙妃也。此之为灵，与天地并矣，安得谓之尧女？"[131] 这里郭璞否定了王逸"湘夫人即尧女"的看法，认为湘君与湘夫人同为湘水之神，是一对配偶神。既然是配偶神，湘君便是男神，这种看法从魏晋到唐代已经被大多数人所接受。

而明言湘君为虞舜，湘夫人为尧女，应当在唐代。司马贞《史记·秦始皇本纪·索隐》云："《楚词·九歌》有湘君、湘夫人。夫人是尧女，则湘君当是舜。"[132] 李梅训先生《司马贞生平著述考》云："《史记索隐》成书时间约为开元二十年左右。"[133] 当然，唐时还有另外一种看法，即韩愈所主张的"尧之长女娥皇，为舜正妃，故曰'君'，其二女女英，自宜降曰'夫人'也"[134]。

唐以后，也有不少学者认为湘君、湘夫人本指的是楚俗中祭祀的山神夫妻，后经屈原整理融入虞舜与二妃的故事，才失其神话原貌。如宋代罗泌《路史·余论·黄陵湘妃》云："《山海经》言'洞庭之山，帝之二女居之'者也，若《九歌》之湘君、湘夫人，则又洞庭山之神尔。"[135] 明代陈士元也赞同此说："若《九歌》之湘君、湘夫人，则又洞庭山神，岂谓帝女哉？"[136] 清代赵翼更明确地指出湘君与湘夫人实乃一对山神夫妻："湘君、湘夫人，盖楚俗所祀湘山神夫妻二人，如后世祀泰山府君、城隍神之类，必有一夫一妻。"[137]

但这样的论断显然没有足够的史料支撑，仅以《山海经·中山经》为参照依据，或认为先有洞庭山神而后有湘水之神；或认为湘君、湘夫人既是洞庭山神亦是湘水之神。且不说《山海经·中山经》只有"帝之二女"，而无男性水神，看不出湘君的身份来源，单就楚俗祭祀而言，山神也不一定是夫妻，也可能是多情的女子，如《山鬼》中多情的山鬼形象，指的就是祭祀中的山中女神。

由此可见，关于湘水女神的传说是不断演化发展的，在先秦时期，屈原笔下的湘君、湘夫人也不是一蹴而就的，其形象塑造既融合了洞庭帝之二女、湘灵鼓瑟的神话，舜帝二妃殉情的民间传说，还仰仗于沅湘一带民间祭祀中的巫祭乐舞。扮演神灵的巫觋现象，也应当是《湘君》与《湘夫人》创作的参考，高高在上的山水神灵因被赋予具体的性别和行为表现（主要是神神恋爱与人神恋爱）而显得更加"人化"。这其中并不排除汉水文化的滋养，但绝不能轻易将汉水女神定为湘君或湘夫人。

（二）来源于王逸、郭璞的误导

钱穆先生所谓"屈原居汉北，所祭湘君即为汉水女神"的看法，除了"二南"与《楚辞》文化上的关联外，其依据主要来自东汉王逸的《楚辞·九思》及《楚辞章句》。王逸在《九思·疾世》篇中，运用浪漫的手法，代屈原叙事抒情，辞曰："周徘徊兮汉渚，求女神兮灵女。""望江汉兮濩淏，心紧縶兮伤怀。"[138] 表达了屈原在汉北流放时希冀见到汉水女神以慰对故国的思念之情。《楚辞章句》又云："言居山中愁愤，复之汉水之涯，庶欲以释思念也。"[139]

这些作为王逸的创作和想象，不能等价于屈原的亲身体会，也不能作为屈原创作《湘君》《湘夫人》的心理活动，更不能当作以汉水女神为原型的证据。

如果细究起来，在汉水游女与湘夫人混为一谈这一点上，王逸可谓功不可没。因为，在王逸大张旗鼓地宣传和精细地剖析之下，改变了当时以班固为主的"屈原露才扬己，竞乎危国群小之间，以离谗贼，然责数怀王，怨恶椒兰，愁神苦思，强非其人，忿怼不容，沈江而死"的论断，他的注解成为后世文人参照的最佳版本，很少对其质疑（也有不同意见的，如胡适）。因此许多学者以其所作《九思》为由来推断湘夫人的创作来源，被引导也无可厚非。

唐以前称湘水女神，或称帝子、帝女、尧女，或称湘妃，湘夫人、湘君、湘灵、湘女、二妃、舜妃、江妃，也有时直接称为湘神、湘水之神。"帝子"出自《湘夫人》："帝子降兮北渚"，"帝女"出自《山海经》"帝之二女"，"尧女""舜妃"出自西汉末或东汉初的《河图玉板》："湘夫人者，帝尧女也"及王逸的注解。"湘灵"出自《远游》"使湘灵鼓瑟兮"[140]，"湘娥"则出自《后汉书·文苑列传》李贤注："湘娥，尧之二女娥皇、女英，湘水之神也。"[141]但"江妃"，从《列仙传》开始一直是指郑交甫所遇到的两位汉水神女，到郭璞的注解中才将之与帝女、湘夫人混淆，《山海经》"帝之二女居之"条下，郭璞注曰："天帝之二女，而处江为神，即《列仙传》江妃二女也，《离骚·九歌》所谓湘夫人，称帝子者是也。"[142]

且不说因"洞庭通江水"而将湘夫人视为江神有些牵强，《山海经》中的帝女明确是居于"洞庭山"的，并未提及江水，更不遑论汉水，何以帝女就成了江神而非洞庭山神或水神？

因注解中"处江为神"的模糊性，"江妃"或指汉水神女，或指湘水神女，或泛而指之，让人分不清面目，影响了一些人，如唐代张子容《赠司勋萧郎中》："渔父留歌咏，江妃入兴词。"[143] 孙逖《寻龙湍》："渔父歌金洞，江妃舞翠房。"[144]。

孙逖《江行有怀》："昼行疑海若，夕梦识江妃。"[145] 该诗似乎脱胎于《远游》："使湘灵鼓瑟兮，令海若舞冯夷。"[146] 由此，以泛义上的"江妃"来称呼湘妃、湘灵或湘水神女，似乎也无可无不可，但这种说法在唐代毕竟不多。大多数诗人还是明确以"游女""汉女"来指称汉水神女，以"湘妃""湘娥""湘夫人"来指称湘水神女。

如果说王逸、郭璞的注解是从理论上误导了"湘君""湘夫人"与"汉水女神"关系的推断，那么，我们还可以从文学阐释、文学创作上来寻找二者关联起来的原因。

（三）来源于《湘君》《湘夫人》内容上的臆测

有当代学者又根据《湘君》中"驾飞龙兮北征……""望涔阳兮极浦，横大江兮扬灵"，及《湘夫人》中"帝子降兮北渚"推论湘夫人就是汉水女神。如孙常叙在《楚辞九歌整体系解》中说"湘夫人为湘君之妇，汉水之神"，不少学者赞同此说。孙先生又说："从湘君之辞来看，在他'驾飞龙兮北征'以迎湘夫人的途程中，湘君是'望涔阳兮极浦，横大江兮扬灵'的。伊人所在之地，必须横渡大江以就之。北上横江，可溯之水，其大者只有汉水。把这些情况和湘君北征的目的结合起来，可以推知湘夫人所居之地必在汉水无疑。"[147] 首先姑且不论断章取义的嫌疑，就诗歌中的意思，"我划着龙船北出湘浦，曲曲折折转道来到了洞庭"，"放眼眺望涔阳，搜寻你的身影，直到那遥远的水边，大江也挡不住飞扬的心灵"，据《辞源》载："'涔阳'，洲渚名。……注：今澧州有涔阳浦，也作'涔阳'。……涔阳浦在洞庭湖与长江之间。"可知湘君、湘夫人的活动范围在长江、洞庭和沅水、湘水之间，根本没有提及汉水，即便横渡长江，也不能认定所寻找的湘夫人就是汉水之神，这既不合理也无必要。

这样的推断本就有误，因为《湘君》《湘夫人》作为祭神歌曲，若依湘君与湘夫人是一对配偶神的看法，《湘君》里是女神追求男神，"此篇盖为男主事阴神之词，故其情意曲折尤多，皆以阴寓忠爱于君之意。旧说之失尤为甚，今皆正之"[148]。"驾飞龙以北征，邅吾道之洞庭"与《湘夫人》中"闻佳人之召予，将腾驾兮偕逝"相对，即后者是湘君去赴湘夫人的约会，前者是湘夫人驾着龙舟去寻找湘君，而非相反。

当然，也不能因为《湘夫人》中湘夫人降兮"北渚"，而肯定江之北就是汉水，湘夫人就是汉水女神，这样无疑是一种臆测。

（四）来源于诗歌创作中的对举习惯

在文学领域，最先将湘水女神、汉水女神拉到一起的是东汉马融的《广成颂》："湘灵下，汉女游。"[149] 唐人李贤注云："湘灵，舜妃，溺于湘水，为湘夫人也，见《楚辞》。汉女，汉水之神。"[150] 虽并没有明言汉水游女等同于湘夫人，但也说明二者都具有"游"的特质，这大约也是二者容易混淆的原因。

其后曹植的《洛神赋》更明确将二者并提，其中一句"从南湘之二妃，携汉滨之游女"[151] 是幻想携同这些神女同赴洛川的大胆描写，但这里两者只是对举，以烘托洛神之超凡脱尘，还没有混为一谈。但因《洛神赋》的名气太大，便开了一个不好的先河，越来越多的文人将二者并提，如陆机《感逝》诗云："陪湘妃于雕辂，列汉女以后乘。"[152] 鲍照《登黄鹤矶》云："泪竹感湘别，弄珠怀汉游。"[153] 南朝宋刘义恭《艳歌行》云："江南游湘妃，窈窕汉滨女。"[154] 即是学曹植的对举。《艳歌行》中"求思望襄溢，叹息对衡渚"分别说的就是二者的故事，一述襄阳游女"求思不可得"，一述潇湘二妃临水渚而悲伤，但他主要侧重的还是湘妃失偶的悲伤之意，以此比拟现实，"悲鸿失良匹，俯仰恋俦侣。徘徊忘寝食，羽翼不能举。倾首伫春燕，为我津辞语"[155]。

唐代也有将"湘妃"（或"灵妃"）与"汉女"（或"游女"）对举的例子，如"湘妃独立九疑暮，汉女菱歌春日长"[156]。（韦应物：《鼋头山神女歌》），又如张九龄《杂诗五首（之四）》："湘水吊灵妃，斑竹为情绪。汉水访游女，解佩欲谁与。"[157]

以此看来，这样的对举似乎已经约定俗成，成为文人感怀山水时的一个习惯，湘妃泪洒斑竹的故事与游女解佩的故事同样深入人心，成为诗歌中咏叹不厌的题材。

这样以对举手法来烘托神女或美人的还有很多，不限于汉水神女与湘水神女的对举，如洛神与湘妃对举："洛神映箔湘妃语。"[158]（李涉《醉中赠崔膺》）道家仙女与湘灵对举："上清仙女征游伴，欲从湘灵住河汉。"[159]（李涉《寄荆娘写真》）汉水游女与洛神对举："既逢解佩游女，更值凌波宓妃。"[160]（李德裕《鸳鸯篇》）

当然，唐诗中将汉水女神等同湘妃的虽然少，但也是存在的，如常建《古意三首》："二妃方访舜，万里南方悬。远道隔江汉，孤舟无岁年。"[161] 这里就有模糊汉水女神与潇湘二妃的嫌疑。

（五）来源于"神女弄珠"与"湘君遗佩"的重合

其实，古代刻画神女时，往往言及神女着佩，并非只有汉水神女才有"弄珠""赠佩"之举，如《楚辞·九歌·湘君》云："捐余玦兮江中，遗余佩兮醴浦。"这就是"湘君遗佩"神话传说的来源。也正因为这样的巧合，使湘水女神与汉水女神逐渐混淆，诗歌中便出现了潇湘二妃也解佩的情形："潇湘风已息，沅沣复安流。扬蛾一含睇，娟好且修。捐玦置沣浦，解佩寄中洲。"[162]

只是湘水女神"遗佩"的对象不明，更多的是描写其"系佩"的光彩照人，如唐代刘蜕《招帝子》："招湘灵兮澄澜之渚……霞为裳兮琼为珮，举云旗兮持风幡。"[163]精美配饰的描写烘托了湘水女神的飘然仙姿。宋代郑震《鄂州南楼》则云："湘灵霞珮跨黄鹄，洞宾玉笛横清。"[164]"湘灵霞珮"，意为湘灵身系光艳的玉佩。

这样的写法在唐诗中还有很多，如李贺："水弄湘娥珮，竹啼山露月。"顾况："弄玉吹箫后，湘灵鼓瑟时。……杂珮分泉户，余香出缫帷。"[165]

乃至到明代曹璘《春日登万山怀古》的诗中，于汉皋解佩的不再是汉水游女，而是湘妃："湘妃解佩名空在，杜预沉碑绩已阑。"这样的混淆让人哭笑不得。

二、从汉、湘二位神女比较看湘水神女在形象塑造上的复杂性

我们比较汉水神女与湘水神女形象的塑造，可以发现，两者在基本特质、主导性格、典型象征、典型行为几个方面都有很大不同。

（一）基本特质塑造上的差异

汉水神女的基本特质在于"游"，湘水神女的基本特质在于"痴情"。如前所述，汉水神女一出场便是出游或巡游，或泛舟江上（"乘船值江君"[166]）或游于水滨（"说与江隈解佩人"[167]），或弄着佩珠（"曲潋丽珠光"[168]）或采着菱角（"汉女菱歌春日长"[169]），出游的时间或是白天（"春光兮宛转，嬉游兮未反"[170]）或是晚上（"初逢花上月，言是弄珠时"[171]），她们美丽的容颜与精美的佩饰交相辉映（"精光摇翠盖，丽色映珠玑"[172]），灵动的

身影与神秘的归处牵动游人的心肠（"神物亦岂孤，佳期竟何许"[173]），乃至于波光微动，花影轻摇，都会让人觉得神女飘忽来过："向夕波摇明月动，更疑神女弄珠游。"[174]（孟浩然《登安阳城楼》）"忽见寒梅树，开花汉水滨。不知春色早，疑是弄珠人。"[175]（王适《江滨梅》）

而湘水神女每每出场，总是含悲带怨，或临江而凝望，"啼妆俨然"，或怀抱琴瑟，动人心弦："竹上泪迹生不尽，寄哀云和五十丝。"[176] 她们四周的环境也因而染上悲戚的色彩，云是"愁云"，风是"悲风"，水也是清冷深湍的："三湘测测流急绿，秋夜露寒蜀帝飞"[177]。她们出场的时间往往是日暮时分（"九嶷日已暮，三湘云复愁"[178]）或是月明之时（"潇湘深夜月明时"[179]"婵娟湘江月，千载空蛾眉"[180]），即使是白天，也是"日惨惨兮云冥冥，猩猩啼烟兮鬼啸雨"[181]，一片森然悲凉之景。

每在深秋之际，枫叶飘飞之时，猿声凄厉之中，经过潇湘的旅人思客都不由自主地联想起她们的身影来。那些浸满泪水的斑竹和凄苦哀绝的弦乐曲，无时无刻不在述说她们的痴情故事。是以连"重利轻离别"的商人经过时都要在湘妃庙前驻足，以此凭吊："商人酒滴庙前草，萧飒风生斑竹林。"（陈羽《湘妃怨》）[182]

她们的离愁、思念、哀怨、寂寞、孤独之情和对爱情的忠贞，都在唐诗中得以体现，可以说，她们的性格被刻画得更为复杂，感情被刻画得更为细腻，形象更为真实而饱满。是以唐人夫妻离别之际会借此勉励劝告对方；商人旅客远行之中，也会听一听湘中琴瑟之曲来抒发怀乡羁旅之愁。湘水神女便成为歌咏不尽的对象。

（二）气质、主导性格塑造上的差异

汉水神女的气质是飘忽虚渺、美丽神秘，主导性格是机智聪慧、淡然随性，因而在荆楚神女给世人的印象中，她最自由逍遥，也最神秘缥缈。

初盛唐时期，汉水神女在诗中出现次数较多，这与安定的社会背景下文人的心态有很大关系，文人迫切期望得到上位者的赏识，能够跻身官场一展雄图抱负、建功立业，因而诗中往往借汉水神女的不遇和佩珠的消失而嗟叹惋惜，以此表达怀才不遇的幽怨之情。神女的缥缈，不可求思，正是这时期

诗人心中满怀理想却未得实现的怅惘心理的折射。

而湘水神女的气质往往是美丽端方，忧郁凄怨。主导性格是温柔痴情，因而在荆楚神女之中，她最具有悲剧色彩，为世人怜惜和同情。

最初，湘水神女在屈原笔下只是略带忧愁，温柔多情，而非哀怨悲切，凄然决然的。如《湘夫人》中"帝子降兮北渚"，一个"降"字突出了湘夫人出场时的轻盈、优雅之美；而"目眇眇兮愁予"又将眼波中淡淡的愁思刻画出来，由于等待的煎熬，"登白薠兮骋望，与佳期兮夕张"[183] 句之后一连串的发问，显示出女儿态的嗔怪。《湘君》中"美要眇乎兮宜修，沛吾乘兮桂舟……望夫君兮未来，吹参差兮谁思"[184]，这都是对心上人等待的热切与忐忑心理的描写。可以说，这时的湘水神女只是一个爱情的守望者，并没有涉及过分的悲情成分。

即使在《湘夫人》中，由于所等的人失信，神女陷入失恋的痛苦之中，"捐余玦兮江中，遗余佩兮醴浦。搴汀洲兮杜若，将以遗兮远者"[185]。在似乎决绝又似乎仍抱有期待的矛盾之中，湘夫人的忧郁气质流露无遗，然对于心上人的痴情使她仍觉有希望，因此最后又唱道"时不可兮骤得，聊逍遥兮容与"[186]（《湘夫人》）。

而唐代诗歌之中，湘水神女融合了湘妃泪竹与湘灵鼓瑟的故事，悲怨的特色得到很大余地的发挥，湘妃泪竹不必多说，"湘灵"，在《远游》中并未流露出深切的悲伤情调，从原文"使湘灵鼓瑟兮，令海若舞冯夷"[187] 来看，湘灵鼓瑟甚至带有某种愉悦的意味。当然这种欢愉其实是以诗人寻求精神的解脱引发的。但在唐诗中，"湘灵鼓瑟"[188] 往往弹奏的是凄苦的悲调，湘灵也每每以悲怨形象出现，如李益《古瑟怨》："破瑟悲秋已减弦，湘灵沉怨不知年。感君拂拭遗音在，更奏新声明月天。"[189] 即使减弦而奏，还是凄怨无比。陈季《湘灵鼓瑟》："神女泛瑶瑟，古祠严野亭。楚云来泱漭，湘水助清泠。……调苦荆人怨，时遥帝子灵。"[190] 其悲苦连荆楚之人也听不下去，可知其寄寓的是何等悲怨之情。

更多的诗人倾向于写湘妃失偶的悲怨，如孟郊《湘妃怨（一作湘灵祠）》：

南巡竟不返，二妃怨逾积。万里丧蛾眉，潇湘水空碧。

冥冥荒山下，古庙收贞魄。乔木深青春，清光满瑶席。

搴芳徒有荐，灵意殊脉脉。玉珮不可亲，徘徊烟波夕。[191]

或借湘妃隔江望苍梧来抒发羁旅生活的悲苦，如刘沧《江楼月夜闻笛》："河汉夜阑孤雁度，潇湘水阔二妃愁。"[192] 或以湘妃之守节殉情隐喻人间夫妻离别后的深情愁怨，如李频《寄远》：

槐欲成阴分袂时，君期十日复金扉。

槐今落叶已将尽，君向远乡犹未归。

化石早曾闻节妇，沉湘何必独灵妃。

须知此意同生死，不学他人空寄衣。[193]

这些诗篇中的湘水神女，皆因悲情怨情，深挚而动人。

（三）典型象征、典型行为塑造上的差异

汉水神女的典型象征物为"大如荆鸡卵"，疑似"明珠"的佩饰，典型行为为"弄珠""赠佩"。"神女弄珠""交甫遗佩"成为典故，就能说明这种象征行为的独特，一方面，或许在当时楚国自由爱恋婚配习俗的背景下，男女出游相当自由，而授受之亲之后就表示芳心暗许，郑交甫这种遇而不得、委婉被拒的情况比较罕见，因此才被流传下来，另一方面，或许因为这个事件本身无疾而终，神秘莫测的神女与那突然消失的"明珠"留下了太多可供想象的空间，因而，后世文人才孜孜不倦地追寻神女的来历、相遇的地点及美丽邂逅的过程。于是，原本模糊不清的神女就拥有了各种各样的版本。可以说，正是因为遗憾的美丽，才使得后世文人反复咏叹。

湘水神女的典型象征物为琴、瑟，斑竹，典型活动为泪洒斑竹、鼓瑟弹琴，其他行为有捐玦遗佩、舞动风雨等。

唐人运用"湘妃泪竹"典故非常频繁，在湘妃庙前，潇湘水畔，总会提及，如前面提到的施肩吾的《湘竹词》及他的《湘川怀古》："湘水终日流，湘妃昔时哭。美色已成尘，泪痕犹在竹。"[194]

湘竹往往与离别之悲联系在一起，作为思念的象征，如鲍溶《琴曲歌辞·湘妃列女操》："有虞夫人哭虞后，淑女何事又伤离。竹上泪迹生不尽，寄哀云和五十丝。"[195] 又如元稹《斑竹（得之湘流）》也云："一枝斑竹渡湘沅，万里行人感别魂。知是娥皇庙前物，远随风雨送啼痕。"[196] 诗歌借斑竹抒发离别之情、羁旅之思。

就连斑竹做的竹席，诗人也要感叹一番："分明知是湘妃泣，何忍将身卧泪痕。"[197]（杜牧《斑竹筒簟》）李白更是夸张地宣称："苍梧山崩湘水绝，竹上之泪乃可灭。"[198]（《远离别》）

而描写湘妃弹琴，湘灵鼓瑟，在唐代诗人描写湘水神女的诗篇中，几乎也占了一半的比例。这首先是因为唐代已有关于湘妃的乐曲。

郭茂倩《乐府诗集》卷五七《琴曲歌辞·湘妃》云："《湘中记》曰：'舜二妃死为湘水神，故曰湘妃。'……按，《琴操》有《湘妃怨》，又有《湘夫人曲》。"[199] 可知当时与湘妃相关的琴曲并非单一，唐僖宗就有琴曲《湘怨》《湘妃叹》，如时人薛易简善鼓琴，"十七岁弹胡笳两本，《凤游云》《乌夜啼》《怀陵别》《鹤操》《仙鹤舞》《凤归》《杯沈》《湘怨》《楚客吟》《秋风》《嵇康怨》《湘妃叹》《闲弦》《白雪》《秋思》《坐愁》《游春》《绿水》十八弄"[200]。《新唐书·仪卫志》又载："大横吹部有节鼓二十四曲……二十三：《湘妃怨》。"[201] 在唐诗中，文人所作关于湘妃的琴曲歌辞共有八首，即刘长卿、李贺的《湘妃》，孟郊、陈羽的《湘妃怨》，鲍溶的《湘妃列女操》，邹绍先、李颀、郎士元的《湘夫人》琴曲。其他有听湘妃琴曲之诗，如白居易《听弹湘妃怨》："玉轸朱弦瑟瑟徽，吴娃徵调奏湘妃。分明曲里愁云雨，似道萧萧郎不归。"[202] 诗歌以女子口吻，表达对离别之人的思念之情，琴曲的悲苦似思妇的愁怨，令听者怅然满怀。

其次，因为有关湘妃的乐曲之悲怨的特点，唐人往往在羁旅之中，听此乐曲来表达羁旅之愁，思乡之悲。如公安沙门大易《湘夫人祠》中就有"妙鼓彤云瑟，羁臣不可闻"[203] 的句子。崔明允在《红嘴乌赋》则解释了湘妃援琴的原因，以鸟之眷恋故土来比附湘妃思乡之情："惊空帘之秋色，怨夕月之清光；悲信美而非吾土，伤幽栖而思故乡。于是湘妃援琴，相如为叹。"[204] 这里，湘妃的形象不再是单一祈望舜帝归来的痴情女子，而是在江边弹着愁怨的琴曲思念故土之人。从湘妃的痴情悲情转移湘妃怀乡恋土的主题上，说明湘水神女的性格变得多面、复杂，形象塑造也因此更显丰满。

第三，因湘灵鼓瑟这个典故备受唐人青睐，唐诗中便有一些以"湘灵鼓瑟"为题的应试文章，如陈季、王邕、庄若讷、魏璀的《湘灵鼓瑟》诗，多半写湘灵鼓瑟所营造的悲凉凄苦氛围，由此展开一些想象，最终发出"恨无知音赏"的感叹。这其中写得比较出色的当数钱起的《省试湘灵鼓瑟》："善鼓云和瑟，常闻帝子灵。冯夷空自舞，楚客不堪听。苦调凄金石，清音入杳冥。苍梧来怨慕，白芷动芳馨。流水传湘浦，悲风过洞庭。曲终人不见，江上数峰青。"[205] 从诗题"省试"可以看出，这是一首试帖诗。诗中化用《远游》中"使湘灵鼓瑟兮，令海若舞冯夷"[206] 的诗句，暗示冯夷并没有真正听懂在湘灵美妙的乐声中隐藏的哀怨凄苦的情感，这种欢舞是徒然的。当然，乐曲中隐藏的哀怨之情，"楚客"是懂得的，这自然包括汉代的贾谊和历代被贬谪南行而经过湘水的人。诗中最后一句"曲终人不见，江上数峰青"可谓点睛之笔，在倾听瑟声的凄苦悲怨之后，诗人想象那美丽而神秘的湘江女神的惊鸿一现，只闻其声，不见伊人，令人怅惘无限，而后以"江上数峰青"作结，将听者从湘灵鼓瑟所造成的一片似真如幻的世界拉回现实，面对千载不变的山清水秀，有种时空变幻的空茫感。

以上三个方面上的差异，将汉水神女与湘水神女的形象区分开来，我们在总体上形成这样一个印象：汉水神女是属于春天的神女，湘水神女则是属于秋天的神女。汉水神女往往于春天泛游，湘水神女则往往在秋风萧瑟中临江悲泣。湘水神女所具有的哀怨痴情等特点被文人加以渲染强化后，其形象的构造呈现多样化发展趋势。其传说及相关典故在唐代迁谪、行旅、离别方面都能得到引用和发挥，形象塑造也随着主题的深化和拓展显得更加丰满而具体。关于湘水神女的诗歌题材涉及离别、赠答、咏物、怀古、应试，较之汉水神女仅仅限于怀古、感怀、赠答三个方面，涵盖面要广得多。

在所有写神女的唐诗中，汉水神女的风靡时间在初盛唐，湘水神女被青睐的时间则从中唐持续到晚唐。而晚唐在神女诗篇中占主导的，当属下文要探讨的巫山神女。事实上，巫山神女意象一直贯穿整个唐代，只是晚唐篇幅最多，内容也最丰富。

第四节　集大成的巫山神女：巫山神女传说与唐代文人心态

一、巫山神女传说的雏形与宋玉对巫山神女传说的贡献

楚地的山水，最初也不过是普通的山水，可因神女传说皆染上神秘氤氲的色彩，犹如汉皋因汉水神女而闻名，潇湘九疑因屈原笔下的湘君、湘夫人及舜妃的故事而出名，巫山亦因宋玉作《高唐赋》而出名，乃至唐代于濆在《巫山高》中说："何山无朝云，彼云亦悠扬。何山无暮雨，彼雨亦苍茫。宋玉恃才者，凭云构高唐。自重文赋名，荒淫归楚襄。峨峨十二峰，永作妖鬼乡。"[207]

文人的创作总是从广泛的民间神话或传说中汲取素材，如屈原创作《湘君》《湘夫人》之前就有关于湘水女神的神话，宋玉创作《高唐赋》《神女赋》之前，已有关于巫山神女传说的雏形。

巫山神女传说的雏形来自《山海经》。《山海经·中次山经》云："又东二百里，曰姑媱之山。帝女死焉，其名曰女尸，化为䔄草，其叶胥成，其华黄，其实如菟丘，服之媚于人。"[208]

《文选》中收录的宋玉的《高唐赋》序文中提及神女的来历只有一句"妾巫山之女也"，尚看不出与《山海经》神话相关联的地方，但《文选》所收江淹《别赋》"惜瑶草之徒芳"句下有注云："宋玉《高唐赋》曰：我帝之季女，名曰瑶姬，未行而亡，封于巫山之台，精魂为草，寔曰灵芝。《山海经》曰：姑媱之山，帝女死焉，名曰女尸，化为窅草，其叶胥成，其华黄，其实如菟丘，服之媚于人。郭璞曰：瑶与窅并音遥，然窅与瑶同。"[209] 这里引用宋玉《高唐赋》记载的瑶姬故事来解释"瑶草"，说明宋玉《高唐赋》本载有瑶姬的故事，而此故事本出自《山海经》。

我们无法推测萧统在编纂《文选》时出于何种目的对原本进行了删节改动，但可以从其他类书的资料里找到《高唐赋》中的神女原型与《山海经》瑶姬故事相关联的依据，如《文选·高唐赋》李善注引晋代史学家习凿齿撰写的《襄阳耆旧传》曰："赤帝女曰姚姬，未行而卒，葬于巫山之阳，故曰巫山之女。"[210]

又余知古《渚宫旧事》卷三引《襄阳耆旧传》云："我夏帝之季女也，名曰瑶姬，未行而亡，封乎巫山之台。精魂为草，摘而为芝，媚而服焉，则与梦期；所谓巫山之女，高唐之姬。闻君游于高唐，愿荐枕席。"[211]

郦道元《水经注》卷三十四《江水》云：

> 其下十余里，有大巫山……丹山西即巫山者也，又帝女居焉，宋玉所谓天帝之季女，名曰瑶姬，未行而亡，封于巫山之阳，精魂为草，寔为灵芝。所谓巫山之女，高唐之阻。旦为朝云，暮为行雨，朝朝暮暮，阳台之下，旦朝视之，果如其言，故为立庙，号曰朝云焉。[212]

这些记载与《山海经》所记"帝女死后化草"无甚出入，只是更为详尽，进一步认定瑶姬为巫山之女，都有"我帝之季女也，名曰瑶姬，未行而亡，封于巫山之台，精魂为草，寔为灵芝"这一段描写，可见宋玉原本《高唐赋》中这一段被删节的说法并不是无中生有。又因《山海经》是战国时作品，与宋玉生活的时代相距不远，也说明当时民间已经流传巫山神女故事的雏形，而宋玉正是在此基础上进行创作的。

正如明代杨慎在《跋赵文敏公书巫山祠》中说："古传记称：帝之季女曰瑶姬，精魂化草，寔为灵芝。宋玉本此以托讽。后世词人，转加缘饰，重葩累藻，不越此意。"这里的古传记当指《山海经》。

巫山神女前身为"帝女"，这里的"帝"或称"赤帝"或"夏帝"或"天帝"，实则指同一人，据《淮南子·时则训》云："南方之极，自北户孙之外，贯颛顼之国，南至委火炎风之野。赤帝、祝融所司者万二千里。"高诱注云："赤帝、炎帝少典之子，号为神农，南方火德之帝也。"[213] 南方属夏，亦属火，可知巫山神女是天帝之一赤帝，也即炎帝之女。

除了巫山神女起源于神话传说中的瑶草灵芝的说法，目前学界对巫山神女的起源还有其他几种看法，如帝女说，先姚兼高禖起源说，爱与美的女神起源说，巫儿起源说，盐水女神起源说和复合型神女起源说。

帝女说和瑶草说其实是同一种看法，巫山神女是帝王之女，死后精魂化草，究其本源，巫山神女的原型还是帝王之女。其他起源说都与楚先民祭祀女神，求神赐子的宗教活动有关。

其实这几种起源说并不十分冲突，也从侧面说明巫山神女形象是结合多重传说中的神女形象复合而成，在各种有关的神话传说里，她只是一个雏形，经由文人的创作而逐渐走向成熟定型。从对后世影响来看，在此演化过程中，宋玉的《高唐》《神女》二赋具有历史意义。他妙笔生花，将源于《山海经》中"䔄草神话"进行改写，在《高唐赋序》里，塑造了一位多情主动的神女形象：

> 昔者楚襄王与宋玉游于云梦之台，望高唐之观。其上独有云气，崪兮直上，忽兮改容，须臾之间，变化无穷。王问玉曰："此何气也？"玉对曰："所谓朝云者也。"王曰："何谓朝云？"玉曰："昔者，先王尝游高唐，怠而昼寝，梦见一妇人曰：'妾，巫山之女也。为高唐之客，闻君游高唐，愿荐枕席。'王因幸之。去而辞曰：'妾在巫山之阳，高丘之阻，旦为朝云，暮为行雨，朝朝暮暮，阳台之下。'旦朝视之，如言，故为立庙，号曰'朝云'。"[214]

她自述来历，自荐枕席，离别之前又交代自己变化万端的一面"朝为行云，暮为行雨，朝朝暮暮，阳台之下"，暗示可遇的时机与佳期，可谓推心置腹，用心良苦。从神话的表述方法来推断，这位神女性情大胆真率，敢于直接表达自己的情感，多情且不矫作，定然是招人喜欢的。

在《神女赋》里，宋玉又将原本还比较单薄的帝女形象，描述得更具体可感，首先是她无与伦比的美貌，她"晔兮如华，温乎如莹"，无法用言语来形容，只好说"茂矣美矣，诸好备矣。盛矣丽矣，难测究矣"[215]，意即所有美好的她都具有了，只能词穷于此。这样一位神女，自然被见到她的人努力追求，不管是襄王还是宋玉，都不可遏止对她的倾慕。但她"美貌横生，温乎如莹，而又不可犯干"，是一位多情守礼的端庄女神。从自然真性情变为端庄守礼，这是一个由情欲主导到礼教与理智主导的转变，也是后世颇有争议的地方。

宋玉继承了屈原的浪漫主义精神和赋体本身那种"铺陈其事而直言之"

的体制，他用华美的辞藻、流畅的文笔，极力渲染了瑰丽的巫山神女传说故事，至此之后，美丽的巫山神女形象不断出现在后世作品中，巫山神女（亦称高唐神女，但以下只称巫山神女[216]）的故事更加深入人心，巫山神女意象与其他荆楚神女意象一起，成为一种文化上的象征与阐释，表达人们的文化情感。

二、唐代不同时期巫山神女诗歌的特点

巫山神女意象自宋玉之后，成为一个经久不衰的文学主题，南朝萧纲、陈后主、范云、费昶等都有描写巫山神女之作，以艳情为主，风格柔靡。如萧纲《行雨》："本是巫山来，无人睹容色，情有楚王臣，曾言梦相识。"尽管"神女"一词在南朝的巫山诗歌中鲜少出现，但一些和巫山神女传说有关的意象，如"高唐""阳台""枕席""云雨"等被反复引用。

唐代是中国诗歌发展的高峰期，涉及巫山神女的诗歌几乎占所有描写神女的唐诗的一半，巫山神女意象及神女故事被许多诗人反复征引，如初唐时期的沈佺期、卢照邻、上官仪、张说，盛唐时期的张九龄、李白、孟浩然、李德裕，中唐时期的元稹、李贺、李群玉、李涉、孟郊，晚唐时期李商隐、冯延巳、韦庄、温庭筠等人的巫山神女之作。

这时期，不但"神女"（特指巫山神女）一词反复出现，"帝子""瑶姬""襄王""楚王""荆王""宋玉""巫山""阳台""高唐""梦""云雨"等相关意象也频繁进入诗篇，其中使用频率最高的是"云雨"，也称"行云"或"行雨"或"朝云暮雨"，在所有描写神女的诗篇中被提及251次之多，其次是"巫山"，共出现142次，再其次是"梦"，共出现79次；然后为"阳台""神女""襄王""高唐""宋玉""楚王""瑶姬"。此外还增添了前人诗歌中没有的"十二峰""猿啼"等相关意象。

唐代巫山神女之作涉及面广，包括怀古、咏物、抒怀、赠答、羁旅等，或表达男女之间的相思、欢爱与离愁，如张说《节义太子杨妃挽歌二首》"朝云将暮雨，长绕望思台"[217]；或借神女故事抒怀、寄寓哲思，如李群玉《宿巫山庙二首（其二）》"自从一别襄王梦，云雨空飞巫峡长"[218]；或抒发羁旅之愁、游子之思，如张说《下江南向鄂州》"旧知巫山上，游子共徘徊"[219]；

或感伤时事，寄托身世之悲，如李商隐《楚宫二首（其一）》"朝云暮雨长相接，犹自君王恨见稀"[220]；此外还不乏一些隐喻怨讽之作。如陈子昂在《感遇三十八首（其二十七）》说"朝云无处所，荆国亦沦亡"[221]；李白《古风》云"荒淫竟沦替"[222]，薛涛《谒巫山庙》亦云"朝朝夜夜阳台下，为雨为云楚国亡"[223]，都是对神女襄王故事的批判与反思。

需要指出的是，本文提及的巫山神女诗歌与单纯意义上描写巫山巫峡景观的山水诗歌不同，尽管从巫山经过的诗人很难不联想到巫山神女，但是否将神女视为主题，是否在诗里运用神女的典故还是因人而异。以杜甫诗歌为代表，他的20多首诗歌中都运用了"巫山"字样，如《老病》"老病巫山里"，《秋风二首》"巫山巫峡气萧森"，《晴二首（之一）》"久雨巫山暗"等，都着重描画巫山的自然地貌，衬托萧索悲凉的心境，却没有一首涉及楚王神女的风流韵事，且与神女相关意象如"阳台""云雨"等也未曾涉及。这样的诗歌就不在本文的讨论之内。

巫山神女在唐代诗歌中，多称"神女"，又称"帝子""瑶姬""巫山小女"，偶尔也有"巫女""妖鬼""妖灵""妖魅"的称呼，如于濆《巫山高》中的"巫女妖""妖鬼"，齐己《巫山高》中的"巫女妖"，李咸用《巫山高》"中有妖灵会人意"，苏拯《巫山高》"妖魅"等。以"妖鬼"来称呼巫山神女，多半因神女身份神秘，来去飘忽（朝为行云，暮为行雨）且媚惑君王（怀王、襄王），站在正统卫道者的立场，必然要遭到批判的。此外，将楚国的灭亡归因于楚王的荒淫，自然不可避免对神女的身份进行怀疑，她不是高高在上、不食人间烟火的神灵，而是人间巫女或妖女的乔装，她旦然美丽动人，但没有规讽劝谏的品行，她重视肉欲的享受，而非道德上的勉励。因而她只合露水姻缘，不会天长地久，她只会飘忽其来飘忽其去，而不会驻足停留。

初唐时期，巫山神女的诗作以"直咏本事"为主，主要描写神女所居住的背景何等参差巍峨、虚无缥缈，直言神女楚王事迹，风格清淡。以沈佺期、卢照邻的《巫山高》为代表，虽然脱出了齐梁时期的浮华之风，在内容和主题上却未曾突破，这是因为初唐诗人在一定程度上延续了六朝诗人的生活、精神、文化观念，且时代相近。

盛唐时期的神女诗歌着重突出神女的体态容貌和气质风度，极少直言爱情，对神女襄王故事则以批判为主。以张九龄《巫山高》《登古阳台云》、孟浩然《送王七尉松滋，得阳台云》、李白《观元丹丘坐巫山屏风》《宿巫山下》《古风》《寻阳上崔相涣（其三）》《感兴六首（其一）》等诗歌为代表，或寄托身世之叹，或抒发游子之思，或表达对神仙世界的向往等，对主题进行了深化和拓展，充分发挥了盛唐诗人的想象，表现出盛唐的气象。

盛唐诗人作为中唐儒学复兴运动的先声，整体而言继承了李善的主张："此赋（神女赋）盖假设其事，讽谏淫惑也（《文选》卷十九《高唐赋》注）。"因而有关巫山神女的诗作带有政治伦理色彩。如李白《感兴六首（其一）》：

> 瑶姬天帝女，精彩化朝云。宛转入宵梦，无心向楚君。锦衾抱秋月，绮席空兰芬。茫昧竟谁测，虚传宋玉文。[224]

诗中描述神女的飞扬神采，又不吝对自然造化的叹服，而神女对楚君的不屑一顾也充分说明神女自持高贵身份，暗示诗人的自负。

中唐时期，朝代的兴衰、文人心态的转变影响了巫山神女诗歌的主旨倾向。巫山神女题材的开掘加深，意蕴更为深厚，巫山神女的形象塑造既呈现盛唐以来的高渺，又具有世俗化的一面，诗歌风格也因而呈现"艳情的仙化"这种复杂的偏向。

一则在道教神仙的熏陶之下，巫山神女的形象变得更加高冷神秘，描写巫山巫峡的诗歌不再如初唐那般白描似的摹写，意境也不再清淡旷远，而转向深邃奇崛，含蓄朦胧，以李贺《神弦别曲》《巫山高》《荣华乐》《兰香神女庙》、孟郊《巫山高》诗歌为代表，极力描写神女的冷艳与神女居住的背景之幽深、神女来去的气氛之沉郁，使其诗歌的整体风格显得奇诡深婉。

二则由于中唐时期文士品行轻薄、娼妓之风流行，文坛出现世俗化转向，神女逐渐失去神性光环，融入现实生活，变得奔放大胆且具世俗情味，诗歌风格也通俗浅近，以武元衡《赠歌人》、白居易《卢侍御小妓乞诗，座上留赠》等诗作为代表，侧重男女情爱，却给情爱生活染上一抹若即若离的神仙色彩，以神女比附歌女、妓女或以神女、襄王自比的情况在诗歌中比较常见，这种情形延续到晚唐。

此外，由于这时期文人倾向描绘襄王的艳遇情节，以巫山神女为原型创作的各种艳遇小说如《柳毅传》《任氏传》《霍小玉传》等，都采用"相遇——欢会——离别"模式，深刻体现了唐人的"巫山神女情结"。唐人诗歌中的"巫山神女"，主要有五个共同特点：身份神秘、美丽动人、自荐枕席、善良多情、多才多艺，而唐传奇中的龙女、任氏、霍小玉等都具有这些特点。

晚唐时期，巫山神女频繁进入诗歌，"云雨""巫山""襄王"的意象反复出现，在此时期，所有神女诗歌中几乎占据满席，这说明晚唐对精神的追求已经转向对肉欲的侧重，巫山神女的形象与女冠、妓女重合，乃至于权德舆在《杂兴五首（其五）》中说"巫山云雨洛川神，珠襻香腰稳称身"[225]。这里的巫山神女已经没有了宋玉《神女赋》里面的端庄守礼，也没有《高唐赋》中神女的飘然来去，落落大方，而变得艳情世俗，富于生活化。又如张安石在《玉女词》中写道："绮荐银屏空积尘，柳眉桃脸暗销春。不须更学阳台女，为雨为云趁恼人。"[226] 该诗以"阳台女"来称呼巫山神女，说明晚唐诗人眼中巫山神女的神性已经大大降低，她逐步融入现实生活，拥有了越来越多的凡人情感。这里的巫山神女与"玉女"重合，已经与一名为爱情烦恼的小女子无异了。

晚唐描写巫山神女的诗歌总体呈现两种风格，一种以李商隐《圣女祠》《重过圣女祠》及与神女相关的《无题》诗为代表，或自述身世，或写人神恋爱，始终笼罩在一片扑朔迷离、朦胧的意境中，充满说不出道不明的意味。另一种以韦庄《谒巫山庙》、温庭筠《巫山神女庙》、薛媛《古意》等神女诗歌为代表，描写艳情及士子女冠生活，内容狭窄，风格绮艳。

在这两种风格并重的时代，诗人的精神世界已经萎缩，神女故事已经沦为消遣的玩意，格调不高，因而鲜有佳作。但部分诗歌因体现真挚的爱情，歌颂爱情的恒久而使之焕发光彩，超越了时代，为后人所推崇，如李商隐的无题诗。

即便是在少量描写巫山的诗歌中，也不复盛唐神女诗歌的宏大缥缈的气象，而出现颓靡、萧索之气。以陆龟蒙《巫峡》、于濆《巫山高》、苏拯《巫山》诗歌为代表，陆龟蒙《巫峡》风格苍凉，以神女不可遇来感叹时代没落的无可奈何；于濆《巫山高》对神女颇为贬视，并怀疑巫山神女这个故事本身的可靠性，批判宋玉凭空捏造神女故事，使得襄王背负"荒淫"的骂名，而他自己因二赋而名垂千古。苏拯《巫山》对神女襄王的故事同样持否定怀疑态度，认为只是襄王荒淫而梦见神女，将神女归为"妖魅"一类。这种怀疑与批判态度从侧面说明晚唐的文人心理上的一个转变，他们已经不再有初盛唐时期的幻想与自信，更倾向于现实的冷酷，因不满颓靡的社会风气而进行规劝。

三、唐代女性视角下的巫山神女

巫山神女作为一种文化意象在唐代流行的原因，除了唐代是一个文化兼收并蓄的时代，思想活跃等客观因素；唐代诗人对神女的憧憬、对邂逅神女的幻想等各种心理因素外，另一个重要原因则在于唐代女性以她们独特的视角对巫山神女进行阐释，其中不乏女性的自我观照。

唐代女性描写巫山神女较为突出的如女冠李冶（又名李季兰）、薛涛、郎大家宋氏，其他则有莲花妓、金车女子、薛媪等，她们用女性的视角审视巫山神女意象，给巫山神女诗歌意象群注入了新鲜养分。较有代表性的诗作如李冶的《感兴》《从萧叔子听弹琴，赋得三峡流泉歌》、刘媛的《送远》、薛涛的《谒巫山庙》、薛媪的《古意》、郎大家宋氏的《朝云引》及梁琼的《宿巫山寄远人》。

女性描写神女诗歌中使用最多的意象是"朝云暮雨"或"行云""行雨"，其次是"阳台"，其他"枕席""楚王""荆王"偶尔出现，与唐代男性诗人创作不同的是，还出现了"归雁""流水""明月"的意象，这些意象都颇具深意，耐人寻味。"归雁""流水"的意象暗示情人去而不返，南朝民歌中就有"闻欢下扬州，相送楚山头。探手抱腰看，江水断不流"[227]的句子，而"明月"意象，以其阴晴圆缺变化预示人的悲欢离合，可以说，在女子眼中，哪怕小小的物事都可能牵动她的情思，而眼前所见的归雁、湍流不息的流水、皎皎的明月都能预示、映照某种不可知的未来，女子将短暂的云雨之欢与这些物事联系，更能显出忐忑不安、愁绪满怀而又千丝万缕的复杂微妙心思。

（一）以男女情爱为主体的内容倾向

女性诗人的生活面相对狭窄，因而神女诗歌主要涉及男女情爱，表达对远方人的相思、离别之际的愁怨、独守空闺的寂寞，内容比较单一，但以女性特有的纤细的笔触，勾勒出一个个具体可感的"伪神女"形象。女性的决绝、痴情、敏感、脆弱，在诗歌里流露无遗。这些诗篇大都以神女自比，采用代入模式，将自己对爱情的执着与热情表现得淋漓尽致。

既是着重抒写情感，在神女典故的引用上，女性诗人往往侧重男女之间的交往，即神女襄王之会，如薛媛《古意》："昨夜巫山中，失却阳台女。朝来香阁里，独伴楚王语。"[228] 由昨夜巫山神女不知去向引出神女清晨与襄王共语的温馨场景，风情旖旎，令人联想无限。这样的欢会之景毕竟是少数，大多数女性诗人将诗思放在缠绵不尽的相思、挥之不去的离愁之上，或以明月来缅怀往日情事、寄寓相思，如"仰看明月翻含意，俯昒流波欲寄词"[229]（李冶《感兴》），"一夜此中对明月，忆得此中与君别"[230]（梁琼《宿巫山寄远人》）；或以归雁来反衬离人，显得守望的女子越发凄凉孤独，如"朝云暮雨镇相随，去雁来人有返期"[231]（李冶《感兴》）；或以时光流逝、季节的推移暗示心上人不返，如"行雨行云一时起。一时起，三春暮"[232]（郎大家宋氏《朝云引》），"一夜此中对明月，忆得此中与君别。感物情怀如旧时，君今渺渺在天涯"[233]（梁琼《宿巫山寄远人》）。睹物思人，人却不在，而时光飞速流逝，被遗忘的女子只能将一腔悲怨寄于笔端。

她们也曾自诩美貌，也曾满腹才情，因而比寻常女子更多了一份自信与骄傲，如莲花妓《献陈陶处士》："莲花为号玉为腮，珍重尚书遣妾来。处士不生巫峡梦，虚劳神女下阳台。"[234] 不但自夸自己的美貌与名字，还不吝以神女自称，在表示自己如此品貌却无法令对方动心的遗憾中显出一抹娇嗔。这样的神韵，只有女性诗人才能刻画得如此细腻。然而这样的女子大多不能掌握自己的命运，在以男权为中心的封建社会中，她们守望的身影显得可怜可叹。

除了以神女比附自身、将神女作为典故来使用，巫山神女及阳台会故事的存在对女性诗人还具有别样的意义。她不但为李冶等女性诗人提供了一个借以寻求自信、自傲的资本，她还是这些女性诗人精神世界的依托与归宿。如在薛涛的《九日遇雨二首（其二）》中：

> 茱萸秋节佳期阻，金菊寒花满院香。神女欲来知有意，先令云雨暗池塘。[235]

女诗人为自己的"佳期"被阻而烦闷，此时的一场雨却令其联想到神女故布云雨，为下凡（幽会）做准备，通过这样的幻想和"移情"，诗人仿佛与神女心意相通，对再会也抱有期待起来。这种可以称为精神上自娱的行为，在其他女诗人笔下还有，如梁琼《宿巫山寄远人》："曾侍荆王枕席处，直至如今如有灵。"[236]诗中的"荆王"早已离去，"神女"独守空房，幻想着昔日阳台之上，侍奉荆王枕席之处还有灵性，借此排遣寂寞与相思。这种对神女的幻想带来的精神自娱与慰藉，与男性诗歌中对巫山神女的精神幻想与憧憬不同，也与借神女不可逢来象征人生际遇的坎坷不同，它只停留在女性失意的爱情上，其中流露的寂寥、哀怨、悲戚、喜悦、黯然等复杂多变的心思是男性诗人所不具有的。

（二）以女冠、妓女为主的创作群体

唐代女性描写神女的诗歌涉及送别、赠答、感怀、怀古四种题材，送别如刘媛《送远》，赠答如莲花妓《献陈陶处士》，感怀如李冶《感兴》，怀古如薛涛《谒巫山庙》。

从创作主体来看，女性诗人主要是女冠和妓女，女冠作为唐代女性中的文化名流，她们的身份既低于贵族女子，又高于普通歌女和妓女。她们极富才情，具有很高的学养，又风雅多情，擅作声诗；她们冶艳无比，大胆奔放，对生活和人生都有独到的见解，且对自身的境遇有很深的明悟；她们若是男儿身，当然通过仕途来展示才华，但作为女儿身，只能无奈叹息。她们凭借女冠这一特殊身份将被压抑的天性、遭禁锢的才思尽情表现出来，因此她们的诗歌比寻常歌女更多一份风雅，比深闺中的妇人更多一份见识，比贵族仕女更多一份率真。她们纵情而作，不讳言情，虽然不免放肆而遭到批判，但

毕竟因文雅之词揭露出独特的女性心理世界而显得细腻可爱。表现在神女诗歌中，则是对爱情大胆而热烈地追求，脱出礼教的束缚，不畏阻碍与失败，仍然忘我的精神。

《中兴间气集》中提到女冠李冶时说："士有百行，女唯四德，而季兰则不然，形气既雄，诗意亦荡。"这里的"荡"指的是诗歌中自由大胆的情感抒发，如李冶《感兴》"却忆初闻凤楼曲，教人寂寞复相思"，直接将寂寞之情、相思之意倾注于笔端，这样大胆而真切的诗句，也只有在唐代女冠的笔下才能写出。

女冠是夹杂于道教与诗教之间的特异人群，基于道门人文修养的看重，对博学发善的崇尚，道门之人多长于吟诗作赋、琴棋书画，有"名流即道流"之说。唐代女道士的名流修养，既是社会文化熏陶的结果，反过来又为社会所肯定。唐代社会风气、宗教风气对她们的宽容，使她们能够在夹缝中更好地关注自身，并在自我世界内安排自己与神仙的命运，俾诗歌走向心灵深处、抒写性灵之真，这都是早期的神女诗歌所不具备的。

尽管女冠诗人在神女诗作中反复使用"云雨""朝云暮雨"等字样，并隐晦涉及性欲，但她们深刻的创作心态与审美意义已超出"肉欲"二字，她们笔下的神女诗歌，反映出她们对生活的美好愿望，折射出唐代文人的生活与情感，不能完全以"淫邪"来概括、否定和批判。

唐代的妓女包括宫廷歌妓、官妓、家妓、私妓等，在晚唐已经渐趋合法化、公开化。妓女的生活比较单一，其情感世界较之寻常女子更为丰富，她们沦落风尘，体会人间辛酸苦辣，因而情感神经更为纤细而敏感，她们笔下的世界也因此旖旎而多变。从文人给妓女的赠诗中可以看出，唐代具有才情的妓女比较多，她们容貌娇艳，精通诗词，且擅长琴瑟琵琶各种乐器，歌舞更是曼妙无比，比较出名的如谭意歌、公孙大娘、谢阿蛮、杜红儿、玉箫等，她们与文人交往密切，无论音容还是才情都得到很高的评价，如杜甫《观公孙大娘弟子舞剑器行》就将公孙大娘的剑舞描写得前无古人，后无来者，令人叹为观止。又如罗虬《比红儿诗》一百首，夸张地将杜红儿与神仙诸女，如王母、黄姑、织女、嫦娥、汉女、巫山神女、洛神及古代有名的绝代佳人，如西施、陈阿娇、李夫人、卓文君、王昭君、赵飞燕、小乔、绿珠、莫愁、平阳公主、张丽华、武则天、杨玉环等作比，甚至同为唐代名妓的谢阿蛮、真珠姬也拿来比较，可见，在唐代妓女生活中，她们色艺双绝的声名往往经文人的赞美和宣传，才得以流传。当然，除了杜红儿，被比作神女的名妓还有很多，如范元凯《章仇公席上咏真珠姬》中的真珠姬、白居易《醉后题李、马二妓》中的李、马二妓女，《卢侍御小妓乞诗，座上留赠》中的小妓；李涉《寄荆娘写真》中的荆娘，武元衡《赠歌人》的歌人等。

正如《比红儿诗》中所说："巫山洛浦本无情，总为佳人便得名。"[237] 巫山神女的故事对这些才华横溢的妓女而言只是一种可以比附的存在，她们就是神女本身，而无所谓对神女的敬畏。

"神女"的举动都围绕着那位"荆王"或"楚王"而存在，与女冠自由随性、放情逞才的创作动机略有不同，她们的抱负要小得多，诗歌多以应和酬答为主，借神女典故来表达离别或怨怼的心情，如襄阳妓《答武补阙》，莲花妓《答陈陶处士》等。

尽管唐代女性的感情生活相对自由开放，但良家女子鲜少有直接大胆表现情欲之作，一般提及"云雨"都在夫妻之间，或对远行丈夫的规劝，或对良人不归的悲怨，或对丈夫忠贞不渝的表白，如韦洵美妾崔素娥因被逼迫离开自己的丈夫，作《别洵美诗》："妾闭闲房君路岐，妾心君恨两依依。神魂倘遇巫娥伴，犹逐朝云暮雨归。"[238] 诗歌写出了唐代美丽女子命运的不由自主和无可奈何。与此同样具有悲剧性意味的还有一首题壁诗："昔逐良人去上京，良人身殁妾东征。同来不得同归去，永负朝云暮雨情。"[239]（谁氏女《题沙鹿门》），该诗既写出了对爱情的执着追求，"逐上京"；又以决然的姿态道出"同来不得同归去"，宣告对良人从一而终、至死不渝的深厚感情，可谓惊心动魄。

女子在爱情上的执着追求往往达到男性所不能理解的程度，尽管她们大多聪慧明智，早已预知爱恋的结果："知君此去无还日"，却仍然芳心可可，倾心相随："妾亦随波不复回"，甚至对再会仍抱有期待，"若言来，且就阳台路"[240]（郎大家宋氏《朝云引》）。

可惜这样的爱情往往是以失败的痛苦作结，女主人公只好感叹欢会的无常而黯然神伤，"巫山云，巫山雨，朝云暮雨无定所。南峰忽暗北峰晴，空里仙人语笑声"[241]（梁琼《宿巫山寄远人》）；见他人欢笑而自己独自以泪洗面，"玉枕只知长下泪，银灯空照不眠时"[242]（李冶《感兴》），"晓看襟上泪流处，点点血痕犹在衣"[243]（梁琼《宿巫山寄远人》）。

诚然，在女性描写神女的诗篇中也不乏俗艳之作，因过于缠绵缱绻而滑向媚俗之流，神女的品格也随之降低，这种情况集中在晚唐至五代，如"云雨"一词，在初盛唐多是形容巫山的气象的自然变化，中唐时期虽然有些指向了艳情，却艳而不俗，而在晚唐，"朝云暮雨"几乎成为两性关系和性爱的代名词，神女诗歌变得庸俗而绮靡。正如李商隐《有感》云："一自高唐赋成后，楚天云雨尽堪疑。"[244]但是，女性作为创作主体来观照自身，给我们展现了一个不同于男性的情感世界，在为数不多的女神诗篇中，她们对爱情执着不悔的企盼与追求、对自我性灵的抒发还是值得肯定的。无论是女冠、妓女还是良家女，她们对巫山神女的阐释与比附将神女从不食人间烟火的仙境拉回到诸事纷扰的人间，将神女身心都绝对超然的形象改变为受日常生活的细节所影响、对爱情执着且具有正常情欲的凡女，影响了后世关于巫山神女的形象塑造和再创作，也使得我们对唐代巫山神女诗歌的主体倾向和审美意趣有了更全面的认识。

注　释

1—6 彭定求等：《全唐诗》，中华书局，1999 年，第 1462、1161、2262、7979、1462、6668 页。

7 据《高唐赋》，楚怀王梦中与神女结合，《神女赋》则写楚襄王梦见自己的求爱被洁身自持的神女拒绝，因是宋玉陪侍楚襄王到云梦泽游览，学术界对《神女赋》中究竟是襄王梦神女还是宋玉梦神女仍存在分歧。但与神女有关系的只有怀王一人，并无"别嫁宋玉"或"别家楚襄王"的说法。因此作者引用典故有误。

8—25 彭定求等：《全唐诗》卷 159，北京：中华书局，1999 年，第 1631、265、9840、7246、9133、6673、1607、169、6793、6850、6876、7615、1179、2135、1408、575、575、1012 页。

26 胡应麟：《诗薮》，上海古籍出版社，1958 年，第 210 页。

27—40 彭定求等：《全唐诗》卷 26，中华书局，1999 年，第 370、4968、261、6669、168、6666、370、5631、6658、1408、1650、2829、7979、173 页。

41 许维遹校：《韩诗外传集释》，中华书局，1980 年，第 285 页。

42 皇甫谧：《帝王世纪》，丛书集成初编本，商务印书馆，1936 年，第 32 页。

43 王嘉：《拾遗记》，中华书局，1981 年，第 55 页。

44 彭定求等：《全唐诗》，中华书局，1999 年，第 2126 页。

45 朱熹注，王华宝整理：《诗集传》，凤凰出版社，2007 年，第 7 页。

46 王先谦：《诗三家义集疏》，上海古籍出版社，2002 年，第 51 页。

47—48 萧统编，李善注：《文选》，上海古籍出版社，1986 年，第 150、1068 页。

49—50 彭定求等：《全唐诗》，中华书局，1999 年，第 1659、1853 页。

51 李吉甫：《元和郡县图志》上册，中华书局，1983 年，第 529 页。

52 郦道元：《水经注》，岳麓书社，1995 年，第 424 页。

53 习凿齿：《襄阳耆旧传》，湖北人民出版社，1986 年，第 284 页。

54—55 祝穆：《方舆胜览》卷 31，中华书局，2003 年，第 565、575 页。

56 彭定求等：《全唐诗》，中华书局，1999 年，第 1631 页。

57 闻一多著，孔党伯，袁謇正主编：《闻一多全集 3 神话编·诗经编》，湖南人民出版社，1994 年，第 309 页。

58《毛诗正义》，孔颖达疏《十三经注疏》，中华书局，1980 年，第 281—282 页。

59 王澧华《〈高唐〉〈神女〉的宗教分析与楚史研究》："像马振理先生那样，穷索《诗》之本身事，把一篇明白如话的《汉广》解释为'是极言周室之力不能举江汉而有'，实在是费力不讨好的。"《湘潭大学学报》，1991 年第 1 期。

60 邹浩：《道乡先生集》卷 7，宋集珍本丛刊，线装书局，2004 年，第 56 页。

61 王先谦：《诗三家义集疏》卷 1，岳麓书社，2011 年，第 68 页。

62 朱熹：《诗集传》，凤凰出版社，2007 年，第 7 页。

63 李学勤主编：《十三经注疏·尚书正义》，北京大学出版社，1999 年，第 162 页。

64 李学勤主编：《十三经注疏·孟子注疏》，北京大学出版社，1999 年，第 177 页。

65—66 司马迁：《史记》中册，中华书局，2005 年，第 1173 页。

67—68 班固：《汉书》，中华书局，1964 年，第 1212、1666 页。

69 庄绰：《鸡肋编》，中华书局，1983 年，第 75 页。

70 李勇先、王蓉贵校点：《范仲淹集》卷 6，四川大学出版社，2002 年，第 131 页。

71、76 李俊民：《弄珠滩》，李俊民：《庄靖集》（下）卷 6，山西古籍出版社，2006 年，第 340 页。

72 张伟然：《湖北历史文化地理研究》，湖北教育出版社，2000 年，第 173 页。

73 《淮南子·修务训》载云："禹生于石"。注云："禹治洪水，凿轘辕开，谓与涂与氏曰：'欲饷，闻鼓声乃去。'禹跳石，误中鼓，涂山氏往，见禹化为熊，惭而去。至嵩山脚下化为石，禹曰：'归我子！'石破北方而启生。"何宁：《淮南子集释》，中华书局，1998 年，第 1336 页。

74 李贤等：《大明一统志》第 7 册，台联国风出版社，1965 年影印本，第 3693 页。

75 宗懔：《荆楚岁时记》，宋金龙译注，山西人民出版社，1987 年，第 28 页。

77 孟修祥：《荆楚歌谣与楚辞》，中国屈原学会编：《中国楚辞学》第 10 辑，学苑出版社，2007 年，第 42 页。

78 许维遹撰 梁运华整理：《吕氏春秋集释》，中华书局，2009 年，第 625 页。

79 闻一多：《神话与诗》，上海人民出版社，2006 年，第 83 页。

80 李学勤主编：《十三经注疏·春秋左传正义》，北京大学出版社，1999 年，第 1556 页。

81 李学勤主编：《十三经注疏·周礼注疏》，北京大学出版社，1999 年，第 362—364 页。

82—83 朱熹：《楚辞集注》，上海古籍出版社，1979 年，第 21、18 页。

84 李学勤主编：《十三经注疏·毛诗正义》，北京大学出版社，1999 年，第 345 页。

85—87 朱熹：《楚辞集注》，上海古籍出版社，1979 年，第 17、18、142 页。

88 李学勤主编：《十三经注疏·春秋左传正义》，北京大学出版社，1999 年，第 1380 页。

89—92 郭茂倩：《乐府诗集》，中华书局，1979 年，第 698、715、689、714 页。

93 逯钦立辑：《先秦汉魏晋南北朝诗·宋诗》，中华书局，1983 年，第 1348 页。

94 彭定求等：《全唐诗》，中华书局，1999 年，第 4119 页。

95 郭茂倩：《乐府诗集》，中华书局，1979 年，第 710 页。

96 宗懔：《荆楚岁时记》，山西人民出版社，1987 年，第 47 页。

97—98 郭茂倩：《乐府诗集》，中华书局，1979 年，第 689 页。

99 彭定求等：《全唐诗》，中华书局，2011 年，第 1624 页。

100 宗懔：《荆楚岁时记》，山西人民出版社，1987 年，第 28 页。

101—106 彭定求等：《全唐诗》，中华书局，1999 年，第 1853、5874、1703、1062、4512、3719 页。

107 郭茂倩：《乐府诗集》，中华书局，1979 年，第 704 页。

108—109 彭定求等：《全唐诗》，中华书局，1999 年，第 1162、3860 页。

110 彭定求等：《全唐诗》卷 563，李善夷《大堤曲》。按，卷 365 刘禹锡《堤上行三首》其一与此重，前者大堤在襄阳，后者大堤该指江陵，但两地大堤景观相类，引之无伤大雅。中华书局，1999 年，第 6596、4119 页。

111—121 彭定求等：《全唐诗》，中华书局，1999 年，第 4408、7247、5646、3719—3720、4119、1629、9122、261、3570、10145、10155 页。

122 钱穆：《再论〈楚辞〉地名答方君》，《古史地理论丛》，生活·读书·新知三联书店，2004 年，第 202 页。

123—124、130—131、142 郭璞注：《山海经》卷 5，《文渊阁四库全书》本，第 35 页。

125 启功等主编：《唐宋八大家全集·韩愈集》，国际文化出版公司，1997 年，第 544 页。

126—127 洪兴祖：《楚辞补注》，中华书局，1985 年，第 60、55 页

128 司马迁：《史记》卷 6，中华书局，1959 年，第 248 页。

129 刘向：《古列女传·母仪传》卷 1，《文渊阁四库全书》本，台湾商务印书馆，1983 年，第 2 页。

132 司马迁：《史记》卷 6，中华书局，1959 年，第 249 页。

133 李梅训：《司马贞生平著述考》，《安徽师范大学学报》，2000 年第 1 期，第 109—111 页。

134 韩愈：《黄陵庙碑》，启功编：《唐宋八大家全集·韩愈集》，国际文化出版公司，1997 年，第 544 页。

135 罗泌：《路史》卷 46，《文渊阁四库全书》本。

136 陈士元：《江汉丛谈》卷 1，《丛书集成初编》本，中华书局，1985 年，第 4 页。

137 赵翼：《陔余丛考》卷 19，河北人民出版社，1990 年，第 301 页。

138—139 洪兴祖：《楚辞补注》，中华书局，1983 年，第 319、317 页。

140、146、206 朱熹：《楚辞集注》，上海古籍出版社，1979 年，第 111 页。

141 范晔：《后汉书》，中华书局，1965 年，第 2643 页。

143—145 彭定求等：《全唐诗》，中华书局，1999 年，第 1176、1193、1197 页。

147 孙常叙：《楚辞〈九歌〉整体系解》，吉林教育出版社，1996 年，第 332 页。

148 朱熹：《楚辞集注》，上海古籍出版社，1979 年，第 35 页。

149—150 范晔：《后汉书·马融传》，中华书局，1965 年，第 1964、1966 页。

151 严可均辑：《全三国文》，商务印书馆，1999 年，第 125 页。

152 严可均辑：《全晋文》，商务印书馆，1999 年，第 1068 页。

153 沈德潜：《古诗源》，中华书局，2006 年，第 217 页。

154—155 郭茂倩：《乐府诗集》，中华书局，1979 年，第 580 页。

156—161 彭定求：《全唐诗》，中华书局，1999 年，第 2011、575、5459、5457、5434、1462 页。

162 沈约：《湘夫人》，逯钦立：《先秦两汉魏晋南北朝诗·梁诗》，中华书局，1983 年，第 1623 页。

163 董浩等：《全唐文》，中华书局，1983 年，第 8265 页。

164 吴之振等：《宋诗钞》，中华书局，1986 年，第 2822 页。

165—182 彭定求等：《全唐诗》，中华书局，1999 年，2948、4443、9840、538、2011、5434、1176、5434、574、1659、1012、292、292、1338、4020、1482、1682、292 页。

183—187 洪兴祖：《楚辞补注》，中华书局，1983 年，第 65、60、68、64、173 页。

188 有学者认为湘灵鼓瑟之所以悲怨，一则来自于素女鼓瑟的传说，即《史记·封禅书》引或曰："太帝使素女鼓五十弦瑟，悲，帝禁不止，故破其瑟为二十五弦。"二则来自湘君和湘夫人的久候不遇、舜与二妃的死别的悲情传说。见叶修成、梁葆丽：《湘灵神话的嬗变》，《中国文学研究》，2007 年第 1 期，第 49 页。

189—198 彭定求等：《全唐诗》，中华书局，1999 年，第 3223、2134、4197、6858、6865、5630、292、4653、6037、355 页。

199 郭茂倩：《乐府诗集》，中华书局，1979 年，第 825—826 页。

200 董诰等：《全唐文》，中华书局，1983 年，第 8614 页。

201 欧阳修：《新唐书·仪卫志下》，中华书局，1972 年，第 509 页。

202—203 彭定求等：《全唐诗》，中华书局，1999 年，第 4968、9218 页。

204 董诰等：《全唐文》，中华书局，1983 年，第 3083 页。

205 彭定求等：《全唐诗》，中华书局，1999 年，第 2344 页。

207 彭定求等：《全唐诗》，中华书局，1999 年，第 169 页。

208 方韬译注：《山海经》，中华书局，2009 年，第 133 页。

209—210 萧统编，李善注：《昭明文选》，上海古籍出版社，1986 年，第 754、875 页。

211 余知古著，袁华忠译注：《渚宫旧事》，湖北人民出版社，1999 年，第 136 页。

212 郦道元：《水经注》，中华书局，2009 年，第 276 页。

213 何宁：《淮南子集释》，中华书局，1998 年，第 433 页。

214—215 萧统编，李善注：《昭明文选》，上海古籍出版社，1986 年，第 875、886 页。

216 "高唐"出自《高唐赋》之赋名，又是神话发生的地点，但"'高唐'并非其身份和来历，亦非其神性与神格的标志，而'巫山神女'之称则与其'帝之季女'身份和'未行而亡，封于巫山之台'的经历，以及'巫山之女'亦即巫山之神的神格、'旦为朝云，暮为行雨'的神性吻合，而且'巫山之女'是神女自称，故'巫山神女'之称似乎更能准确地体现其神话学属性和地域文化内涵"。见程地宇：《巫山神女——巴楚民族历史文化的融合的结晶》，《中央民族大学学报》，2004 年第 3 期。

217—226 彭定求等：《全唐诗》，中华书局，1999 年，第 951、6669、950、6238、890、1681、9133、1869、3678、8840 页。

227 郭茂倩:《乐府诗集》,中华书局,1979 年,第 698 页。

228—244 彭定求等:《全唐诗》,中华书局,1999 年,第 9083、9156、9105、9156、9104、9105、9130、9137、9105、7689、9102、9116、9104、9105、9156、9105、6246 页。

第五章

荆楚歌谣与唐代诗词

第一节 荆楚歌谣的渊源、特点与影响

歌谣之名起源于《诗·魏风·园有桃》："心之忧矣，我歌且谣。"《毛诗正义》云："曲合乐曰歌，徒歌曰谣。"[1] 歌与谣的区别在于是否合乐。后人往往合称为"歌谣"，主要指口头传唱的民歌、民谣、儿歌、童谣等民间歌辞及部分经文人加工整理的地方歌辞。荆楚歌谣指的是地域在本文界定的"荆楚"范围内，主要由长江中游地区各民族口头创作或经过文人加工整理过的民间歌曲和民谣。

一、荆楚歌谣的渊源：南音与巫音

荆楚歌谣的起源最早可推溯至夏商时代的"南音"。《国语·郑语》记载，祝融的后代分为八姓，八姓中最兴旺的芈姓于殷商时期西迁到今豫鄂交界的丹江、淅川一带，殷人称其为"荆"。由于楚人处华夏以南，西周以前，与楚相关的事物多冠以"南"，如称呼楚人为"南蛮"，楚地为"南乡""南国"等，楚地为代表的南方歌曲也被称为"南音"。

南音一词始见于《吕氏春秋》及《左传》。《吕氏春秋》载："禹行功，见涂山之女，禹未之遇而巡者南土。涂山氏之女乃命其妾候禹于涂山之阳。女乃作歌。歌曰：'候人兮猗'，实始作南音。"[2]《候人歌》是有记载的最早的荆楚民歌。简单的一句"候人兮猗"就已经显示出"南音"与黄河流域的"北音"的不同，具有浓郁的抒情意味。涂山氏是禹之妻、启之母，生长于南国的安徽当涂山，她因为思念出门远巡的禹而用南方民歌表达了自己的心声。不仅表达出作为涂山氏女的企盼和担心，焦虑和思念等复杂的心情，还给人无限想象。与北音较固定的四言句式不同，具有南方方言特点的语气词"兮"恰当地用在语句中，不仅使句式趋向自由，而且体现出"南音"的声乐特色。《左传·成公九年》载钟仪在晋鼓琴"使与之琴，操南音"，杜氏注："南音，楚声"[3]；《左传·襄公十八年》又载师旷曰："吾骤歌北风，又歌南风。南风不竞，多死声，楚必无功。"⁴这都说明，至迟春秋时期，歌谣已有明显的南、北之别。

除《左传》和《吕氏春秋》中所载可证南音与楚歌的渊源关系外，《孔子家语》中所载的《南风歌》，《孟子》《庄子》中载的《沧浪歌》，《说苑·善说》所载的楚译《越人歌》，《论语·微子》中载的《接舆歌》，《说苑》中所载的《子文歌》以及《史记》中提及的《优孟歌》等都能说明在《楚辞》产生之前，荆楚就有带有地域色彩的大量原始歌谣存在。如《孔子家语·辨乐解》中载有相传为舜弹五弦琴唱的《南风歌》："南风之薰兮，可以解吾民之愠兮。南风之时兮，可以阜吾民之财兮。"⁵在内容上，饱含忧患意识和思想，形式上，多采用"兮"字作为语气助词舒缓音节，使得音调婉转，气势跌宕而流畅，充分显示出楚歌的基本特点。又如《尚书大传·虞夏传》中记载的舜禅位于禹时唱的《卿云歌》："卿云烂兮，糺缦缦兮。日月光华，旦复旦兮。"⁶歌词比较简单，但句式整齐，音调婉转，采用隐喻、借代为一体的比兴的手法对人物极尽赞美，已初步显现出楚歌的基本风貌，这些都实为楚歌之滥觞。王国维《人间词话》删稿云："《沧浪》《凤兮》二歌，已开楚辞体格。"⁷可知南音对后世诗歌特别是楚辞的深远影响。

荆楚歌谣的另一重要源流是巫音或巫歌。商周之交的荆楚，由于脱离原始社会不久，处处都还散发着浓厚的神秘气息，人们本来就崇神信鬼，加之又受到殷商巫文化的巨大影响，因而巫风在楚地更是风行，以致"崇巫"成为楚国的一大文化特征。《汉书·地理志》云："楚人信巫鬼，重淫祀。"楚国的祭祀无所不包，如山川河岳、日月星辰、求雨祈福、出征誓师、赏功罚罪、生老病死等，而祭祀之时，必使巫觋"作歌乐鼓舞以乐诸神"，充满了原始的宗教气氛。《尚书·伊训》："敢有恒舞于宫，酣歌于室，时谓巫风。"按孔颖达疏："巫以歌舞事神，故歌舞为巫觋之风俗也。"⁸正是这种长期盛行的巫风，推动了楚歌的迅速发展和广泛传播，使得荆楚之地的民间歌舞长盛不衰，孕育出一批又一批的民间歌手，一首又一首的民歌曲调。这些民间曲调和那些千奇百怪的神话故事一起构成了楚文化必不可少的一部分。

"楚辞"就是这种带有巫音色彩的诗歌。《楚辞》中的《九歌》，其前身就是当时楚国各地包括沅湘一带的民间祭神的歌曲。王逸《楚辞章句》云：

"昔楚国南郢之邑，沅湘之间，其俗信鬼而好祠，其祠必作歌乐鼓舞以乐诸神……屈原放逐……屈见俗人祭祀之礼，歌舞之乐，其词鄙陋，因为作九歌之曲。"[9]

《离骚》中的巫咸降神，《招魂》的巫阳下招，以及《楚辞》中凡诗人自我形象的塑造和高贵品德的象征，如高冠长佩，荷衣蕙纕，以及丰富的神话故事的运用等，都是受巫风影响最好的说明。朱熹说："荆蛮陋俗，词既鄙俚，而其阴阳人鬼之间，又或不能无亵慢淫荒之杂。屈原放逐，见而感之，故颇更定其词，去其泰甚。"[10] 屈原在《楚辞·九歌》中不仅保留了一些当时的民歌，如楚辞中出现频率较高的《扬荷》《扬阿》《阳阿》之类的歌曲名，就是江汉平原杨水流域的田歌；且借助楚语的特性使其朗朗上口，独具风韵，成为后世歌谣的一种范本，后来的楚地民歌虽在《楚辞·九歌》的基础上有了一些变异，但仍然保存了它的基本的创作模式和语言的抒情特点。

"南音"与"巫音"两个来源，造就了具有鲜明地域特色的荆楚歌谣。著名的"四面楚歌"，刘邦衣锦还乡时慷慨起舞，豪情满怀而歌的《大风歌》就是典型的楚歌。《汉书·礼乐志》云："凡乐乐其所生，礼不忘本，高祖乐楚声，故《房中乐》楚声也。"[11] 可见对楚歌的喜爱。武帝的《瓠歌》《秋风辞》也是依楚声而作。汉代郊祀仍在演奏《九歌》："九歌毕奏斐然殊，鸣琴竽瑟会轩朱。"[12] 汉乐府"相和调"中有"楚调"《皑如山上雪》和《悲歌行》。《汉书·艺文志》著录有《南郡歌诗》5 篇，是江陵地区的民歌，而在《吴楚汝南歌诗》"相和歌辞""琴曲歌辞""杂曲歌辞"中也保留了部分汉代荆楚民歌。

南朝乐府民歌的主要成分是吴歌和西曲，西曲实为楚地的楚声，其"出于荆、郢、樊、邓之间，而其声节送和，与吴歌亦异，故依其方俗而谓之西曲云"[13]。

西曲与吴歌均被收入郭茂倩《乐府诗集》的《清商曲辞》中，而《乐府诗集》又云："清商乐，一曰'清乐'。清乐者，九代之遗声，其始即相和三调是也。并汉、魏已来旧曲。其辞皆古调。晋马南渡，其音亡散。宋武定关中，收其声妓。南朝文物，斯为最盛焉。后魏孝文宣武，相继南伐，得江左所传旧曲及江南吴歌、荆楚西声，总谓之清商。"[14]

据此说法，吴歌、西曲应当出自宋武帝北定关中之后。由于古音亡散，宋武帝将熟习清商乐的歌妓带回建康，听她们唱歌。古调配合吴语歌辞即为吴歌，配合楚语歌辞即为西曲。这些地方民歌保留下来的肯定是少数，而南伐之后，江南民歌被有意识地收集整理，遂流传下来的也比较可观。《乐府诗集》收入"清商曲辞"的《西曲歌》，如《石城乐》《莫愁乐》《襄阳乐》《江陵乐》等 34 曲都是当时著名的楚歌。六朝荆楚民歌还有收入"杂曲歌辞"的《西洲曲》和收入"杂曲谣辞"的《襄阳儿童乐》《雍州曲》《晋荆州童谣》等。

郭茂倩《乐府诗集》中的《西洲曲》，描写一位少女回忆她与情人在西洲的美好时光，表现对钟爱之人的苦思，其诗篇幅长，精致流丽，显然是经过文人润色的。郭茂倩将其收入"杂曲歌辞"中，认为是"古辞"，从其内容、形式和风格看，此诗洋溢着浓厚的生活气息和鲜明的感情色彩，表现出鲜明的水乡特色，应当也属楚歌。"西洲"在何处，《乐府诗集》未明言。唐温庭筠《西洲曲》说："西洲风色好，遥见武昌楼。"[15]应该距武昌不是太远。

唐代著名的《竹枝词》，就是具有荆楚特色的新诗体。竹枝词，也称竹枝，竹枝子，竹枝曲，竹枝歌，任半塘先生在《唐声诗·竹枝》中说："其始或手持竹枝以舞，故名。"[16]推测竹枝词是因竹枝作为伴舞的道具而得名。而另一种说法则是，在演唱时加入了"竹枝""女儿"作为和声，所以才将其称为"竹枝歌"。如明代胡震亨《唐音癸鉴》卷十三中提到："竹枝本出巴渝……有和声，七字为句，破四字和云'竹枝'；破三字，又和云'女儿'。"[17]

尽管竹枝出自巴渝，但巴地战国时期属于楚国，属楚巫郡，且《竹枝》这种民间山歌在荆楚之地更广为流行，尤其是在三峡地区和沅湘一带，[18]因此竹枝曲一直具有荆楚浓郁的乡土气息，情韵悠长，自刘禹锡加工创作后，文人模仿创作不绝。文人依照"竹枝"的曲调格律，创作出来的新体诗歌，被称作"竹枝词"。竹枝词兴盛于中唐，流传于两宋，宋以后，流传更广。

竹枝词因刘禹锡的创作和推广而得以进入文学殿堂，但它独特的艺术形式显示了荆楚之地人民的智慧和才情，从竹枝词中，仍然可见楚辞的流风遗韵。巫瑞书先生在比较楚辞与《竹枝词》的关系时曾指出："在形式上，竹枝歌也是骚体，民歌的衍化。骚体，诗歌不少七字句，前四字与后三字之间略有停顿，用兮（啊）等语气词来表现。竹枝歌句式十分酷似，讴歌起来也是如此。"[19] 如"杨柳青青江水平，闻郎江上唱歌声。东边日出西边雨，道是无晴却有晴。"[20] 演唱时前四字与后三字之间加入"哦"字，这与楚辞七字中加入"兮"等语气助词颇为相似，可看出骚体民歌的衍化。

竹枝民歌形式自由，语言活泼，得到文人喜爱，从民间歌谣发展而来的竹枝词，也是一种轻松活泼的文学样式，没有其他诗词体裁那样严苛的格律要求。

后蜀赵崇祚编写，欧阳炯作《花间集》将竹枝词收入其中，显然是将其视为了词一类，但宋代郭茂倩编写的《乐府诗集》及洪迈《万首唐人绝句》也将其收录，说明大多数还是将竹枝词归为"诗"类的。

明代董文焕《声调四谱图说》评价竹枝词："其格非古非律，半杂歌谣"[21]，点出其不同于普通诗词的特点。竹枝词大多直接以"竹枝词"或"竹枝"为题，语言通俗、多用口语和俚语，多谐音双关，趣味性强，不妨将之归为歌谣类。

从两周之交的"二南"到春秋战国的楚辞，再经汉代乐府民歌的相和歌、南朝乐府民歌代表之一的西曲到唐宋时期的竹枝词，荆楚歌谣形成了一个完整的体系，不仅显示出荆楚歌谣的长盛不衰，也反映了南方诗歌的基本发展轨迹。荆楚歌谣以其浓郁的地域特色取得较高成就且对古代诗歌产生了深远影响。特别是魏晋六朝之后，随着文学重心的南移，荆楚歌谣被不断融合和吸收，无论是乐府诗歌还是古体诗，都能找到荆楚歌谣之痕迹。唐宋之后，荆楚民歌仍传承不绝。因此，对荆楚民歌的艺术特点进行探究，是有必要的。

二、荆楚歌谣的艺术特点

荆楚民歌的内容丰富多彩，涉及劳动、祭祀、爱情、政治、农事、民俗等。其显著的艺术特点有四点：

（一）带有荆楚方言特色的虚词和衬字

荆楚民歌的最显著的特点是用楚语，唱楚声，如"兮""些""思""只""谇""羌""蹇""纷""侘傺"都是楚语。

特别是大量运用具有荆楚方言特色的虚词和衬字，如"兮""些""只""思"

来加强或舒缓语气，突出感情，营造氛围，使其更具音乐效果。

荆楚民歌语言中最具特色的就是语气词"兮"字，《候人歌》虽只有一句，但"兮""漪"等语气词的运用，已具楚地民歌的语言特色，对后来《楚辞》的创作，有着直接的影响。有的歌词每隔一句的末尾用一个语气词，如"兮""思"之类。后来便成为《楚辞》的主要形式。

《诗经》除二南外还有一些用"兮"的，应当是受到"南音"影响所致，或周代北人拟楚民歌作。但其所用"兮"远不如楚歌广泛灵活，欠缺那种自由灵动的韵味。

楚辞中最常见的是七言句式，即在两个三字词组之间加一"兮"字，如载于《孔丛子》的《楚聘歌》："大道隐兮礼为基，贤人窜兮将待时，天下如一兮欲何之。"

《诗经·周南》中的《葛覃》《麟之趾》《螽斯》三首诗共用"兮"字 11 次，在《召南·野有死麕》中"兮"字则出现了 2 次："舒而脱脱兮，无感我帨兮，无使龙也吠！"

兮字古读如"啊"；又读如"侯"（音 hao），见《史记·乐书》："高祖过沛，诗三侯之章"。《史记·索隐》称："沛诗有三兮，故云三侯也。"[22] 可见兮、侯二字相通，都是虚词。不仅荆楚民歌中有"兮"字，即使是楚地哲学著作——老子的《道德经》中也多次使用兮字，如《道德经》第二十一章："孔德之容，唯道是从。道之为物，惟恍惟惚。惚兮恍其中有象；恍兮惚其中有物。窈兮冥兮，其中有精；其精甚真，其中有信……"[23]

项羽《垓下歌》中"力拔山兮气盖世，时不利兮骓不逝。骓不逝兮可奈何，虞兮虞兮奈若何！"[24]"兮"字的使用使得诗歌具有"顿挫"之美，短短四句，表现出极其丰富的内容和复杂的感情：既洋溢着无与伦比的豪气，又蕴含着满腔深情；既显示出罕见的自信，却又因失败而沉重地叹息。汉高祖《大风歌》也用"兮"字来表现其豪情满怀，求才若渴的愿望。

兮字，可以表示"于""啊""之""而"等意思，但不可被其中任何一个替代。"兮"字"竟可以说是一切虚字的总和"[25]。

其次运用较多的是语气词"些"字。些，在楚国方言中读 suo，沈括《梦溪笔谈》中说："《楚辞·招魂》尾句皆曰些，今夔峡、湖湘及南北江獠人，凡禁呪句尾皆称些。此乃楚人旧俗。"[26]《广韵·个韵》亦言："些，楚语辞。"[27]可知"些"是典型的楚语，在楚辞特别是《招魂》中较为常见。

《楚辞·招魂》是沿用楚国民间流行的招魂词的形式而写成，后因以"楚些"指招魂歌，亦泛指楚地歌谣及楚辞。《招魂》使用"些"字多达114次，几乎每两句句尾就有一个"些"。一个语气词在一首诗歌中重复出现一百多次，不可谓不频繁。《舆地纪胜》载唐代永州地区"竞船举棹则有'些'声，樵夫野老之歌则有'欸乃'声"[28]。永州渔夫歌谣中往往带有"些"字，正说明这个词在荆楚歌谣中使用广泛，具有鲜明的地域特色。

再其次是"思"字。在楚语中，"思"与"兮"音近，用法相似。如《诗经·周南·汉广》："南有乔木，不可休思。汉有游女，不可求思。汉之广矣，不可泳思。江之永矣，不可方思。翘翘错薪，言刈其楚；之子于归，言秣其马。汉之广矣，不可泳思；江之永矣，不可方思。翘翘错薪，言刈其蒌；之子于归，言秣其驹。汉之广矣，不可泳思；江之永矣，不可方思。"[29]"思"字共出现8次，既使得诗歌抑扬顿挫，又在反复吟咏之间流露出思而不得的怅惘之情。若无此字，则诗歌语言过于生硬，如同直陈叙事，缺乏美感和激情。

《汉广》为江汉流域之作，应当是早期的地方歌谣，后经文人加工润色收入《诗经》之中，但还是保留了部分荆楚之地的语言特色。

（二）句式参差错落，声韵刚柔并济

荆楚歌谣产生之初，楚先民所处时代是诗乐舞三位一体的时代，所处的是山、湖、江相交错的地理环境，诗歌必然受到当地巫风的影响，这就注定了他们使用参差错落的句式，一唱三叹的结构，婉转悠长的旋律。

叠字叠句，是先秦诗歌的一种偏爱，如《诗经》中的"采采""喈喈""莫莫""菲菲""夭夭""灼灼""依依""霏霏"等叠字的使用，被描写的景物如在目前，声音如在耳边，朗朗上口，形象生动，给诗歌增添了无穷魅力。但先秦虽喜好用叠字，却没有如荆楚那样一直继承发扬下去，并达到无歌不用的地步。

《诗经》中的"周南"共11首诗，几乎每一首都有叠字叠句的特点。如《桃夭》："桃之夭夭，灼灼其华。之子于归，宜其室家。桃之夭夭，有蕡其实。

之子于归，宜其家室。桃之夭夭，其叶蓁蓁。之子于归，宜其家人。"[30]又如《葛覃》："葛之覃兮，施于中谷，维叶萋萋。黄鸟于飞，集于灌木，其鸣喈喈。葛之覃兮，施于中谷，维叶莫莫……"[31]刘勰《文心雕龙·物色》云："'灼灼'状桃花之鲜……'喈喈'逐黄鸟之声，'喓喓'学草虫之韵。皎日嘒星，一言穷理，参差沃若，两字穷形。并以少总多，情貌无遗矣。"[32]点出了楚歌这种叠字使用的优势。

叠句的典型代表则如《芣苢》，"采采芣苢，薄言采之。采采芣苢，薄言有之。采采芣苢，薄言掇之。采采芣苢，薄言捋之。采采芣苢，薄言袺之。采采芣苢，薄言襭之。"[33]全诗三章十二句，只有六个动词，即采、有、掇、捋、袺、襭是不断变化的，其余全是重叠，在不断重叠中，产生了简单明快、回环往复的音乐感。同时，在六个动词的变化中，又表现了越采越多直到满载而归的过程。我们读此诗，沉醉在这种婉转悠长的旋律里，能深刻感受到采摘者欢快的心情。《汉广》每段后四句歌词都重复一遍，也是一唱三叹，叫人浮想联翩。

除了重章叠句，楚歌在结构上往往比较自由灵活，句式参差错落，既有六—五句型，如《沧浪歌》，楚辞采用较多的七—六句型，如《离骚》《九章》诸篇，《远游》《渔父》等；又有相对整齐的七—七句型，如《九歌·山鬼》《九歌·国殇》《垓下歌》，四—四句型，如《子文歌》、楚辞之《天问》《大招》《招魂》等。

（三）比兴手法的运用

以隐喻、象征、借代等修辞格结合起来的新的比兴手法的运用，是荆楚民歌的又一特点。

楚歌好用比兴，在前期的"二南"中兴多于比，在后期的楚辞中比多于兴。如《诗经·周南·汉广》的头两句"南有乔木，不可休思"既是兴又是比，但内容是表达对江汉之女的思慕，比的目的被淡化。其他如《鹊巢》《葛覃》《卷耳》《桃夭》《麟之趾》《殷其雷》《江有汜》等篇章中，也几乎每段都以起兴开头，或与文章中心意思相关，或只为引出下文，或只有情调上的相连，都是兴多于比。而楚辞中，"香草美人"的比喻象征意味贯穿始终，每一句都与作者的情思相连。

王逸在《离骚序》中说："《离骚》之文，依《诗》取兴，引类譬喻。故善鸟香草以配忠贞，恶禽臭物以比谗佞，灵修美人以媲于君，宓妃佚女以譬贤臣，虬龙鸾凤以托君子，飘风云霓以为小人。其辞温而雅，其义皎而朗，凡百君子，莫不慕其清高，嘉其文彩，哀其不遇，而愍其志焉。"[34]

朱熹也认为，楚辞的比兴手法来自《诗经》。但细究起来，《诗经》的比喻与《离骚》的比喻有很大不同。《离骚》往往不是单纯的"以比取兴"，而是将本体与喻体合为一体，比的对象和兴的意味融合一起，使得诗歌更具象征意味，更形象生动，情感抒发更畅快淋漓，更具神秘意味。如早在春秋时期传唱，孔子、孟子皆提到，楚辞《渔父》篇也记载的《沧浪歌》："沧浪之水清兮，可以濯我缨；沧浪之水浊兮，可以濯我足。"[35] 哲理思辨蕴含于沧浪之水的描写中，既显出了一种豁达的人生态度，又因隐喻、象征的手法，使得水与人格相得益彰，而显得更为神秘耐人寻味。

荆楚人民思维活跃，喜爱自由，因而在比喻时，往往采用明喻、暗喻、借喻交相使用，或寄寓哲思，或表达真情，都给人留下极大的想象空间，短短数句就能在读者眼前展开一幅画面，如《南风歌》："南风之薰兮，可以解吾民之愠兮。南风之时兮，可以阜吾民之财兮。"[36]《礼记》云："昔者舜作五弦之琴，以歌南风。"[37]《史记·乐书》亦载："舜弹五弦之琴，歌《南风》之诗。"[38] 从简短的歌谣中，我们依稀可见舜帝当年感怀楚地风物，援琴而歌的情景。此诗以"南风"起兴，而南风又与民生相关，暗喻了舜帝的德行，象征着治理天下的步骤，充分表达出舜帝忧国忧民的忧患意识。又如《接舆歌》以凤鸟起兴，比孔子，暗喻其德行一天不如一天："凤兮凤兮！何德之衰？往者不可谏，来者犹可追。已而已而！"[39] 此诗着重描写抒情主人公楚狂的出世狂者的形象，以"往者不可谏，来者犹可追"来警告孔子。诗歌中，明知不可为而为之的入世积极者孔子和狂放不羁的出世者接舆的形象对立，也引起读者的联想和感触。

（四）尚情，浪漫婉丽的风格

荆楚地区的民歌一直都有重抒情的传统。这种传统从早期的楚歌《接舆歌》（亦名《凤兮》）就可见一斑。《接舆歌》尽管表现了出世与入世的对立，但孔子因这一首情动于衷，可知抒情意味很浓。《论语》中说孔子听了这首歌，下车去，准备与楚狂交谈，但楚狂赶紧避开，二人没有谈成。此诗已经带有中原礼治文化的痕迹，但含蓄而感伤的格调，强烈抒情的色彩都能体现一定的原始风貌。同时也可看出荆楚诗歌在源头上已经出现南北兼收并蓄的特点。

《楚辞》那纵横捭阖的篇章，一唱三叹的语气，悠长婉转的曲调，哀怨都无一不洋溢着浓烈的抒情意味。如《离骚》《湘君》《湘夫人》《山鬼》等作品，就充分体现屈原"发愤以抒情"的传统。

以《九歌·湘夫人》为例："帝子降兮北渚，目眇眇兮愁予。袅袅兮秋风，洞庭波兮木叶下。"[40] 开篇四句，情景交融，充分表现了那种思念心上人的缠绵心境，白茫茫的江水正是她思绪悠悠的真实写照。江水、秋风、碧波、木叶营造了美好意境的同时，也衬托出等待者的心境，显得含蓄而韵味悠长。

由于荆楚地理位置特殊，处于中原文化、巴蜀文化、荆楚文化、吴越文化这几个大文化圈的相交相切之中，因此荆楚歌谣既有吴歌的柔性，也兼具北曲的刚性，但其缠绵柔媚不如吴歌，泼辣刚健不如北曲，如南朝楚歌《采桑渡》中："采桑盛阳月，绿叶何翩翩。攀条上树表，牵坏紫罗裙。"[41] 清新活泼，表现出自然之美和少女情怀，感染力很强，却没有吴歌《读曲歌》那般柔媚凄婉："柳树得春风，一低复一昂。谁能空相忆，独眠度三阳？"[42] 以绿柳随风起舞之乐，反衬女子独眠无伴之苦。又如楚歌《孟珠》："将欢期三更，合冥欢如何。走马放苍鹰，飞驰赴郎期。"[43] 有开阔的意境和直白的心境，但仍局限于小情小心绪，不够洒脱，不够狂放粗犷。

从两首楚歌可以看出，楚歌没有吴歌那般柔弱，也不如北方民歌的清新刚健，它自有一番特点。楚歌的特点就在于它尚情，感情外露激越，真挚动人，字里行间时时流露出浪漫的气息。

项羽夜闻"四面楚歌"时所吟《垓下歌》，就充分体现了楚歌的英雄气概和儿女情长的完美结合。

同样说久别重逢，吴歌《读曲歌》云："罢去四五年，相见论故情。杀荷不断藕，莲心已复生。"[44] 拐弯抹角，欲说还休。楚歌《孟珠》则云："望欢四五年，实情将懊恼。愿得无人处，回身与郎抱。"[45] 感情直露，干脆利落。

沈德潜称《西洲曲》"续续相生，连跗接萼，摇曳无穷，情味愈出"[46]，尽管此诗已经文人之手润色加工，不复质朴的上古歌谣面目，但仍可说明早期楚歌的尚情特点。

唐代竹枝歌谣，据唐人听来无限哀怨凄楚，如"凄凉古竹枝"（白居易《听芦管》）"怨咽多"（白居易《听竹枝赠李侍御》），刘禹锡称其特点为"含思宛转"（《竹枝词九首》序）"竹枝无限情"（《纥那曲》），也说明了荆楚歌谣的尚情、以"哀怨"为主题风格的特点。文人创作的《竹枝词》很大程度上保留了民间竹枝的哀怨特色，如白居易提到通州司马元稹的竹枝词"怪来调苦缘词苦"（《竹枝词二首（其二）》），刘禹锡改定的《竹枝词》，据他自己唱来，也"令听者愁绝"（白居易《忆梦得》）。

三、荆楚歌谣的地位与影响

荆楚歌谣早在先秦时期，对文坛就有很大影响。诗经中的"二南"就是春秋时期荆楚民歌的代表作，鲜明地体现出江汉之间的地域特色和民俗风情。

从春秋开始，楚向四周不断扩张，《史记·秦本纪》载："孝公元年……楚自汉中，南有巴、黔中。"《正义》注曰："楚自梁州汉中郡，南有巴、渝，过江，南有黔中、巫郡。"[47]《战国策·楚策》也指出，由川东沿江上溯，南包夜郎、川、滇、黔广大地区均已属楚。可知，诗经中"二南"的地域实为楚地，《诗经·周南》中的诗歌主要是楚国汉、汝流域的民歌，《楚风补·旧序》云："夫陕以东，周公主之；陕以西，召公主之。陕之东，自东而南也；陕之西，自西而南也；故曰'二南'。系之以'周南'，则是隐括乎东之南、西之南也。"[48]

郦道元《水经注》引《韩诗序》云："二南其地在南郡南阳之间。"[49]王齐洲先生详细解释说："《周南》所采，北至汝水，南至武汉以北，相当于今河南临汝，南阳及湖北襄阳、光化等地，《召南》所录，多在武汉以上，三峡以下长江北岸地区，即今湖北荆州、荆门、宜昌等地。"[50]可知"二南"主要指的是荆楚民歌。

"二南"在诗经中的地位是特殊的。孔子将其作为教育的范本，在《论语·阳货》中说："女为《周南》《召南》乎？人而不为《周南》《召南》，其犹正墙面而立也与？"[51] 他认为做人不学习"二南"，犹如面墙而立，毫无所见，必将寸步难行。程千帆先生曾言："二南之诗，则《诗》《骚》之骑驿，亦楚辞之先驱也。"[52] 言简意赅地点出了楚歌在《诗经》《离骚》之间起到的渠道和桥梁作用，且说明楚辞是在楚歌的基础上加工整理而成，楚歌在形式、内容上为楚辞的产生做了铺垫。

以《离骚》为代表的楚辞与《诗经》并立为中国古代诗歌的两座高峰，两座高峰前，推出"二南"，可见荆楚歌谣的重要地位。"二南"居国风之首，且为楚辞之"先驱"，这样高的评价，更显出荆楚歌谣的独特个性和艺术价值。而这独特性，显然与荆楚之地特殊的地理人文环境是分不开的。

离骚以其迥异于北方的形式风格和鲜明的艺术个性在文坛上独树一帜，但骚体形式并非屈原独创，在楚辞之前，《沧浪歌》、楚译《越人歌》等都已具骚体雏形，这种新体式被屈原学习和反复运用，才得以创作出《离骚》等杰作。《九歌》从体式到内容更受到当地巫乐舞的影响。清人刘献廷在《离骚经讲录》中指出："《离骚》之体裁与调，虽与《诗》有异，然观其所用之韵，多有楚韵，则是楚国一方之音，必先自有体裁，而后屈子为之，非屈子之特创也。"道出了屈原以楚语楚声为基础，按荆楚歌谣体制创作出离骚的过程，可谓精当。

先秦荆楚歌谣流传广泛，已有雅俗之别。除"二南"和楚辞，当时还有许多传唱的歌谣，如著名的《阳春》《白雪》即为上层社会所传唱；而《下里》《巴人》则较为通俗，为大众喜爱。宋玉《对楚王问》云："客有歌于郢中者。其始曰《下里》《巴人》，国中属而和者数千人；其为《阳阿》《薤露》，国中属而和者数百人。其为《阳春》《白雪》，国中有属而和者，不过数十人……"[53] 由此可见，先秦荆楚歌谣已呈多渠道、多层次态势发展。阳春白雪与下里巴人的雅俗之别，到汉代更为明显。如丧歌《薤露》《蒿里》（《下里》），经李延年分二章为二曲："《薤露》送王公贵人，《蒿里》送士大夫庶人。使挽柩者歌之，世呼为挽歌。"[54]（崔豹《古今注》）

荆楚歌谣的影响不仅限于当时楚国的地域，也不仅仅限于先秦时期。楚国灭亡后，荆楚歌谣仍然传播于周边地域，并长盛不衰。项羽面临"四面楚歌"时所唱的《垓下歌》，已经成为经典，而刘邦衣锦还乡时所唱《大风歌》

也传达出来治国求才、依恋故土、年华易逝等复杂的感情。项羽是贵族后裔，刘邦乃市井平民，两者都能随性即作楚歌，说明楚歌流传的普遍性。

谢无量说："夫汉之灭秦，凭故楚之壮气；文学所肇，则亦楚音是先。《大风》之歌，《安世》之乐，不可谓非汉代兴国文学之根本也。"[55] 点出了荆楚歌谣为汉乐府的开端，楚声是汉乐府的基础。《汉书·礼乐志》云："高祖乐楚声，故《房中乐》皆楚声也。"[56] 刘邦所用的《房中乐》，惠帝时更名《安世乐》，共 17 章，音乐均用楚声乐调，歌辞也在相当程度上沿袭了先秦楚歌的句式。

由于刘邦及后来统治者对楚歌的喜爱和推崇，使得汉乐府长期采用楚声楚语，到汉武帝时，乐府规模扩大，各地民歌民谣被搜罗采集，楚声仍占首要地位。刘勰《文心雕龙·乐府》曰："暨武帝崇礼，始立乐府，总赵代之音，撮齐楚之气。延年以曼声协律，朱马以骚体制歌。"[57] 说明当时还有许多人仿骚体作歌。司马相如《郊祀歌》（如《练时日》《日出入》等）就保留了骚体的形式和风格，其他仿骚作也极力模仿《九歌》，只是在体式上稍微改变。

汉代之后，荆楚歌谣仍余响不绝。南北朝民歌最有代表的是吴歌和西曲，如前所述，西曲实际上是荆楚故地的楚声。许多歌谣名称就是荆楚故地的地名和人名，如《江陵乐》《襄阳乐》《莫愁乐》。其他以江陵、襄阳为中心而产生的西曲如《石城乐》《攀杨枝》《杨叛儿》《采桑度》《作蚕丝》等，都是缱绻动人之作。

到了唐代，楚声仍为时人所喜爱。《旧唐书·音乐志》言唐代"弹琴家犹传楚汉旧声"。说明在唐人的心里，是将楚声与汉乐府视为一体的，且楚声至唐代还在为弹琴家所采用。而楚语，也因新的歌谣而在湖湘、巴蜀乃至吴越之地再次活跃。以楚语吟唱的竹枝词的出现，为文坛再添新的诗歌体式。

竹枝兴于中唐，继刘禹锡改订《竹枝词》之后，不少诗人如白居易、李涉、蒋吉等都进行了竹枝词的创作，虽然留下来的数量不是很多，但在竹枝词的创作史上仍然是值得关注的。宋代，文人竹枝词在继承唐代竹枝词创作的基础上，数量上有了大的突破，不仅数量从 29 首增至 168 首，且不少大家如苏轼、苏辙、杨万里、范成大等也或多或少地进行了竹枝词的创作。

宋代竹枝词的体式发生了一些变化，传播地域相比唐代也要更加广泛，不再局限荆楚地区，也因各地的风俗不同，传达出不同的情态。如贺铸《变竹枝九首》将唐代的七言句式变为五言句式，且每一首第三、第四句均以"但闻""不见"开头，如其三："露湿云罗碧，月澄江练白。但闻竹枝歌，不见骑鲸客。"[58] 朗朗上口，通俗易懂。杨万里的《竹枝歌七首》，描绘的都是水乡人民生活的风俗画面，充满浓浓的乡土气息。如其一："吴侬一队好儿郎，只要船行不要忙。着力大家一齐拽，前头管取到丹阳。"[59] 写出了舟人与纤夫的劳苦，已经跳出了唐代竹枝以描写爱情为主的圈子，朝着"风土诗"的道路开始演变。

第二节　荆楚歌谣与唐代文人竹枝词

一、唐代荆楚歌谣的发展

唐代，荆楚歌谣最有代表性的是竹枝歌或竹枝曲。唐人对竹枝十分喜爱。唐代冯贽《云仙杂记·竹枝曲》记载："张旭醉后唱竹枝曲，反复必至九回乃止。"[60] 唱竹枝曲居然要九遍之久，可见其痴迷程度。除听唱竹枝曲，自己吟唱竹枝曲，文人们还积极地仿效竹枝体进行创作。如刘禹锡之前，杜甫曾作《夔州歌十绝句》，就是有意识仿作竹枝的结果。黄山谷在《跋刘梦得〈竹枝歌〉》中说："刘梦得《竹枝》九章，词意高妙，元和间诚可以独步，道风俗而不俚，追古昔而不愧，比之杜子美《夔州歌》，所谓同工而异曲也。"[61] 翁方纲《石洲诗话》也认为"杜公虽无竹枝，而《夔州歌》之类，即开其端"[62]，道出了杜甫《夔州歌》作为仿竹枝创作的"滥觞"意味。顾况也曾作《竹枝曲》一首，是第一位写作文人竹枝词的唐人。白居易也有《竹枝词四首》。刘禹锡《竹枝词》之后，以竹枝为题，仿《竹枝词》的诗人也不少，如李涉、蒋吉等。

除竹枝外，汉乐府中的"楚汉旧声"仍然在唐代音乐中占一席之地。"唯琴工犹传楚声、汉旧声及清平调，蔡邕五弄，楚调四弄，谓之九弄。隋亡，清乐散缺，存者才六十三曲。其后传者：《平调》《清调》，周《房中乐》遗声也；《白雪》，楚曲也；《公莫舞》，汉舞也。"[63]《全唐诗》中所载《相和歌辞·白头吟》就是楚调曲。

《阳春》《白雪》《下里》《巴人》都是春秋时期荆楚之地的名曲，其他《扬荷》《扬阿》《薤露》等荆楚民歌到唐代仍在传唱，只是因格调不同，被不同的文集收录。如《全唐诗》中就有文人所作《阳春曲》《蒿里》等。《全唐诗》中孟云卿的《相和歌辞·挽歌》就提及《薤露》仍在唐代传唱："薤露歌若斯，人生尽如寄。"[64]贯休则有《相和歌辞·蒿里》（《下里》），《全唐诗》中直接征引"薤露"的诗歌有19首，征引"蒿里"的则有15首，征引诗人中比较出名的有李白、杜甫、白居易、沈佺期、宋之问、骆宾王、贯休，可见荆楚民歌对唐人之影响。

《采菱》也是荆楚之地的古曲，《楚辞·招魂》："《涉江》《采菱》，发《扬荷》些。"王逸注："楚人歌曲也。"[65]《襄阳耆旧传》："宋玉对楚王曰：'中而曰《阳阿》《采菱》，国中和而知之者数百人。'"[66]可知《采菱》是当时流行的高雅曲乐。《淮南子》也载："歌《采菱》，发《阳阿》，鄙人听之，不若《延露》《阳局》，非歌拙也，听各异也。"[67]南北朝时，《采菱》曲在江南地区十分流行，如晋代郭璞《江赋》云："忽忘夕而宵归，咏《采菱》以叩舷。"[68]南朝宋鲍照有《采菱歌》七首。南朝梁武帝萧衍制《江南弄》，其中有《采菱曲》一首，其辞曰："江南稚女珠腕绳，金翠摇首红颜兴。桂棹容与歌《采菱》。歌《采菱》，心未怡，翳罗袖，望所思。"[69]唐代保留有乐府旧题《采菱曲》，不少文人如储光羲、刘禹锡、张籍、白居易、鲍溶等也有《采菱曲》《采菱行》《采菱歌》等作品。著名的张籍《酬朱庆馀》中有"一曲菱歌敌万金"[70]句，足见当时人们对《采菱》歌谣的推崇。

南北朝时期的西曲也仍在唐代流传，许多著名曲目如《襄阳乐》《江陵乐》《莫愁乐》《石城乐》《纥那曲》传唱不衰，许多西曲还被改成琴曲、琴歌，如琴曲《乌夜啼》、琴歌《江陵乐》《估客乐》《寿阳乐》《思归乐》《江南弄》等。

据杜佑《通典》卷一四六载，唐武则天之时宫廷还存有《石城》《莫愁》《襄阳》《西乌夜飞》《估客》《杨叛儿》等曲，直到长安（701—702）以后，朝廷不重古曲，唐代"清乐"日趋灭绝，西曲才走向衰落。

文人也仿西曲的格律曲调进行填词作诗，如李白、元稹、刘禹锡、张籍、刘驾等人都作过以西曲《估客乐》或《贾客词》为题的诗歌。"相和歌辞"

中还存有李益、李贺、李商隐等人的《江南曲》，张祜、李贺的《莫愁乐》《莫愁曲》，张祜、崔国辅、施肩吾、李端、刘禹锡、张潮等人的《襄阳乐》《襄阳曲》等。其他如李白、刘禹锡的《荆州歌》，刘禹锡的《纥那曲二首》都仿西曲而作，表现了荆楚之地的地域风情。在《乐府诗集》所收全部《西曲歌》中，李白、王建、元稹等所作，更是质朴率真，极大程度上体现了荆楚民歌特色。

西曲儿歌《襄阳白铜鞮》在唐代还能见到它的遗风，李白《襄阳曲》中有"襄阳行乐处，歌舞白铜鞮"[71]句。他的《襄阳歌》则云："落日欲没岘山西，倒著接篱花下迷。襄阳小儿齐拍手，拦街争唱《白铜鞮》……"[72]诗人用直率的笔调，为自己勾勒出一个天真烂漫的醉汉形象，并通过儿童拍手唱儿歌的动作描写，充分反映了唐代荆楚地区活跃的生活场面。直接以"白铜鞮"为题的还有徐凝《白铜鞮》："骢裹锦障泥，楼头日又西。留欢住不住，素齿白铜鞮。"[73]其他诗人如崔国辅、韩愈、刘禹锡、李涉等也有对歌舞曲《白铜鞮》的描绘。孟郊《献襄阳于大夫》更直接点出了《白铜鞮》是荆楚重镇——襄阳文化的代名词："襄阳青山郭，汉江白铜鞮。"[74]

另一围绕襄阳为中心的西曲《大堤曲》在唐代也能见其踪迹，李白、张柬之、李贺、杨巨源等诗人就有直接以"大堤曲"为题的诗篇。如李贺《大堤曲》：

> 妾家住横塘，红纱满桂香。青云教绾头上髻，明月与作耳边珰。莲风起，江畔春。大堤上，留北人。郎食鲤鱼尾，妾食猩猩唇。莫指襄阳道，绿浦归帆少。今日菖蒲花，明朝枫树老。[75]

诗歌以横塘女子的口吻，写出了大堤女儿的衣着、形貌、配饰等，形象鲜明，感染力强。

其他如韩愈《送李尚书赴襄阳八韵得长字》、张潮《襄阳行》、施肩吾《襄阳曲》、杨巨源《襄阳乐》等都提及了大堤曲。孟浩然《大堤行》则有"大堤行乐处，车马相驰突"[76]句。可知当时歌舞的盛况。而刘禹锡《踏歌词三首》则写出了大堤女儿结伴春夜出游，吟唱新曲的冶艳情景。

文人吸收荆楚歌谣的精华再创作，或依楚声仿其体制创造出具有浓郁民歌色彩的诗歌，或直接将旧题视为一种文化符号来感怀叙事，都为唐代文学（特别是唐诗）带来了一股新的气息和风尚。文人竹枝词以其通俗活泼的语言形式，浓郁的荆楚地域特色，哀怨的主题风格，成为唐宋诗词中重要的一部分，并为推动唐代诗词的进一步发展做出了重要贡献。

二、"竹枝"的起源与荆楚巫祭娱神习俗

竹枝产生的具体时间不可考。唐代诗人白居易《听芦管》云："幽咽新芦管，凄凉古竹枝。"[77] 既称其为"古竹枝"，则竹枝生产于唐前，渊源之久远是必然的。

而据清奉节县志记载，竹枝词是春秋时期在古代巴人中流传的一种巴渝民歌。《华阳国志·巴志》《后汉书·南蛮西南夷列传》及唐代房玄龄的《晋书·乐志》中都有关于"巴渝舞"的记述。《旧唐书·音乐志》亦云："《巴渝》，汉高帝所作也。帝自蜀汉伐楚，以版盾蛮为前锋，其人勇而善斗，好为歌舞，高帝观之曰：'武王伐纣歌也。'使工习之，号曰《巴渝》。渝，美也。亦云巴有渝水，故名之。"[78]

"巴渝舞"不一定就是竹枝舞，但竹枝属于巴渝舞是肯定的。《乐府诗集》卷八一云："《竹枝》本出巴渝。"[79]

从汉乐府已有竹枝体巴渝情歌来推测，春秋时期可能已有类似竹枝的乐舞雏形，至汉代乐府发达，出现竹枝歌舞曲，但形式尚未统一，体制尚未完备；至晋代，竹枝出现七言四句，南朝时候省去了作为过渡停顿的"兮"等语气词，而以和声"竹枝""女儿"来代替，竹枝的体式才得以定型。如南朝民歌《女儿子》等。

清人王文诰《苏诗编注集成》注《竹枝歌》中言："自唐以前已有之，故方密之以为起于晋也。"[80] 认为竹枝歌起源于晋朝。这种说法虽存争议，但至少说明晋朝时期竹枝歌舞的体制已经基本完备，流传甚广，不仅原巴国地区的夔州腹地，整个长江中上游都流行竹枝歌舞，三峡地区的竹枝更是经唐代诗人的渲染继续扩大影响，不仅江汉、沅湘之地长盛不衰，至晚唐，竹枝已经传到长江中下游地区，楚人唱吴歌，吴娃唱竹枝已经数见不鲜。

竹枝本为民间歌舞曲，最初很可能是源于巫祭习俗，娱神的一种歌舞。《太平寰宇记》记开州风俗云："巴之风俗皆重田神，春则刻木虔祈，冬则用牲解赛，邪巫击鼓以为淫祀，男女皆唱竹枝歌。"[81] 说明竹枝与祭祀田神有关，春天是"祈神"，期望这一年风调雨顺，冬天则是"赛神"，感谢田神的恩赐，并祈求来年的丰收。刘禹锡《别夔州官吏》："三年楚国巴城守，一去扬州扬子津。清帐联延喧驿部，白头俯伛到江滨。巫山暮色常含雨，峡山秋来不恐人。唯有《九歌》词数首，里中留与赛蛮神。"[82] 这里的《九歌》实则暗指他所作的《竹枝词》九章，"赛蛮神"指的是"赛神"习俗，这也说明了竹枝的艺术功能，即娱神。刘禹锡《阳山庙观赛神》就有对赛神生动形象的描绘："荆巫脉脉传神语，野老婆娑起醉颜。日落风生庙门外，几人连蹋竹歌还。"[83] 由此可知《竹枝》与巫风楚俗的关系。

刘禹锡《插田歌》描写的插秧场面中提及"郢中歌"，也暗示了与竹枝和田歌类似："……农妇白纻裙，农父绿蓑衣。齐唱郢中歌，嘤咛如竹枝。"[84] 因此，竹枝很可能最初是田歌形式的娱神歌舞曲。

由于竹枝的形式活泼自由，不拘一格，除了主要的娱神功能外，竹枝歌舞还衍生出其他艺术功能。如应节、婚嫁、送别、赠答、集宴等。

应节：应节令而举行歌舞活动，如春游、庆祝秋收活动唱竹枝就是与春祭、秋祭娱神活动同时的。如万州风俗云："正月七日，乡市士女渡江南娥眉碛上作鸡子卜，击小鼓，唱竹枝歌。"[85]

婚嫁：《水经注》记："江水又东，巫溪水注之。又经琵琶峡。"其本志云："琵琶峰下女子皆善吹笛。嫁时，群女子治具，吹笛，唱竹枝送之。"可知至迟晋朝时期已有婚嫁唱竹枝的习俗，且全为女子歌唱、伴奏。竹枝的和声"女儿"或许由女子婚嫁唱竹枝而来，惜无考证。

送别：婚嫁有送别之意，因此，女子所唱竹枝也有送别的功能。

聚会：如《太平寰宇记》记达州巴渠县民俗："聚会则击鼓，踏木矛，唱竹枝歌为乐。"[86]

正如任半塘曾在《唐声诗·竹枝》中指出："竹枝之歌唱显分两种，曰野唱与精唱。野唱在民间，或祠神，或应节令，或闲情踏月，集体竞赛……"[87] 就说明竹枝的艺术功能的多样性。

不仅民间竹枝歌舞与荆楚巫风习俗相关，文人竹枝词的产生和推广也受到巫风的影响。

《旧唐书·刘禹锡传》云："禹锡在朗州十年，唯以文章吟咏，陶冶性情。襄俗好巫，每淫祠鼓舞，必歌俚辞。禹锡或从事于其间，乃依骚人之作，为新辞以教巫祝。"[88] 由此可见竹枝歌舞与荆楚巫俗的关系，以及刘禹锡在改订过程中受到巫风的影响。

刘禹锡在《竹枝词九首》序言中也明确说明他是在《九歌》的影响下，依民歌形式而创作改订《竹枝词》，使之成为一种具有地域特色和民歌风情的特殊诗歌体的。《九歌》本为古老的民间祭歌，屈原除去"亵慢淫荒之杂""更定其词，去其泰甚"[89]，如此再创造，正和刘禹锡改订民间竹枝歌舞为文人《竹枝词》的性质一样。刘禹锡称其所作为"变风"，可知其与原始的竹枝歌舞还是存在雅俗之别的。

唐代文人竹枝词据宋人郭茂倩《乐府诗集》卷八一"近代曲辞"所辑有22首：刘禹锡11首，白居易4首，李涉4首，顾况1首，五代孙光宪2首。但郭氏所辑录只是以"竹枝词"直接为题的诗歌，并不全面，唐代文人竹枝词的创作要丰富得多。《全唐诗》中以"竹枝"为题的就有29首，而内容中包含竹枝、竹枝歌、竹枝曲的更多，从这些诗篇中，可以看出从民间竹枝到文人竹枝词的转变轨迹。

三、"竹枝"的多重含义及文人《竹枝词》

竹枝又称竹枝子、竹枝歌、竹枝词、竹枝舞、竹枝曲、巴渝歌等，但细究起来，有所差别。竹枝首先应该是歌舞曲辞，其次是文人诗词，最后逐渐成为一种地方音乐的象征符号。依据其内容，大体可分为以下几种类型：一类是由文人搜集整理保存下来的民间竹枝歌谣，原汁原味，风格大多质朴直接，自由灵动，文辞俚俗；二类是由文人吸收、融会竹枝歌谣的精华而创作出具有浓郁民歌色彩的诗歌；三类是借竹枝格调而写出的七言绝句，这一类文人气较浓，仍冠以"竹枝词"。唐以后，还有一类，即已经成为词曲牌名的"竹枝词"。

本文主要讨论的是前三种。

初唐时期的竹枝歌，竹枝舞曲都属于第一类的民歌，特点是口口传唱，采用方言俚语，诗、乐、舞一体。中唐时期经刘禹锡改造的《竹枝词》及后来的效仿之作属于第二类，仍可配乐歌唱；晚唐至宋元时期类似"风土诗"的竹枝词，只仿竹枝的基本格调，体制为四句七绝，大多无和声，属于第三类。宋以后，"竹枝"因为流传更广，已经超出荆楚地域，如《杭州竹枝词》《云南竹枝词》《西湖竹枝词》《台湾竹枝词》等；所表现主题也不再拘泥于楚地民俗民情，风格上也不似唐代竹枝词的浪漫多情，哀怨的荆楚诗歌传统逐渐消失，因此这一类的"竹枝词"只是得其名称、因地制宜的"风土诗"。此外，如清代咏叹时尚、讽刺时政等的竹枝词，语言、风格都发生了很大改变，虽也可属于第三类，但实际上也只是徒有"竹枝词"之名的"时政诗"，失去了民歌的风味。

（一）作为歌舞曲的民歌：初盛唐教坊曲《竹枝子》与竹枝之演变

唐代文化上兼容并包的政策，使得原本被视为"鄙陋"的山野民歌纷纷以各种形式进入文学殿堂，《旧唐书·音乐志》载："自开元以来，歌者杂用胡夷里巷之曲。"[90] 胡夷之曲即外来乐舞曲，如当时风靡一时的西凉乐等；里巷之曲即民歌。竹枝词就在此时跻身其中。

初盛唐时期，竹枝就成为教坊曲之一，在崔令钦的《教坊记》325 本教坊大曲、杂曲中，《竹枝子》被排在第 227 位，可知最迟玄宗朝竹枝已经被采入。教坊曲所记曲名可以反映出初唐、盛唐的音乐发展状况，正如任半塘所云："故论本书之内容，比较上尚可代表初、盛唐之时代，及我汉民族自己所有之音乐。"[91] 这一结论点出其代表的时代和民族属性，而竹枝则代表着民族音乐中具有荆楚地域特征的一支。

万树《词律》云："《竹枝》：唐教坊曲名，本出巴渝，刘禹锡在沅湘以里歌鄙陋，乃依骚人九歌作《竹枝》新词九章。原无和声，后皇甫松、孙光宪作此，时有'竹枝''女儿'为随和之声。'枝''儿'叶韵，犹后之'举棹''女儿'亦自为叶也。"[92] 即是说，教坊的竹枝曲是先出现的，基本保留着南朝以来竹枝歌舞曲的原貌。后来的竹枝词是文人加工改造的，音乐上的体制要求已经发生改变，和教坊竹枝乐舞相差较多。至于《竹枝子》后来成为曲牌名,同时有上述两方面的影响,既吸收教坊乐舞的声腔、舞曲等讲究,又在文辞上经文人加工创造,趋向雅致,却仍不失民歌的韵味。

任半塘《教坊记笺订》云:"(张)旭乃盛唐间人,所唱与刘禹锡改订之《竹枝》(七言四句声诗)应不同。董逢元《唐词纪》谓《竹枝词》亦曰《竹枝》。《教坊记》曰《竹枝子》。殆因未及见《竹枝子》之传辞,故误混二调为一。"[93]此说若从民歌的发展规律看,有合理之处。从前述荆楚民歌的衍生和发展来推断,竹枝作为山野民歌,一开始形式是极其自由的,体式变化多样,有七言二句体、七言四句体、五言四句体。曲目肯定也非常多。《竹枝子》代表的是极大地保留民歌原始形态的歌舞曲,而刘禹锡之后的《竹枝词》大多为七言四句体,尽管晚唐有孙光宪等人的谱曲,加入和声等,但已经属于文人诗歌或文人词一类,不再是原汁原味的民歌。正如鲁迅先生所说:"唐朝的《竹枝词》和《柳枝词》之类,原都是无名氏的创作,经文人的采录和润色之后,留传下来的。这一润色,留传固然留传了,但可惜的是一定失去了许多本来面目。"[94]

刘勰在《文心雕龙·乐府第七》中说:"凡乐辞诗,诗声曰歌,声来被辞,辞繁难节;故陈思称李(左)延年闲于增损古辞,多者宜减之,明贵约也。"[95]可知诗人与乐工都能根据音乐曲调对歌辞或乐音进行增减来达到词、曲和谐的目的。《乐府诗集》中所收唐人"近代曲辞",有许多同调异篇或同调异辞之作,就是此理。我们无法得到《竹枝子》的传辞,却可推断文人对原始竹枝歌舞曲的加工改订肯定不是一蹴而就的。

我们从唐末孙光宪的《竹枝词》和五代时期的《尊前集》中皇甫松之作来看竹枝的基本格调。《尊前集》载皇甫松《竹枝词》六首,皆单调,十四字,两句,压平韵者五首,仄韵者一首。此体例与刘禹锡改订《竹枝》不同,从魏晋南北朝民歌《女儿子》来看,当时流传在巴渝之地的竹枝应当以两句为主。之后,从各种官方编撰的词谱及曲谱(如《钦定词谱》)来看,七言两句应当是当时普遍使用之后也流行的调子,视为正格。而孙光宪所作的几首《竹枝》,多为四句,二十八字,三平韵,每句有和声,应当是竹枝舞曲的变体。而仅从体例来看,孙光宪的《竹枝》与刘禹锡、白居易竹枝词更为相近。

刘禹锡改订的竹枝词,言辞工整,句型基本确定,且只压平调,无和声,似唐人拗体七绝，显然一定程度上舍弃了民歌的自由和多样性，使其更符合唐人的审美。如："杨柳青青江水平，闻郎江上唱歌声。东边日出西边雨，道是无晴却有晴。"[96]四句符合唐人的格律观，在工整中又见活泼，十分难得。既有开篇的"杨柳"起兴，又以东边日出西边雨与思慕之人（郎）的有情无情、捉摸不定的性情作比，充分体现了民歌"比兴"传统的特点。特别是"晴"与"情"谐音双关的使用，使得沉浸在爱恋中的主人公既欢喜又惆怅的微妙心思在字里行间流露出来。

刘禹锡《竹枝词九首》用的是古体，后《竹枝词二首》则用的是近体。白居易也是古体、近体兼用。可见刘禹锡的改订也并不僵化死板，而是最大限度容纳了民歌的随意性。后世诗人互相承袭、模仿创作《竹枝词》，或近体或古体，选择也较为自由。曹丕在《典论·文论》中说："夫人善于自见，而文非一体，鲜能备善。"说明每个人擅长的文体都不一样，刘禹锡吸收荆楚民歌精髓改订《竹枝词》的举动既符合诗歌创作规律，又给后世诗人留下发挥特长的余地。

从少变多，从简单到繁复，从俗至雅，从不拘一格到形式规范，从歌舞曲到文人诗词，这是竹枝民歌走向唐代文学殿堂的必经步骤。

（二）雅俗共赏、风韵独特的"新《九歌》"：中晚唐文人《竹枝词》

鲁迅先生曾经指出文学史上这样一个事实：民间文学"偶有一点为文人所见，往往倒吃惊，吸入自己的作品中，作为新的养料"[97]。文人《竹枝词》就是以民歌竹枝为"养料"进行的创作，民歌的独特形式和地域特色使得文人《竹枝词》在唐代诗歌中独树一帜，别具风韵。

第一位真正意义上写作文人竹枝词的是中唐时期的顾况。顾况仿巴歌《竹枝》作《竹枝曲》："帝子苍梧不复归，洞庭叶下荆云飞。巴人夜唱竹枝后，肠断晓猿声渐稀。"[98]整首诗基调凄婉悲怆，从所处之地的景物描写结合典故，烘托诗人悲凉的心境。此诗中典型的荆楚意象"苍梧""洞庭""荆云"，凸显了地域特色。

刘禹锡之前，白居易也于元和十四年在忠州作《竹枝词四首》，但所写内容局限于当地风物，没有进一步开掘竹枝词的艺术魅力，如其一：

瞿塘峡口水烟低，白帝城头月向西。

唱到竹枝声咽处，寒猿暗鸟一时啼。[99]

此诗写出了三峡之地的独特景观，勾画出一幅水墨山水图，也写出了竹枝的格调悲凉凄苦，虽未明言诗人心境，但细读此诗，便于山水之间可见内心忧虑孤独的诗人听闻竹枝歌后的凄苦之色。

其四中写道：

江上谁人唱竹枝，前声断咽后声迟。

怪来调苦缘词苦，多是通州司马诗。[100]

"通州司马"指的是元稹，元、白二人经常诗信往来，从此诗推断，元稹极可能创作了凄苦悲怨的竹枝词，并为时人广泛传唱，只可惜这些诗歌没有流传下来，无法考证其内容风格。

除元、白外，李益、于鹄、李涉等诗人都受到竹枝歌谣的影响，或在诗歌中记录所闻，或仿其格调进行创作，一步步将原本鄙俗的民歌推向唐代最神圣的文学殿堂：唐诗领域。

刘禹锡在这个过程中起到的是奠基和推广作用。郭茂倩《乐府诗集》云："竹枝本出巴渝，唐贞元中刘禹锡在沅湘以俚歌鄙陋，乃依骚人《九歌》作《竹枝词》九章，教里中儿歌之，由此盛于贞元、元和之间。"[101]

由于刘禹锡仿竹枝歌谣而不失其民歌的特有韵味，他的《竹枝词》受到广泛欢迎，可谓是唐代文人《竹枝词》中成就最大的。

刘禹锡在《竹枝词九首》序言中说："……屈原居沅湘之间，其民迎神，词多鄙陋，乃为作九歌。到于今荆楚歌舞之。故余亦作《竹枝词》九篇，俾善歌者飏之。附于末，后之聆《巴歈》，知变风之自焉。"[102] 从这段文字可以看出，刘禹锡是为了继承《九歌》，仿效九歌将鄙陋的民歌乐舞改订为雅俗共赏的，为精英和大众都喜爱的艺术形式，这既是一种对新诗体的创新，又是一种对民歌精髓的继承。刘禹锡自信地认为，他所改订的《竹枝词》是为"变风"，和风骚之义一样能达到教化民众的作用。《竹枝词》也正如他所期盼的那样，得到认同和流传，唐以后仍余响不绝。

且不论刘禹锡《竹枝词》能否和《九歌》对古代文学所做的贡献相提并论，就他看出《竹枝词》与《九歌》同源，深得竹枝歌谣的精髓，并积极推动竹枝歌谣的发展，使其走上高雅殿堂的举动，就足以让人们记住他，后人提及"竹枝"时必定绕不开刘禹锡这个开拓者。

正如当代红学专家冯其庸先生在其《白帝城竹枝词碑园序》中首句所言："巴渝竹枝词，诗之国风，辞之九歌也。"[103] 刘禹锡改订竹枝词，一方面得益于三峡地域风土人情的熏陶，民歌文化的深厚影响，另一方面也得益于屈原《九歌》的感召，"昔仲尼删诗而存国风，屈原作辞而定九歌。故知圣人重俚言而辞祖珍乡音也。夫三峡形胜自古而然，歌辞流丽亦随惊波自顾，刘以为世所重，梦得并创为联章，雅俗悉称。遂使歌词腾踊，万世相沿……"[104] 只有对荆楚地域文化深入了解，倾尽诗人的真情来写尽荆楚之地的山川风貌、民俗民风，传达那种盼君思郎、柔水情怀，他的竹枝词才能"雅俗悉称"，流传至今。

刘禹锡之后，白居易、李涉、蒋吉等创作的《竹枝词》也都是雅俗共赏的佳作。晚唐时期，文人仿效竹枝词创作增多，但因不懂荆楚方言、俚语和不了解竹枝的原本风貌而很少有直接以"竹枝词"为题的诗篇。多数诗人如杜牧、张籍等，只借游览古迹感怀旧事，或赞叹荆楚风物或描写荆楚民俗，未能有超出刘禹锡之作。

以竹枝为题，且有文献资料可查的只有晚唐五代时期的孙光宪2首、皇甫松6首。两者的体例前文已述。孙光宪、皇甫松所作竹枝词，保留了竹枝民歌演唱时所用的和声"竹枝"和"女儿"，使我们能一窥竹枝演唱的原貌。同时，也可以看出，文人有意识地使用对比、双关、谐音等修辞，不再如民歌那般简单明快，反而含蓄婉约地表达感情。其实这也是他在艺术上对民间竹枝歌曲进行格调上的提升，和刘禹锡一样，他们的创作要求，是期望能达到雅俗共赏的效果。

唐以后，文人竹枝词继续发展。宋代的苏轼、黄庭坚、杨万里，元代的杨维祯，明代的杨慎，清代王夫之、孔尚任、郑板桥等都曾写下过许多竹枝佳作。特别是到了明代，参与创作竹枝词的文人共300多人，创作数量千余首，要远远超过唐、宋、元三代。只是，随着时代变迁，文化的传播和迁移，竹枝词已经不再专属荆楚巴渝之地，从内容到风格也不再如最初的竹枝词那般，具有《九歌》那样浪漫多情的特点，哀怨凄婉的特色，因此可称为"风土诗"或"新竹枝"。如元代杨维桢的《海乡竹枝歌》："潮来潮退白洋沙，白沙女儿把锄耙。苦海熬干是何日？免得侬来爬雪沙。"[105] 这是典型的风土诗，充分反映海乡渔民生活的艰辛、困苦。清代被载入《利川县志》的吴子丹的《竹枝词》："每逢路转见村烟，不羡桃源别有天。扪虱老翁闲曝背，画眉啼到竹篱边。"诗歌充满浓郁的乡土气息，使人如闻其声，如见其景，也是描述本地生活风貌的风土诗。

晚清受西方文化的影响，竹枝词的内容表现发生很大变化，几乎无所不包，如兰陵忧患生的《京华百二竹枝词》："明镜中嵌半身像，门前高挂任人观。各家都有当行物，花界名流大老官。"[106] 诗歌写出了当时照相盛行，各馆林立的情景，这已经不再是风土诗，而是具有讽刺意味的时政诗了。这一方面固然扩大了竹枝词的表现领域，但同时也意味着竹枝民歌的"里巷"本土特征的完全丧失。

（三）作为文化符号的"竹枝"

由于文人对竹枝民歌的喜爱、积极推广和文人《竹枝词》的不断创作，竹枝在唐代不仅是地方音乐的标志，而且成为一种颇具特色的楚文化符号，唐人在谈及荆楚民歌时必然提到"竹枝"，在咏叹荆楚风物时，也以"竹枝"乐舞为描述意象，文人《竹枝词》也成为受到荆楚地域文化深远影响的诗歌代表。

初盛唐时期，文人就已经注意到了竹枝这一特殊的民歌形式。现存唐诗中，杜甫的《奉寄李十五秘书二首》中"竹枝歌未好，画舸莫迟回"[107] 一句最早出现了"竹枝"一词。

据统计，《全唐诗》和《全唐诗补编》中还有43首诗歌出现过"竹枝"，如白居易《郡楼夜宴留客》"艳听竹枝曲，相传莲子杯"[108]。

中唐李益的《送人南归》"无奈孤舟夕，山歌闻竹枝"[109]，于鹄的《巴女谣》

"巴女骑牛唱竹枝，藕丝菱叶傍江时"[110]都将竹枝作为荆楚（含巴渝）民歌的特色来描写。张籍的《江南行》"娟楼两岸临水栅，夜唱竹枝留北客"[111]，也将竹枝作为"南乐"的标志与"北客"进行对比。

可以看出，无论是在山涧、堤岸、江畔还是在孤舟、市井之中，"竹枝"的出现都带给人听觉上的冲击力，北人会牵起乡情无限，贬谪之人会升起无限愁思，如刘禹锡《竹枝词二首（其二）》：

> 楚水巴山江雨多，巴人能唱本乡歌。
> 今朝北客思归去，回入纥那披绿罗。[112]

竹枝作为巴山楚水之地的"本乡歌"，让北人思归心切，愁绪满怀。

又如刘商《秋夜听严绅巴童唱竹枝歌》："巴人远从荆山客，回首荆山楚云隔。思归夜唱竹枝歌，庭槐叶落秋风多……天晴露白钟漏迟，泪痕满面看竹枝。曲终寒竹风袅袅，西方落日东方晓。"[113]竹枝不仅是催人泪下的歌舞曲，而且与"荆山""楚云"一起成为地域文化的标志，处异地怀故乡，衬托浓浓的思乡之情。

无论是赏游、宴饮、集会、送别还是赠答，无论是白天还是夜晚，都能闻竹枝，唱竹枝，将竹枝作为一种文化内涵来诠释，来注解，来观照，来寄托悠悠情思。可以说，竹枝的风情几乎无处不在。如晚唐王周《再经秭归二首》其二："独有凄清难改处，月明闻唱竹枝歌。"[114]郑谷《寄南浦谪官》："醉欹梅障晓，歌厌竹枝秋。望阙怀乡泪，荆江水共流。"[115]方干《赠赵崇侍御》："却教鹦鹉呼桃叶，便遣婵娟唱竹枝。"[116]这里注重的都不再是竹枝的表现内容，而是竹枝特有的一种类似《九歌》的哀怨情调，前两首是愁思无限之闻曲思乡，后者是怀才不遇之借曲浇愁。如此，竹枝便成为"遣怀"的独特意象。

晚唐时期，竹枝的传唱已经不局限于荆楚巴渝之地，吴越之地也有竹枝之歌，甚至出现了楚人唱吴曲，吴娃唱楚歌的情景，如杜牧《见刘秀才与池州妓别》诗云："楚管能吹柳花怨，吴姬争唱竹枝歌。"[117]竹枝歌成了楚地的标记。

唐以后的竹枝词，自然不可能人人亲身体味，深得竹枝民歌的精髓，再进行创作，很多诗人没有被贬至荆楚蛮荒之地的亲身经历，也不懂楚语楚声，只能更改方音，再作新曲。不习惯楚声楚语的北方诗人到此，也会因为哀怨凄苦，觉得愁绪满怀，倍觉悲苦。

如北宋苏辙的《竹枝歌九首（其一）》："舟行千里不至楚，忽闻竹枝皆楚语。楚言啁哳安可分，江中明月多风露。"[118] 诗歌说明他对楚语演唱的《竹枝》的不喜。他的《竹枝歌》其四、其五就是他嫌楚地竹枝歌俚俗鄙陋，改填而成。

在这种情况下，竹枝更加凝固为一种符号，成为楚地民歌和民俗风情的代名词。

又如北宋贺铸《变竹枝九首》每首咏一人，述荆楚地方故事，如其七："胜慨今犹昨，层楼栖燕雀。但闻歌竹枝，不见乘黄鹤。"[119] 此诗中的"竹枝"，已经不再是单纯意义上的竹枝曲乐，而是荆楚文化的一种象征。既代表着这一独特地域的音乐，又暗示昔日黄鹤楼的繁盛之景，古今对比，"黄鹤"不再，只有竹枝曲犹自在耳，不由生出许多感慨。

第三节　《九歌》传统与唐代文人《竹枝词》的艺术特点

北宋诗人黄庭坚评价说："刘梦得《竹枝》九章，词意高妙，元和间诚可以独步。"[120] 清代翁方纲评说刘禹锡："以竹枝歌谣之调，而造老杜诗史之地位。"[121] 后人对刘禹锡《竹枝词》的评价如此之高，使我们不得不对其艺术魅力进行一番探讨。

一、长于抒情的楚语与奇诡婉丽的楚声

《九歌》是《楚辞》中最具民歌意味的诗篇。王逸《楚辞章句》云："《九歌》者，屈原之所作也。昔楚国南郢之邑、沅湘之间，其俗信鬼而好祠……因为作《九歌》之曲。上陈事之敬，下见己之冤结，托之讽谏。"[122] 可知《九歌》就是在这种巫风盛行下仿楚地祭歌而作。它充分显示了《楚辞》"书楚语，作楚声，纪楚地，名楚物"[123] 的特点，具有浓郁的地域色彩。

《竹枝词》也是由民间歌舞蜕化出来的，因此诗中保留了许多三峡地区及其他荆楚之地的口语、俚语，且极少用典，读起来琅琅上口，雅俗共赏。在歌舞表演时也保留了当时在荆楚、汉中一带流行的楚声进行演唱。

（一）楚语长于抒情

首先是巴语的使用，如"箇里愁人肠自断"这句诗中，"箇里"一词，本是三峡地区的俚语，乡土气息浓厚。不用"这个"，而用"箇里"，读起来丝毫不觉得拗口，反而增添了整首诗的民歌风味。还有许多口语化的词汇，如"长刀短笠去烧畲""住在成都万里桥""桥东桥西好杨柳""山桃红花满上头"，等等，都似民歌之语，平实而不乏活泼，清新隽永，易于流传。

刘禹锡《竹枝词二首（之二）》中有"巴人能唱本乡歌"句，《洞庭秋月行》中有"荡桨巴童歌竹枝，连樯估客吹羌笛"[124]的描写，都说明竹枝是以巴人的唱词为基础的，刘商《秋夜听严绅巴童唱竹枝歌》也有巴童唱竹枝的描写。

随着竹枝在荆楚之地的流传愈来愈广，许多地区的竹枝都使用楚语，晚唐时期，"竹枝"逐渐由巴楚流传到吴地。杜牧有诗："楚管能吹柳花怨，吴姬争唱竹枝歌。"（《见刘秀才与池州妓别》）[125]这里的"柳花怨"代指吴曲，"竹枝"指代楚歌，两者相对，说明"竹枝"已经成为荆楚的文化符号。而吴越之地所唱的"竹枝"已是楚语。

因楚语具有鲜明的地域特征，没有长期在楚地生活，被楚语浸染的经历，北方文人初到楚地往往听不懂或试图用其他语言将竹枝改造，却失去了独有的韵味[126]。如刘禹锡在夔州，闻竹枝仍觉"伧佇不可分"，可知楚语的模糊性特点。宋代苏辙受到民间传唱的竹枝歌启发，依声填写了九章联唱的《竹枝歌》，其一云："舟行千里不至楚，忽闻竹枝皆楚语。楚言啁晰安可分，江中明月多风露。"[127]说明连忠州之地也盛行楚声楚语。苏辙感叹楚言"啁晰"，但不可否认楚语比北方方言更适合嗟叹慨怨的特点。如第二首的"齐唱竹枝如有嗟"这种"如有嗟"的奇怪语调正是荆楚民歌的一种特色，《九歌》中《湘夫人》《河伯》等，就是音韵悠长，颇具顿挫之美的楚音楚语，特别是《国殇》中的每一句几乎都是嗟叹："身既死兮神以灵，魂魄毅兮为鬼雄！"[128]何其悲壮慷慨！同时，这也表明民间传唱的竹枝词仍保留着群声合唱的形式。

苏辙《竹枝词》其四、其五就是他试图改造楚语的混沌不清、内容的单一而作，所表现内容与前面二首有明显不同。

荆楚的语言是抒情的语言，荆楚的诗歌是尚情的诗歌。竹枝使用楚语，就具有了楚语长于抒情的典型风格。

（二）楚声奇诡婉丽

其次是楚声的流行。日本学者青木正儿曾指出："楚声——即楚国之歌——从汉初到武帝时甚为流行，且因影响及于汉乐府——即乐歌——的诗形，所以当时的乐府，有不少为楚辞形者。"[129] 唐代宫廷乐部大量采用外来乐曲，自汉代以来盛行的楚声运用随之缩减，只在宫廷雅乐中，如在琴曲中使用："唯琴工犹传楚声、汉旧声及清平调。"[130] 卢照邻《明月引》《怀仙引》，韩愈《扬幽操》《残形操》，李白《幽涧泉》，皎然《风入松》等琴歌，就是采用楚辞的歌辞方式。刘希夷《白头吟》也是楚声演唱。尽管楚声不再居主位，祖孝孙所作"大唐雅乐"仍是据"杂用吴楚之音"的梁陈旧乐酌酌考定而成，[131] 可知唐代楚声不衰。

民间楚声更是流行。荆楚、吴越、汉中等地都能闻楚声。如竹枝的歌唱腔调，早在刘禹锡序言中就已说明："聆其音，中黄钟之羽，其卒章激讦如吴声，虽伦儜不可分，而含思宛转，有淇、濮之艳。"[132] 意思是竹枝依楚声的特点，既有北方音乐那般的中正，也有吴歌的柔艳，但又不及北方的刚健，吴曲的柔靡，在跌宕的曲调中，用婉转悠长的旋律，将情感激越地表现出来。

根据唐代民间音乐特征的分布，江汉地区的楚声具有南北音乐在荆楚一带融合的特征，即具有"中介性"，可以称为"中音"。巴、蜀、南楚一带，音感偏窄，往往采用小声韵的序进、曲折跳进旋法，使旋律从平和舒缓到跳荡、激越，特别是在收尾处特异处理，最具楚乐风味。

这种特异处理，指楚声在结束时，调式和旋律与全曲基调构成相辅相成的关系，追求强烈反差的新变化和刺激性，使得曲调呈现动态美感。这种美感与《楚辞·九歌》中常见的"奇诡""瑰丽""惊采"等审美追求是相通的，且含有浓厚的、原始的、神秘的非理性色彩。

竹枝中卒章处所谓"激讦如吴声"应当就是这种楚声特有的终止方式。

这种方式充满了扑朔迷离的奇诡韵味。

刘禹锡的《插田歌》生动描写了楚人插秧唱田歌的动人情景："农妇白纻裙，农夫绿蓑衣，齐唱'郢中歌'，嘤咛如竹枝。"[133] 说明竹枝的声腔、调式与郢中地区的田歌类似。而郢中地区民歌一般以南北特征兼具的"中音"为主，因而竹枝也具有此特点。刘禹锡的《竹枝词》就是在这样的楚声基调上进行创新的。

夔州三峡地区是竹枝产生的主要地域，在这里处处能闻楚声，白帝城头、瀼溪桥上、昭君坊里或永安宫外，都有楚声不绝地回响。

宋以后，在荆楚和汉中之地的民间，楚声仍保持着鲜明的地域特色和旺盛的生命力。如宋代苏轼在《竹枝词》序中说："竹枝歌本楚声，幽怨恻恒，若有所深悲者，岂已往者之所见，有足怨者欤？"[134] 这也说明了竹枝因楚声演唱而具有的"悲怨"特点。

无怪乎有学者认为："荆楚地区的方言口语、传统音调和音乐逻辑思维，孕育了先秦的楚辞楚声，造就了唐宋时期的《竹枝词》、踏歌曲，也造就了紧承传统、形态多样的竹枝体民歌。"[135] 这种说法是有一定道理的。

二、原始的器乐、踏歌舞和对歌形式

文人竹枝词具有浓郁的民歌风味，刘禹锡改订后的竹枝词之所以流传广泛，就在于他以诗人之笔还原民歌本位，使用常见的第一人称手法，配乐歌舞，诗歌具有音律美。

（一）乐舞形式：九歌击鼓、"应律"而舞与竹枝击鼓、踏地为节而舞

据《汉书·地理志》载，楚人"信巫鬼，重淫祀"[136]。王逸在《楚辞章句》中也提到沅湘一带有崇巫信鬼的民间风俗，祭祀时需要奏乐歌舞来娱乐鬼神。《九歌》就是屈原在民间祭祀歌舞的基础之上加工润色而成的，是一套歌辞、音乐和舞蹈合一的作品。而刘禹锡有意模仿《九歌》，对《竹枝》歌谣进行改订，显然说明它在形式与内容上都与《九歌》相似。

刘禹锡在《阳山庙观赛神》中就说明了《竹枝》与荆楚崇巫信鬼的传统有关："荆巫脉脉传神语，野老婆婆起醉颜。日落风生庙门外，几人连蹋竹

歌还。"[137] 可知"竹枝"最初也是娱神的歌舞曲。

《楚辞·九歌》描绘楚人祭祀时，钟鼓齐鸣，"竽""瑟"交奏，巫觋着"蛟服"，"缓节""应律"而舞。唐代《竹枝》民歌歌唱的特点，一般均依刘禹锡的记载，即："里中儿联歌《竹枝》，吹短笛，击鼓以赴节，歌者扬袂睢舞，以曲多为贤。"[138] 也是击鼓、赴节而歌，联袂而舞。

从《九歌》的歌舞形式来看，已经具有了后来民间习俗赛神歌舞表演的雏形，特别是唐代的赛神歌舞，人们踏竹枝，那种原始的歌舞形式（以踏地为节、手臂相连的圈舞形式）和情感的宣泄方式（自然而不矫作，即兴而歌，醉而弥欢）都反映了楚地娱神巫俗的遗留。

杜甫《奉寄李十五秘书二首》有"竹枝歌未好，画舸未迟回"句，朱鹤龄注："莫迟回，促其早至而出峡。"说明杜甫所闻竹枝在峡江一带。朱注又引朱熹语："《竹枝词》，巴渝之遗音，惟峡人善唱。"[139] 三峡地区人民善歌，山水培育了他们的好嗓音，他们以顿地为节拍，唱出巫峡的神秘幽怨、峡江的曲折温婉，他们联袂而舞，舞尽三峡的人文风情。在柔婉曲折的舞姿中，人们张扬着一种原始的神秘和对美好事物如爱情的大胆追求。

（二）歌唱方式：九歌中的巫觋唱和、伴唱与竹枝中的男女对歌、和声

《九歌》中歌唱时有吾、余、君、女（汝）、佳人、公子等，都是歌舞曲中的称谓，以第一人称居多。因主唱表演的是巫，而巫分男女，男为巫，女为觋，男巫扮阳神，女巫扮阴神，因此，《九歌》的结构往往是以男女互相唱和的形式出现，如《湘夫人》中既有"公子"对"帝子"的仰慕，又有湘夫人对"公子"的思恋之意，珠联璧合，多情浪漫。

竹枝词中也往往以第一人称口吻进行叙述、抒情，如"水流无限似侬愁"中的"侬"，就是典型的第一人称口语。"凭寄狂夫书一纸"也是以第一人称口吻自述，隐隐透出女子的怨怼之情。这里的其他称谓则有"巴人""南人""北客""个里愁人"等，以第三人称来表现曲折的心境。除了少数被改订后只涉及民俗风物的竹枝诗词外，唐代竹枝还是以男女对歌为主，如："杨柳青青江水平，闻郎江上唱歌声。东边日出西边雨，道是无晴却有晴。"[140] 就是对歌的一方所唱。"情"与"晴"谐音双关，以女子口吻大胆表达对爱

情的追求。

《九歌》主唱分扮神的、接神的、助祭的三类，祭祀的其他人员伴唱。竹枝最初演唱时也有和声，唱者按前四后三句式分两段，中间需要停顿处，插入衬字"竹枝"，句尾插入衬字"女儿"，和声伴唱。这里的"竹枝""女儿"如同《九歌》中的"兮"字的用法。《九歌·山鬼》全篇都是典型的前四后三句式，可以说，竹枝的歌舞结构就脱胎于《九歌》。巫瑞书先生曾比较楚辞与《竹枝词》，指出二者之关系："在形式上，竹枝歌也是骚体民歌的衍化。骚体诗歌不少七字句，前四字与后三字之间略有停顿，用'兮'（啊）等语气词来表现。竹枝歌句式十分酷似，讴歌起来也是如此。"[141] 唐代皇甫松的七言二句体的《竹枝词》就保留了和声。刘禹锡改订的竹枝词虽然没有注明和声，但演唱时也有领唱与伴唱，依然是前四后三句式，仍具顿挫之美。

三、悲怨的主题风格

竹枝是从古代流传下来的民歌，其风格特点如白居易《听芦管》中所说："幽咽新芦管，凄凉古《竹枝》。"[142]

刘禹锡概括《竹枝》的内容和风格特色则是"《竹枝》无限情"（《纥那曲》），"含思宛转"（《竹枝词九首》序），宋代苏轼在《竹枝歌》自序中说竹枝歌"幽怨侧怛，若有所深悲者"[143]，黄庭坚也曾发出"塞上柳枝且莫歌，夔州竹枝奈愁何"[144]的感慨，都可知"竹枝"悲怨的特点。

这种悲怨主题的集中表现，与楚辞以来的"怨骚"传统一脉相承，也体现了荆楚歌谣尚情的传统。

《九歌》中的《湘君》《湘夫人》《山鬼》《少司命》《国殇》诸篇，无一不带有肃杀悲凉之意，哀怨凄婉之气。如《湘君》《湘夫人》中的那种会合无缘，祈之不来，盼而不见的惆怅哀婉就格外动人心魄。

《少司命》中"望美人兮未来，临风怳兮浩歌"[145]的幽怨不甘，《山鬼》中"风飒飒兮木萧萧，思公子兮徒离忧"[146]的独自伤悲及《国殇》中的"带长剑兮挟秦弓，首身离兮心不惩"[147]的凛然悲壮都给我们营造了一个光怪陆离的神、鬼世界，给我们无穷想象和心灵上的震撼。

唐代竹枝词的作者主要是贬谪到荆楚蛮荒之地的文人，他们在精神上与屈原产生共鸣，因为"发愤以抒情"，将满腔愁情、悲情、怨情寄寓创作之中。因而，他们的竹枝诗歌，无一不具有悲怨特色，或抒发怀才不遇、遇人不淑、遭际坎坷的不幸，或感叹人心冷暖、世道变迁的悲凉，或寄托怀乡思归的愁绪，或表达相思企盼的怨苦，淋漓尽致，感人至深。

顾况创作《竹枝曲》："帝子苍梧不复归，洞庭叶下荆云飞。巴人夜唱竹枝后，肠断晓猿声渐稀。"[148] 诗歌比较直接地传达竹枝催人断肠的凄凉和悲意，在萧瑟的秋景中，用舜与二妃的典故抒发羁旅之愁。刘商《秋夜听严绅巴童唱竹枝歌》"天晴露白钟漏迟，泪痕满面看竹枝"[149]，也自然流露出浓郁的思乡之情。

而白居易的《竹枝词四首》中的其一、其三两首，偏写冷景，用"寒猿暗鸟""水蓼冷花"等意象宣泄个人的愁怨之情，而其二中就直接点出了竹枝的凄苦哀怨之曲调引发的愁情："竹枝苦怨怨何人，夜静山空歇又闻。蛮儿巴女齐声唱，愁杀江楼病使君。"[150] 其四也同样因竹枝奇怪的顿挫而觉悲苦之意："江畔谁人唱竹枝，前声断咽后声迟。怪来调苦缘词苦，多是通州司马诗。"[151]

李涉的《竹枝词》："十二峰头月欲低，空蒙江上子规啼。孤舟一夜东归客，泣向春风忆建溪。"[152] 全诗抒发了乡情之切，营造孤独凄清的意境。

刘禹锡在巴山楚水生活长达 23 年之久，其《竹枝词九首》[153] 中更是愁思悲绪随处可见："愁""恨""恼""悲"等字眼明白地表现了乡情之愁、相思之恨、失意之悲，不管是明喻、暗喻、对比、暗示还是夸张，诗歌中的悲怨之意流露无遗。听《竹枝》而引发思乡之情，乡愁无限，如"南人上来歌一曲，北人莫上动乡情"（其一）；少女一腔柔情空付，不免愁绪万千，如"花红易衰似郎意，水流无限似侬愁"（其二）；人生道路坎坷，如山峡之地的险山恶水，大起大落，不免内心苦闷，恼恨无常，则有"恼恨人心不如石，少时东去复西来"（其六），"长恨人心不如水，等闲平地起波澜"（其七），"个里愁人肠自断，由来不是此声悲"（其八）等句。

白居易在其《忆梦得》诗自注中说："梦得能唱竹枝，听者愁绝。"[154] 就指出刘禹锡《竹枝词》具有的愁、怨特色。

《九歌》在感情的抒发上，采用明暗对应的双层结构，即描写实境时，主人公的情感是明晰的、直露的、表层性的，语言明快；而描写虚境和想象中的画面时，则多用象征手法，寓情于景，将感情含蓄、蕴藉、深沉的一面表现出来。

明线结构主要来源于民间情歌直白的抒情方式，如《湘夫人》中后半段写到建筑美室、装饰洞房、迎接宾客等，就采用实写，属于表层型的，这时，情感是直抒胸臆的宣泄，酣畅淋漓。而诗歌中开头主人公企盼佳人的情景和幻觉中佳人出现与之共同游赏的情景，则是虚虚实实，充满扑朔迷离的神秘意味，如开篇对秋风、秋叶、秋水等的描写，"帝子降兮北渚，目眇眇兮愁予。袅袅兮秋风，洞庭波兮木叶下"[155] 就渲染了主人公的愁绪，使人如亲眼所见，在萧瑟的秋风落叶中，洞庭湖畔那一抹望眼欲穿的身影。

刘禹锡的《竹枝词》中也采取了这种双线明暗的抒情结构。既有对楚地人民生活的真实描绘，如对楚民到江边汲水、戴着短笠在山上烧草木灰等风俗画面的实写（《竹枝词九首》之九）；也有虚写，如《竹枝词二首》中对江上唱歌的情郎的描写就是虚虚实实，"东边日出西边雨，道是无晴却有晴"用谐音双关来委婉含蓄表达了情感，还留下一个主人公与对方对歌应答传情的想象画面，令人回味。

《竹枝词九首》还选取了具有主观色彩的景物进行刻画，融情于景，真挚动人。那瞿塘峡口万波皆不可摧的滟滪堆、咆哮澎湃的湍急江水、烟雨迷漫的巫峡在诗人的笔下，都成为沾染愁思的人性化山水，特别是那一声声凄切的猿啼，烘托出作者内心极致的苦闷和悲哀。

总的来说，"竹枝"用"长于抒情"的楚语、曲调奇诡的楚声及原始灵动的歌舞形式表现悲怨的风格主题和风俗画面，使得它成为唐代诗歌中独具魅力的一种新诗体。它秉承了《九歌》以来的民歌传统，从形式上到内容上都与《九歌》有着密切的联系。唐代文人特别是刘禹锡以其高超的艺术手法，将优美的意境，精练含蓄的词语融会于明白晓畅、摇曳生姿的民间竹枝歌谣之中，创造出"新《九歌》"，瑰丽而不矫作，浅近而不流俗，为唐代诗坛添上颇具地域风情的一笔，充分展示了文人与民间文学相结合的创作发展方向和可观前景。

第四节　荆楚踏歌习俗与唐诗中的"踏歌"

一、荆楚踏歌渊源与唐前踏歌的流行

荆楚踏歌习俗由来已久。据《岳阳风土记》载："荆湖民俗：岁时会集或祷祠，多击鼓，令男女踏歌，谓之歌场。"[156]

早期的踏歌是一种以祭祀祈福为主的歌舞娱乐活动，在唐代仍可看到其遗风。从前面关于竹枝词的论述中，我们已知踏歌、《竹枝词》与巫风楚俗的关系。宋代朱辅《溪蛮丛笑》"踏歌"条："习俗：死亡、群聚、歌舞，辄联手蹋地为节，丧家椎牛多酿以待，名踏歌。"[157]与《江汉丛谈》"盘瓠"条"每岁七月二十五日，蛮种类集宿于盘瓠庙下，以牛鲶酒椎鼓踏歌，谓之样。样者，蛮语，祭名也"[158]，也可证"踏歌"与南方巫祭活动有关。

最早对踏歌的描写，是《西京杂记·戚夫人侍儿言宫中乐事》："十月十五日，共入灵女庙，以豚黍乐神，吹笛击筑，歌《上灵》之曲。既而相与联臂，踏地为节，歌《赤凤凰来》。"[159]戚夫人为汉高祖刘邦宠姬，多才多艺，善于舞蹈。她既会跳当时流行、刘邦又极喜爱的"楚舞"，又擅长"翘袖折腰之舞"。唐代李昂《赋戚夫人歌舞曲》中就有："君楚歌兮妾楚舞，脉脉相看两心苦"[160]的诗句。汉高祖"乐楚声"，在《汉书·礼乐志》中就有记载，而此则文献记载的分明是祭祀活动，故可推知《赤凤凰来》(又名《赤凤皇来》)舞曲实为荆楚歌舞，踏歌为楚地巫祭歌舞习俗。

晋干宝《搜神记》卷二所记与此基本相同："十月十五日，共入灵女庙，以豚黍乐神，吹笛击筑，歌《上灵之曲》。既而相与连臂，踏地为节，歌《赤凤皇来》。乃巫俗也。"[161]这明确说明踏歌活动是一种巫祭活动。

《赤凤凰来》亦省作"赤凤来"。旧题汉代伶玄《赵飞燕外传》："十月五日，宫中故事，上灵安庙，是日，吹埙击鼓歌，连臂踏地，歌《赤凤来》曲。"[162]可见，踏歌在汉代宫廷中已经非常普遍。

魏晋南北朝时期，宫廷踏歌歌舞更是长盛不衰，踏歌在南北方都很流行。如《隋书》记载："周宣帝与宫人夜中连臂蹋蹀而歌曰：自知身命促，把烛

夜行游。"¹⁶³ 又如《南史·王神念传》："……胡太后追思（杨华）不已，为作《杨白花歌辞》，使宫人昼夜连臂踏蹄歌之，声甚悽断。"¹⁶⁴

南朝西曲大多数以踏歌的歌舞形式演唱，如《石城乐》《女儿子》《襄阳乐》《江陵乐》《白杨花》等。《乐府诗集·清商曲辞六·女儿子》："巴东三峡猿鸣悲，夜鸣三声泪沾衣。知我欲上蜀蜀水难，踏蹀珂头腰环环。"¹⁶⁵该诗写出了三峡地区少女挂腰铃踏歌的情景。郭茂倩引《古今乐录》："《女儿子》，倚歌也。"又云："凡倚歌悉用铃鼓，无弦有吹。"¹⁶⁶ 可知，其歌舞是以简单的腰铃为助，可能有笛子之类伴奏，而无弦乐器。《石城乐》中则有"捥指踏忘愁"的句子，描述了人们手腕相勾连，以足踏地为节，并以"忘愁"为和声的踏歌场面。

流行于荆楚地区的《大堤曲》《襄阳白铜鞮》等也是著名的踏歌，大堤曲，属清商曲辞西曲歌。郭茂倩《乐府诗集》卷四十八《襄阳乐》题解引《古今乐录》："《襄阳乐》者，宋随王诞所作也。诞始为襄阳郡，元嘉二十六年（449年），仍为雍州刺史，夜闻诸女歌谣，因而作之。所以歌中有'襄阳来夜乐'之语也。旧舞十六人，梁八人。……又有《大堤曲》，亦出于此。"¹⁶⁷

《大堤》在宋、梁之际，皆为歌舞，有乐曲伴奏。梁以前是 16 人表演，梁代由 8 人表演。后逐渐脱离歌舞乐曲，而成为乐府诗体。唐代如李白、李贺、杨巨源等诗人写的《大堤曲》，孟浩然的《大堤行》，主要反映大堤女儿的艳冶或大堤女儿的恋情，折射出当时襄阳的繁华。韩愈《送李尚书赴襄阳八韵得长字》、杨巨源《襄阳乐》、张潮《襄阳行》、施肩吾《襄阳曲》等襄阳诗中也描述了大堤女儿歌舞之艳，踏歌之壮观，让游客唏嘘，商妇惊忧，诗人叹惋。

《襄阳白铜鞮》又名襄阳白铜蹄、铜鞮谣、铜鞮歌、白铜鞮歌、襄阳白铜歌等，从《襄阳踏铜鞮》歌舞演变而来。《白铜鞮》本为荆楚之地襄阳的童谣，《隋书·音乐志》载："初武帝之在雍镇，有童谣云：'襄阳白铜鞮，反缚扬州儿。'"梁武帝萧衍建立梁朝后，犹记得这首襄阳童谣，感慨作歌，此后便有了乐府名曲《白铜鞮》。萧衍所作《襄阳踏铜蹄歌三首》，至唐代仍流传甚广：

陌头征人去，闺中女下机。含情不能言，送别沾罗衣。

草树非一香，花叶百种色。寄语故情人，知我心相忆。

龙马紫金鞍，翠眊白玉羁。照耀双阙下，知是襄阳儿。[168]

梁武帝还令沈约和了三首，郭茂倩《乐录》载："本襄阳《踏铜鞮》，梁武帝西下所作。《玉台新咏》所载两首皆沈约和《白铜鞮》，即太白所谓襄阳小儿齐拍手，拦街争唱《白铜鞮》者也。"[169]可知唐代李白的《襄阳歌》中所闻记的《白铜鞮》正是依沈约当时所作流传而来。崔国辅《襄阳曲》也有"城中美年少，相见白铜鞮"[170]的诗句。

二、唐代踏歌的盛行

唐时歌舞兴盛，踏歌成为人们生活中必不可少的一部分，上至宫廷士族，下至乡野平民，都非常喜爱这种歌舞形式。踏歌活动的功能也变得多样化。除了原始的祭祀、娱神歌舞外，迎春、嫁娶、送别、丧葬、庆贺秋收、农闲娱乐等，都可见众人手袖相连，踏地为节，载歌载舞的情景。节日更是处处可见踏歌，贞观十六年，太宗在庆善宫南门宴请父老，老人们争相起舞向皇帝祝福。自唐太宗后，每至元宵，都举行这样的歌舞活动。踏歌成为唐王朝节日娱乐活动的惯例。唐代关于踏歌最壮观详尽的一次记载，是睿宗退位、玄宗即位不久组织的一次大型踏歌表演活动，即张鷟《朝野佥载》卷三所载：

> 睿宗先天二年（713年）正月十五、十六夜，于京师安福门外作灯轮，高二十丈，衣以锦绮，饰以金玉，燃五万盏灯，簇之如花树。宫女千数，衣罗绮，曳锦绣，耀珠翠，施香粉。一花冠、一巾帔皆万钱，装束一妓女皆至三百贯。妙简长安、年少女妇千余人，衣服、花钗、媚子亦称是。于灯轮下踏歌三日夜。欢乐之极，未始有之。[171]

《旧唐书·睿宗记》亦载："上元日夜，上皇御安福门观灯，出内人连袂踏歌，纵百僚观之。"[172]在灯火辉煌、花团锦簇之下，多达千人通宵达旦三天三夜，这样的踏歌情景，何其壮观，令人乐而忘返。

除了官方为亲民而举行的大型节日歌舞活动，统治者自身也十分喜爱踏歌。玄宗爱自制新曲，常令女伶数十或百余人"联袂而歌"。同样雅好音律的唐宣宗作过踏歌曲数十首，其曲有《播皇猷》《葱西士女踏歌队》《霓裳曲》（《乐书》卷一八五）。

其他如《缭踏歌》《队踏子》《踏春阳》（《春阳曲》或《阳春曲》）、《踏金莲》《踏歌词》《纥那曲》《竹枝》等，都是先在民间流传然后进入宫廷的踏歌曲。

民间踏歌的曲调则除了上述之外，还有《杨白花》《山鹧鸪》《采莲曲》《采菱歌》《春江曲》《还乡曲》等。其中最著名的是《竹枝》和《杨柳枝》。如刘禹锡《踏歌词四首》记录的是当时江陵一带踏歌的习俗，也反映了当地年轻男女用歌舞形式表现爱情的习俗风情。其一："春江月出大堤平，堤上女郎连袂行。唱尽新词欢不见，红窗映树鹧鸪鸣。"[173] 以景起兴，前两句写出民间姑娘趁着月圆之夜"踏歌"的情景，后两句暗示民间"对歌"的传统。白居易《杨柳枝二十韵》则有"小妓携桃叶，新声踏柳枝"[174] 的描写。刘禹锡亦有《杨柳枝词九首》。

唐代民间的踏歌活动，虽然规模比不上宫廷组织的，但也场面壮观，热闹非凡。

顾况《听山鹧鸪》描写了山乡村民通宵达旦踏歌娱乐的情景："夜宿桃花村，踏歌接天晓。"[175] 徐铉的《寒食成判官垂访因赠》诗中也有描写："远巷踏歌深夜月，隔墙吹管数枝花。"[176] 说明即使在遥远偏僻的村巷，也不乏踏歌，且村民尤其喜爱在月下踏歌。

除了歌舞乐曲，唐代诗人还仿照民间踏歌创作了许多关于踏歌的诗篇，如李白、刘禹锡、张说、崔液、谢偃、元稹、储光羲、薛能、顾况等。

三、"踏曲兴无穷"：踏歌的艺术魅力

踏歌在唐人眼中是如此司空见惯，正如刘禹锡《竹枝词九首》之三中所说："桥东桥西好杨柳，人来人去唱歌行。"[177] 踏歌又是如此得到各种身份的人们的喜爱，如温庭筠《秘书刘尚书挽歌词》所言的贵公子和襄阳女儿对踏歌的喜爱："京口贵公子，襄阳诸女儿。折花兼踏月，多唱柳郎词。"[178]

我们从唐代踏歌的方式、踏歌的表演者和场地、踏歌歌辞所反映的内容三个方面来看，踏歌究竟拥有什么样的艺术魅力。

（一）简单乐器、绝妙舞姿——"得意而忘形"的美

《资治通鉴》载："踏歌者，连手而歌，踏地为节。"[179] 踏歌形式多样，可单人踏歌，多人踏歌，表演时，宫廷有笛、埙、筑、鼓、铃铛伴奏，民间则有腰鼓、铃盘、铃铛等常见的伴奏乐器，还有敲击乐器盆。《西京杂记》载汉高祖时期"吹笛击筑"，汉伶玄《赵飞燕外传》则是"吹埙击鼓"，都是宫廷的伴乐。而刘禹锡所记民间歌《竹枝》时"吹短笛，击鼓以赴节"（《竹枝词九首》序言），可见，踏歌一般以鼓或其他简单的敲击乐为主，吹乐器则依赖笛子，却无弦乐器，正所谓"无弦有吹"。

鼓是荆楚最常见的乐器，古代以鼓为通天的神器，主要用作祭祀。《九歌·礼魂》中就有"成礼兮会鼓，传芭兮代舞"的诗句，说明荆楚之地以鼓为歌舞伴奏在先秦时期就已普遍，且用鼓往往是人多之时使用，民间祭祀将收煞的时候都会击鼓，以示对鬼神的尊敬，有娱神成分，但也由此增添了歌舞的震撼力和感染力。鼓后来用于节日和商讨大事。汉代宫廷之中的歌舞有很多就使用了大鼓来助兴，楚都郢城出土的"虎座鸟架凤鼓"也印证了击鼓而歌这一自荆楚古代宫廷歌乐流传下来的风俗传统，后民间农事劳作之时也有"击鼓歌耘"的习俗，如《来凤县志》就记载了这一生产习俗。宫廷雅乐所用的大鼓毕竟罕见，民间普遍的还是使用铃鼓或鼓盆而歌。西曲中的许多踏歌都是如此，如《女儿子》"我欲上蜀蜀水难，蹋蹀珂头腰环环"[180]，就写出了三峡地区少女挂腰铃踏歌的情景。而《江陵乐》中"盆隘欢绳断，蹋坏绛罗裙"[181] 的句子也透露出民间踏歌使用乐器盆的情景。鼓盆、击缶则是自上古一直流传下来的娱乐活动，最初也源自巫祭乐舞。战国时期庄子之妻逝世后，庄子"鼓盆而歌"，后鼓盆就成为丧礼的一种仪式。至今流传于江汉平原的沙市、荆州、江陵一带的丧事礼俗就有"鼓盆歌"或"敲丧鼓""跳丧"等类似的歌舞祭祀活动。

即使没有乐器，人们以顿地为节拍，边唱边舞，也颇具韵律感，特别是多人联袂而歌舞，形成一种壮观的场面，具有一种震撼人心的美。任半塘先

生在《唐声诗》中就指出："唐有'踏歌''踏曲''踏谣'诸名，其义则一，徒歌之声诗虽无乐器伴奏，但于集体歌唱时，每作集体之舞蹈。因之，用踏步以应歌拍，乃歌舞中之一种基本动作。"[182]

如襄阳大堤女儿踏歌之景，虽无管弦相伴奏，那撩人的舞姿，热烈的场面却常引得不少文人墨客驻足观看，杨巨源《襄阳乐》："闲随少年去，试上大堤游。"[183]刘禹锡《踏歌词》则描写道："春江月出大堤平，堤上女郎连袂行。"[184]

踏歌之舞，是一种圈舞，在歌舞中表达了人们共同的喜悦或哀怨之情，同时作为一种人与人之间的和谐交流方式，它又充满了人情意味，将人们内心最强烈的审美感受体现得淋漓尽致。因此，踏歌的舞姿表现的是一种得意而忘形、张扬而不乏曲折的美。整体上的和谐，节律上的一致，与柔美曲折或活泼灵动的舞姿糅合在一起，使得舞曲充满勃勃生机，让人流连忘返。

如谢偃《踏歌词（其三）》："夜久星沉没，更深月影斜。裙轻才动佩，鬟薄不胜花。细风吹宝袂，轻露湿红纱。相看乐未已，兰灯照九华。"[185]诗歌写出了闺中少女们在月下轻歌曼舞，环佩响动，衣袂轻飞的踏歌情景。而崔液《蹋歌词二首（其一）》则细腻地描写了舞女着华丽的舞衣联袂起舞的绝妙之姿，生动传神："彩女迎金屋，仙姬出画堂。鸳鸯裁锦袖，翡翠贴花黄。歌响舞分行，艳色动流光。"[186]

（二）不拘演员、场地开阔——自由和谐的整体美

踏歌的表演者不拘一格，上至宫廷贵族、天子大臣，下至乡野匹夫、市井歌女，都是其成员。可以说，总体上，踏歌的表演者是自由的，其角色也是双重的，即演员和观众合一。他们喜爱观赏踏歌歌舞，也亲自参与到踏歌之中，如刘禹锡既是踏歌舞曲的创作者，又是参与者，曾教里中善歌舞者唱他所改订的《竹枝词》[187]，其《竹枝词二首之一》："杨柳青青江水平，闻郎江上唱（一说踏）歌声。东边日出西边雨，道是无晴却有晴。"[188]这里以女性口吻，暗示民间男女对歌传统，这里的男女既是观赏者，又是将要回答对方的表演者。又如李白《赠汪伦》中，与李白成为忘年交的汪伦是极以家乡歌舞自豪的欣赏者，然他亲自踏歌为李白送行，又集演员、观众为一体。

踏歌表演的自由还表现在表演者的人数上。唐代宫廷踏歌少则百人（《太平广记》卷三七一所记"童子数百人"，张祜《正月十五夜灯》中"三百"之数），多则千人（前述睿宗先天二年上元夜的盛大场面）。甚至产生了以踏歌为主要表现形式的演员，称为"踏歌娘"或"踏谣娘"。《唐戏弄》称："倘无舞踏，固不成其为踏谣娘，倘若舞踏无特殊姿态之表现，在盛唐歌舞空前发达之际，于千歌万舞、俳优杂奏中，何以偏取大面、钵头、窟子及踏谣娘四伎，代表其余一切，推为散乐之特例欤？"[189] 这说明"踏谣娘"的特殊之处在于"踏舞"。"踏歌娘"或"踏谣娘"往往是一人单独踏歌。如诗人罗虬《比红儿》中的杜红儿："楼上娇歌裛夜霜，近来休数踏歌娘。红儿谩唱伊州遍，认取轻敲玉韵长。"[190] 多人共同踏歌的情形也较常见，如《杨太真外传》叙杨国忠得红霓屏风，上绘美人生动："俄有纤腰伎近十余辈，曰'楚章华踏谣娘也'，乃连臂而歌之。"[191] 所记虽属虚幻，但可知唐代"踏谣娘"也有多人，她们舞姿纤美，联袂踏歌，以其特殊的踏舞形式和表演方法为时人所喜爱。

民间踏歌则有 20 人、18 人、8 人、2 人、1 人等，人数不定，因不同歌舞曲而不同，即使同一曲目，也因时而变化。如踏歌《江陵乐》《襄阳乐》旧舞都是 16 人，梁时 8 人，唐代亦同此。

踏歌自由的显著特点还表现在它是全民的娱乐活动，男女老少皆可参加，可以说，踏歌是群体意识的产物。《太平广记》卷三七一引唐牛肃《纪闻·窦不疑》云："有诸男女，或歌或舞，饮酒作乐，或结伴踏蹄。有童子百余人，围不疑马，踏蹄且歌，马不得行。"[192] 这说明踏歌男女不限，儿童踏歌也蔚为大观。刘禹锡诗云"野老娑娑起醉颜"（《阳山庙观赛神》）描绘的是老农踏歌，荆楚童谣《襄阳白铜鞮》是小儿足颈绑缚铜铃而踏歌。

民间以多人踏歌为主，人越多，场地越大。一般表演场所在城中街巷、郊外大堤和专门的蹍场。西曲《石城乐》再现的就是城内的歌舞，而西曲《襄阳乐》则记载了大堤女儿在堤上的踏歌场面。唐代张说的《踏歌词》所说"龙衔火树千灯艳"[193] 中的"龙街"就是指城内歌舞。李贺《大堤曲》、张潮《襄阳行》和刘禹锡《踏歌词》中"大堤女儿"的歌舞，则是在临水之堤上举行。

专门的"蹍场"指的是一种地势平坦、开阔露天的天然草坝，最适合自由的集会狂欢。一般是农用时候的草场或晒场，可以容纳二三十人歌舞以及数百观众。笔者家乡旧时就有这样的场地，一般称作"歌场"或"踏场"，场地空旷，在劳动之后的休憩时间里就进行歌舞活动，形式和踏歌一样，连臂而歌，以顿地为节，十分热闹。这种歌舞活动主要是庆祝春日和秋收，可惜如今随着农村越来越多地推行机械化生产，这种场地基本已经不存在了。

如西曲《江陵乐》中则提到人们在"踶场"欢乐踏歌的情景：

不复蹋蹀人，蹀地地欲穿。盆隘欢绳断，蹋坏绛罗裙。

不复出场戏，蹀场生青草。试作两三回，蹀场方就好。[194]

"蹋蹀人"即踏歌者，男女不限，郭茂倩《乐府诗集》引《古今乐录》云："《江陵乐》，旧舞十六人，梁八人。"[195] 表演时不拘此数，但也不超过二十人。

正因为踏歌不拘泥于身份等级，不隔绝观众和演员，不讲究过于严谨的形式及拥有最广泛也最特殊的场地，踏歌湮灭了个性特征而具群体特征，体现出一种和谐统一的整体美，同时它最大限度地带来了整体感官上（主要是视、听）的冲击力，文人所作的踏歌词也因此能最大程度上被人们接受、喜爱、流传下去。

（三）恣意狂欢、率真纵情——丰富多彩的民俗风情美

从踏歌的渊源来看，踏歌活动包含的文化功能较多，其反映的社会生活画面丰富多彩。《吕氏春秋》卷五《古乐》云："昔葛天氏之乐，三人操牛尾，投足以歌八阕。一曰载民，二曰玄鸟，三曰遂草木，四曰奋五谷，五曰敬天常，六曰建帝功，七曰信地德，八曰总禽兽之极。"[196] 这里的"投足以歌八阕"的"投足"即顿足或蹀足，即以踏地为节，实为踏歌。这就是说远古时代所传葛天氏之乐，极可能是原始歌舞踏歌活动的最早渊源。从这其中就显示出踏歌有祭祀娱神的功能，且还包括应节令、祈丰收、赞劳动、歌帝王等。

唐代踏歌包罗万象，比如迎春、嫁娶、送别、丧葬、庆秋收等，任半塘曾在《唐声诗·竹枝》中精辟指出："竹枝之歌唱显分两种，曰野唱与精唱。野唱在民间，或祠神，或应节令，或闲情踏月，集体竞赛……精唱则向在朝市，入教坊，乃女伎专长，其人谓之'竹枝娘'……他如士大夫之唱，有张旭，

刘禹锡例。"[197]《竹枝》尚且如此，其他如《杨柳枝》《纥那曲》《阳春曲》《采菱曲》等反映的社会风情更不必说。

宋陈元靓《岁时广记》引《酉阳杂俎》载："元和初，有士人醉卧厅中，及醒，见古屏上妇人悉数于床前踏歌。"[198] 所记虽然荒诞，但可见当时踏歌之盛，也说明踏歌已经成为唐代上层社会生活中重要的一部分。

从唐诗中所记荆楚之地的踏歌来看，无论是节日、祭祀、送别、出游、劳作还是表达爱情，踏歌都带有一种浓郁的狂欢意味，而这狂欢中透露出的热情、激情、欢情与哀情都是那样动人心魄，这与荆楚特殊的地域环境，屈骚以来的尚情传统分不开。

如与巫祭相关的赛神习俗，刘禹锡《阳山庙观赛神》中描绘："荆巫脉脉传神语，野老婆娑（一作婆婆）起醉颜。日落风生庙门外，几人连蹋竹歌还。"[199] 连乡野老汉都能醉踏竹枝歌舞，且直到日落，还余兴未消，可见踏歌宣泄的感情之浓厚，之持久。

遇到节日或特殊日子，人们往往通宵达旦踏歌，特别是元宵踏歌的习俗已经成为唐人的惯例，充分表达了人们对春天的喜爱和欢乐之情。

卢照邻《十五夜观灯》："缛彩遥分地，繁光远缀天"[200]，张祜《正月十五夜灯》"三百内人连袖舞，一时天上著词声"[201]，崔知贤《上元夜效小庾体》："月下多游骑，灯前饶看人。欢乐无穷已，歌舞达明晨。"[202] 这些诗歌都描写了唐代上元节踏歌时的灯火辉煌的壮观之景。其他还有元稹《正月十五日夜月》，薛能《影灯夜》、谢偃《踏歌词》等。春天是踏歌的好时节，唐人在春游时常常载歌载舞，储光羲的《蔷薇》诗描写了几个少女结伴春游时踏歌的欢乐场面："秦家女儿爱芳菲，画眉相伴采葳蕤。……连袂踏歌从此去，风吹香气逐人归。"[203] 刘禹锡《踏歌词四首（之四）》则感慨荆楚之地踏竹枝的时间之久："自从雪里唱新曲，直到三春花尽时。"[204] 几乎一整个春天都能听到人们唱竹枝，可知当地人们对踏歌的热情程度。

而秋收农忙时节，也是踏歌泛滥的时机，如刘禹锡《采菱行》描写武陵人采菱后踏歌的生动场面：

> 白马湖平秋日光，紫菱如锦彩鸾翔。荡舟游女满中央，采菱不顾马

上郎。争多逐胜纷相向，时转兰桡破轻浪。长鬟弱袂动参差，钗影钏文浮荡漾。笑语哇咬顾晚晖，蓼花绿岸扣舷归。归来共到市桥步，野蔓系船萍满衣。家家竹楼临广陌，下有连樯多估客。携觞荐芰夜经过，醉踏大堤相应歌。屈平祠下沅江水，月照寒波白烟起。一曲南音此地闻，长安北望三千里。[205]

《采菱》本古曲，《襄阳耆旧传》云："宋玉对楚王曰：'中而曰《阳阿》《采菱》，国中和而知之者数百人。'"[206] 由此可知，《采菱》是荆楚地方歌谣。刘禹锡将踏歌活动与农事老作场面结合起来，紫菱、水鸟、蓼花、野蔓、小船、浮萍、竹楼这些带有荆楚地域特征的意象与勤劳的采菱女，菱角遍布的白马湖相映成辉，给人一种如临其境之感。这样的乡土风情，正是通过踏歌来表现，劳动后的放松、收获的欢乐都通过踏歌淋漓尽致地传达了出来。

这里同样提到了踏歌的地点"大堤"，踏歌的情态"醉"，可知，这样的踏歌活动就是一种狂欢，一种情不自禁流露、宣泄感情的方式。

或表达男女之情，或抒发思乡之意，或感怀往昔之盛景，或哀怨遭际之不幸，踏歌都是贴近民众的，用通俗的语言与蜿蜒的舞姿将内心的真情释放，哪怕醉酒无状（"野老婆娑起醉颜"[207]）；哪怕无人响应这份真情"唱尽新词欢（一作看）不见，红霞映（一作影）树鹧鸪鸣"[208]；哪怕心怀无数忧虑，（"花红易衰似郎意，水流无限似侬愁"[209]）；哪怕因忘我而鬓发不整，衣饰散漫，（"月落乌啼云雨散，游童陌上拾花钿"[210]），都不能阻碍踏歌活动的继续，乃至通宵达旦，夜以继日。前文提及的"踏歌三日夜"（张鷟《朝野佥载》卷三）、"踏歌接天晓"（顾况《听山鹧鸪》）即是对这样纵情踏歌的描述。

李白《赠汪伦》中所记友人汪伦用踏歌为诗人李白送行的场面："李白乘舟将欲行，忽闻岸上踏歌声。桃花潭水深千尺，不及汪伦送我情。"[211] 一个"情"字很好地说明踏歌诠释了送别之情，不舍之情，带给诗人的感受无疑是震撼的、激动的，感动不已的。

刘禹锡《竹枝词九首》序言中指出竹枝之音"含思宛转"，"有淇、濮之艳"，而"歌者扬袂睢舞，以曲多为贤"[212]，说明它的风格特色就是"含情""尚情"，其辞浅近而不鄙陋，其舞柔婉而不矫作，体现出荆楚民族追求自由、率真纵情的特点。

正如刘禹锡《纥那曲二首》中所言"踏曲兴无穷","竹枝无恨情"[213]，唐代踏歌所表达的生活画面，所蕴含的独特民俗风情，与南方文限，特别是荆楚文化，一直以来的抒情传统是分不开的。其中最能体现这一点的就是唐代竹枝词。除此之外，唐代踏歌舞曲中所体现的那种恣意狂欢的情态也与楚巫文化的浸染有关。

总的来说，唐代踏歌保留了以顿地为节、连臂歌舞的原始歌舞的形态，体现了原始的群体意识和审美方式，发扬了荆楚民歌的"尚情"传统，从形式到内容都具有荆楚地域特色。

注　释

1 李学勤主编：《十三经注疏·毛诗正义》，北京大学出版社，1999年，第365页。

2 许维遹：《吕氏春秋集释》，中华书局，2009年，第139—140页。

3—4 李学勤主编：《十三经注疏·春秋左传正义》，北京大学出版社，1999年，第738、953—954页。

5 陈士珂辑：《孔子家语疏证》，上海商务印书馆，1940年，第206页。

6 伏胜撰，郑玄注：《尚书大传》，丛书集成初编本，上海商务印书馆，1936年，第24页。

7 王国维：《人间词话》，上海古籍出版社，1998年，第37页。

8 李学勤主编：《十三经注疏·尚书正义》，北京大学出版社，1999年，第204—205页。

9 洪兴祖：《楚辞补注》，中华书局，1983年，第55页。

10 朱熹：《楚辞集注·九歌第二》，1979年，第29页。

11—12 班固：《汉书》，中华书局，1962年，第1043、1058页。

13—14 郭茂倩：《乐府诗集》，中华书局，1979年，第689、638页。

15 温庭筠：《杂曲歌辞·西洲曲》，彭定求等：《全唐诗》，中华书局，1999年，第357页。

16 任半塘：《唐声诗》，上海古籍出版社，1982年，第375—400页。

17 胡震亨：《唐音癸签》，木铎出版社，1982 年。

18 黄庭坚："竹枝本出三巴，其流乃在湖湘耳。"《跋刘梦得〈竹枝歌〉》，见黄庭坚著，刘林等校点：《黄庭坚全集》，四川大学出版社，2001 年，第 657 页。

19 巫瑞书：《荆湘民间文学与楚文化——楚文化探踪》，岳麓书社，1996 年，第 170 页。

20 彭定求等：《全唐诗》，中华书局，1999 年，第 4119 页。

21 董文焕：《声调四谱图说》，上海医学书局，1927 年。

22 司马迁：《史记》，中华书局，1959 年，第 1177 页。

23 王弼注，楼宇烈校释：《老子道德经注校释》，新编诸子集成本，中华书局，2008 年，第 52 页。

24 董治安等编：《两汉全书》，山东大学出版社，2009 年，第 30 页。

25《闻一多全集》，湖北人民出版社，1993 年，第 381 页。

26 沈括著，胡道静校正：《梦溪笔谈校正》，上海古籍出版社，1987 年，第 44 页。

27 余廼永校注：《新校互注宋本广韵》，上海辞书出版社，2000 年，第 420 页。

28 王象之：《舆地纪胜》，中华书局，1992 年，第 2037 页。

29 朱熹注，王保华整理：《诗集传》，凤凰出版社，2007 年，第 7 页。

30—31 李学勤主编：《十三经注疏·毛诗正义》，北京大学出版社，1999 年，第 45—47、30—35 页。

32 刘勰著，范文澜注《文心雕龙注》，人民文学出版社，1958 年，第 693—694 页。

33 李学勤主编：《十三经注疏·毛诗正义》，北京大学出版社，1999 年，第 52 页。

34 洪兴祖：《楚辞补注》，中华书局，1983 年，第 2 页。

35 董楚平译注：《楚辞·渔父》，上海古籍出版社，2006 年，第 195 页。

36 陈士珂辑：《孔子家语疏证》，上海书店，1987 年影印本，第 206 页。

37 李学勤主编：《十三经注疏·礼记注疏》，北京大学出版社，1999 年，第 1099 页。

38 司马迁：《史记》，中华书局，1959 年，第 1197 页。

39 李学勤主编：《十三经注疏·论语注疏》，北京大学出版社，1999 年，第 249 页。

40 朱熹：《楚辞集注，上海古籍出版社，1979 年，第 35 页。

41—45 郭茂倩：《乐府诗集》，中华书局，1979 年，第 709、672、715、677、715 页。

46 沈德潜：《古诗源》，中华书局，1963 年，第 290 页。

47 司马迁：《史记》，中华书局，1959 年，第 202 页。

48 廖元度编，湖北省社科院文研所校注：《楚风补校注》，湖北人民出版社，1998 年。

49 郦道元：《水经注》，陈桥驿注，浙江古籍出版社，2001 年，第 536 页。

50 王齐洲：《湖北文学史》，华中理工大学出版社，1995 年，第 55—56 页。

51 李学勤主编：《十三经注疏·论语注疏》，北京大学出版社，1999 年，第 237 页。

52 程千帆：《先唐文学源流论略》，《武汉师范学院学报》，1981 年第 1 期。

53 萧统编，李善注：《文选》，上海古籍出版社，1986 年，第 1999 页。

54 崔豹：《古今注》，中华书局 1985 年，第 10 页。

55 谢无量：《谢无量文集·中国大文学史》，中国人民大学出版社，2011 年，第 143 页。

56 班固：《汉书》，中华书局，1962 年，第 1043 页。

57 刘勰著，范文澜注：《文心雕龙注（上）》，人民文学出版社，1962 年，第 101 页。

58—59 雷梦水等编：《中华竹枝词》，北京古籍出版社，1997 年，第 3155、1077 页。

60 纪昀等：《文渊阁四库全书》，台湾商务印书馆，1983 年。

61 黄庭坚：《跋刘梦得竹枝歌》，见《黄庭坚全集·正集》，四川大学出版社，2001 年，657 页。

62 翁方纲：《石洲诗话》，人民文学出版社，1981 年，第 179 页。

63 欧阳修等：《新唐书·礼乐十一》，中华书局，1975 年，第 247 页。.

64 彭定求等：《全唐诗》，中华书局，2011 年，第 206 页。

65 洪兴祖：《楚辞集注》，中华书局，1983 年，第 209 页。

66 习凿齿：《襄阳耆旧记校注》，舒焚、张林川校注，湖北人民出版社，1986 年，第 16 页。

67 何宁集释：《淮南子集释》，中华书局，1998 年，第 1294 页。

68 萧统编，李善注：《昭明文选》，上海古籍出版社，第 570—571 页。

69 郭茂倩：《乐府诗集》，中华书局，1979 年，第 727 页。

70—77 彭定求等：《全唐诗》，中华书局，1999 年，第 4376、1703、1717、5408、4248、273、274、5284 页。

78 刘昫等：《旧唐书·音乐志》，中华书局，1975 年，第 1603 页。

79 郭茂倩：《乐府诗集》，中华书局，1979 年，第 1140 页。

80 《苏轼诗集》，王文诰辑注，孔凡礼点校，中华书局，1982 年，第 24 页。

81、85、86 乐史：《太平寰宇记》，文渊阁四库全书本。

82—84 彭定求等：《全唐诗》，中华书局，1999 年，第 4091、4064、3974 页。

87 任半塘：《唐声诗（下册）》，上海古籍出版社，1982 年，第 382 页。

88 刘昫等：《旧唐书》，中华书局，1975 年，第 4210 页。

89 朱熹：《楚辞集注·九歌第二》，上海古籍出版社，1979 年，第 29 页。

90 刘昫等：《旧唐书·音乐志》，中华书局，1975 年，1089 页。

91 崔令钦撰，任半塘笺订：《教坊记笺订》，中华书局，1962 年，第 60 页。

92 万树：《词律》，文渊阁四库全书本。

93 崔令钦撰，任半塘笺订：《教坊记笺订》，中华书局，1962 年，第 128 页。

94、97 鲁迅：《且介亭杂文·文外文谈》，孙崇恩、周来祥编：《鲁迅文艺思想资料编年第四辑（1933—1934）》，济南市社会科学研究所，1980 年，第 434 页。

95 刘勰：《文心雕龙校注》，范文澜校注，人民文学出版社，1962 年，第 102—103 页。

96 彭定求等：《全唐诗》，中华书局，1999 年，第 4119 页。

98 雷梦水等编：《中华竹枝词》，北京古籍出版社，1997 年，第 3331 页。.

99 彭定求等：《全唐诗》，中华书局，1999 年，第 4940 页。

100 雷梦水等编：《中华竹枝词》，北京古籍出版社，1997 年，第 3334 页。

101 郭茂倩：《乐府诗集》，中华书局，1979 年，第 1140 页。

102 彭定求等：《全唐诗》，中华书局，1999 年，第 4120 页。

103—104 冯其庸：《冯其庸文集》，青岛出版社，2012 年，第 245 页。

105 黄瑞云选注：《诗苑英华》，湖北教育出版社，2002 年，第 166 页。

106 杨米人等《清代北京竹枝词十三种》，北京古籍出版社，1982 年，第 132 页。

107—111 彭定求等：《全唐诗》，中华书局，1999 年，第 2545、4973、

3209、3503、4301 页。

112 雷梦水等编：《中华竹枝词》，北京古籍出版社，1997 年，第 3334 页。.

113—117 彭定求等：《全唐诗》，中华书局，1999 年，第 3446、8766、7775、7550、6012 页。

118、127 启功等编：《唐宋八大家全集·苏辙全集上》，国际文化出版公司，1997 年，第 5 页。

119 雷梦水等：《中华竹枝词》，北京古籍出版社，1997 年，第 1076 页。

120 黄庭坚：《跋刘梦得〈竹枝歌〉》，刘琳等校点：《黄庭坚全集》，四川大学出版社，2001 年，第 657 页。

121 翁方纲：《石洲诗话》，人民文学出版社，第 55 页。

122 洪兴祖：《楚辞补注》，中华书局，1983 年，第 55 页。

123 黄伯思：《新校〈楚辞〉序》，吕祖谦编：《宋文鉴》，文渊阁四库全书本。

124—125 彭定求等：《全唐诗》，中华书局，1999 年，第 4006、6012 页。

126 如宋以后针砭时弊的《竹枝词》和明清描写外来新鲜事物的《竹枝词》，都不再使用楚语楚声，仅仅成为朗朗上口的七言绝句，不再有楚地竹枝特有的哀怨凄楚特色。

128 洪兴祖：《楚辞补注》，上海古籍出版社，1979 年，第 83 页。

129 （日）青木正儿：《中国文学概说》，隋树森译，开明书店，1947 年，第 49 页。

130 欧阳修等：《新唐书·礼乐十一》，中华书局，1975 年，第 247 页。

131 刘昫等：《旧唐书》，中华书局，1975 年，第 2709 页。

132—133 彭定求等：《全唐诗》，中华书局，1999 年，第 4120、3974 页。

134 王文诰辑注，孔凡礼点校：《苏轼全集》，中华书局，1982 年，第 24 页。

135 李幼平：《荆楚歌乐舞》，湖北教育出版社，1997 年，第 167 页。

136 班固：《汉书》，中华书局，1964 年，第 1666 页。

137—138 彭定求等：《全唐诗》，中华书局，1999 年，第 4064、4120 页。

139 杜甫著，仇兆鳌注：《杜诗详注》，中华书局，1979 年，第 1294 页。

140 彭定求等：《全唐诗》，中华书局，1999 年，第 4119 页。

141 巫瑞书：《荆湘民间文学与楚文化——楚文化探踪》，岳麓书社，1996 年，第 170 页。

142 彭定求等：《全唐诗》，中华书局，1999 年，第 5284 页。

143 王文诰辑注，孔凡礼点校：《苏轼全集》，中华书局，1982 年，第 24 页。

144 黄庭坚：《竹枝词二首》其二，雷梦水等编：《中华竹枝词》，北京古籍出版社，1997 年，第 3155 页。

145—147 洪兴祖：《楚辞补注》，上海古籍出版社，1979 年，第 73、81、83 页。

148—152 彭定求等：《全唐诗》，中华书局，1999 年，第 2964、3446、4940、4940、5462 页。

153 彭定求等：《全唐诗》，中华书局，1999 年，第 4121 页，以下引用其一、其二、其六、其七、其八同此注。

154 彭定求等：《全唐诗》，中华书局，1999 年，第 5093 页。

155 洪兴祖：《楚辞补注》，上海古籍出版社，1979 年，第 64—65 页。

156 范致明：《岳阳风土记》，古今逸史刊本，成文出版有限公司，1976 年，第 30—31 页。

157 朱辅：《溪蛮丛笑》，《景印文渊阁四库全书》，第 594 册，第 48 页。

158 陈士元：《江汉丛谈》卷2，《景印文渊阁四库全书》，第 590 册，第 460 页。

159 刘歆：《西京杂记（外三种）》，上海古籍出版社，2012 年，第 26 页。

160 彭定求等：《全唐诗》，中华书局，1999 年，第 1210 页。

161 李昉：《太平御览》（第 1 册），中华书局，1960 年，第 128 页。

162 陶宗仪编：《说郛三种》（第 8 册），上海古籍出版社，2012 年，第 5123 页。

163 魏徵等：《隋书》，中华书局，1999 年，第 431 页。

164 李延寿：《南史》，中华书局，1975 年，第 1536 页。

165—169 郭茂倩：《乐府诗集》，中华书局，1979 年，第 713、710、703、708、708 页。

170 彭定求等：《全唐诗》，中华书局，1999 年，第 272 页。

171 张鷟：《朝野佥载》，上海古籍出版社，2012 年，第 33—34 页。

172 刘昫等：《旧唐书》，中华书局，1975 年，第 161 页。

173—177 彭定求等：《全唐诗》，中华书局，1999 年，第 4119、2146、2959、8568、4121 页。

178 温庭筠：《温飞卿诗集》，上海古籍出版社，1998 年，第 73 页。

179 司马光：《资治通鉴》，中华书局点校本，1979 年，第 260 页。

180—181 郭茂倩：《乐府诗集》，中华书局，1979 年，第 713、710 页。

182 任半塘：《唐声诗》（上册），上海古籍出版社，1982 年，第 308 页。

183—186 彭定求等：《全唐诗》，中华书局，1999 年，第 3721、4119、495、10122 页。

187 郭茂倩：《乐府诗集》，中华书局，1979 年，第 1140 页。

188 彭定求等：《全唐诗》，中华书局，1999 年，第 4119 页。

189 任半塘：《唐戏弄》，上海古籍出版社，1984 年，第 505 页。

190 彭定求等：《全唐诗》，中华书局，1999 年，第 7691 页。

191 鲁迅辑：《唐宋传奇集》，人民文学出版社，1961 年，第 240 页。

192 李昉：《太平广记》，中华书局，1961 年，第 2953 页。

193 彭定求等：《全唐诗》，中华书局，1999 年，第 411 页。

194—195 郭茂倩：《乐府诗集》，中华书局，1979 年，第 710 页。

196 许维遹撰，梁运华整理：《吕氏春秋集释》，中华书局，2009 年，第 118 页。

197 任半塘：《唐声诗》（下册），上海古籍出版社，1982 年，第 382 页。

198 陈元靓编：《岁时广记》，中华书局，1985 年，第 6 页。

199—205 彭定求等：《全唐诗》，中华书局，1999 年，第 4064、526、5876、785、1407、4119、4018—4019 页。

206 习凿齿：《襄阳耆旧记校注》，舒焚、张林川校注，湖北人民出版社，1986 年，第 16 页。

207—213 彭定求等：《全唐诗》，中华书局，1999 年，第 4064、4119、4121、4119、1770、4120、4118 页。

结　论

　　"荆楚"是一个集地域、历史、文化为一体的概念，荆楚文化则是一种有别于中原文化，又不同于蛮夷文化的复合文化，它兼采二者之长，是与时俱进却又保持独立性的区域文化。

　　荆楚念祖重孝、忠君爱国的传统，重鬼崇巫的文化习俗，奇慧多变、浪漫多情、不守故常、刚柔并济的民族性格，以及开放包容的文化个性，构成了荆楚文化的特质。

　　荆楚文化从最初的农耕文化、巫蛮文化为主到唐代的多元一体，经过了漫长的发展过程。这其中既有历史发展的必然性，又有南北方文化交流的互动原因。一方面，上层社会的文化政策、文化观念和文化主张决定着主流文化的发展方向和不同文化之间的融合程度；另一方面，不同区域的人口迁徙、文化传播也推动着文化的碰撞、融合；此外，文人对民间文化的采集、编撰与整理是另一种意义上的再创作，这种活动也促进了不同地域文化的交流。

　　荆楚文化的内容极其丰富，其中，以屈骚文化、神女文化、民间歌谣文化、巫文化对唐代文学的影响最为明显。

　　首先，由荆楚之地独特的地理人文环境中诞生的屈骚文化，其悲壮哀怨的情致风貌和百世无匹的文学成就给后世以莫大影响，就唐代文学屈骚接受的整体角度而言，唐代诗人的诗歌创作都不可避免地染上了屈骚文化的浓重色彩，荆楚本土诗人和流寓诗人表现最为突出，显示出更多的地域性特征，这种地域性特征主要表现在"哀怨"的主题倾向、楚地风物的意象选择、"香草美人"比兴手法的借鉴以及"尚情"传统的继承上。有唐一代，对屈骚的接受，从唐初否定屈原其人进而否定作品，到晚唐全盘肯定屈原其人及作品，呈现了变化发展的态势。中唐时期的屈骚接受具有转折意味。同一时期又会因诗人的学识修养、经历遭际、思想构成不同而呈现不同层次、不同角度的接受，中唐初期否定屈原其人及作品、中期肯定其人及作品与晚期肯定作品而否定其人最能体现这一点。

唐代诗人在对屈骚的接受上显示了超出前代的历史眼光和文学风度，无论是对屈骚内涵的深化和拓展、对屈骚文学价值的审美认同还是对屈骚精神的继承与升华都对后世造成影响。中唐时强调风、骚同源，跳出道德品评而转向艺术本身特性的关注，更是唐代屈骚接受的一大亮点。

其次，以荆楚美丽的神女传说中的神女为原型的唐代诗歌，反映了唐人对真与美孜孜不倦地追求。在所有以神女为主题的唐诗中，汉水神女的风靡时间在初盛唐，湘水神女主导的时间则从中唐持续到晚唐。巫山神女意象一直贯穿整个唐代，只是晚唐篇幅最多，内容也最丰富。

与汉水神女传说有关的"江汉好游"的习俗与楚先民的祭祀活动密切相关，"游"的本义来源于祭祀中男女自由聚会所传达的原始婚恋观，这其中就包含繁衍求子等。唐代文学中，"江汉游女"之"游"具有节日、婚恋、生存的三重特殊意味。"游"是女子借出游的机会与异性交往，表现自身，追求自由爱情的一种风俗习惯。这种风俗习惯仍以"情"为主导，"情动于中而发于声，形于外"，因此出游往往伴随着踏歌、踏舞等能充分表达主体情性的活动。

尽管湘水神话在形象构造上往往与汉水女神有交叉重合之处，但湘水神女有其自身的神话来源及独特的内涵，湘妃泪洒斑竹、湘灵鼓瑟与江汉游女解佩的故事同样深入人心。两者在基本特质、主导性格、典型象征、典型行为几个方面都有很大不同。在唐诗中，湘水神女融合了"帝之二女""湘妃泪竹"与"湘灵鼓瑟"的故事，悲怨的特色得到了很大的发挥，其形象的塑造呈现多样化发展趋势。

巫山神女是神女形象的集大成者，其糅合了汉水神女的神秘飘逸与湘水神女的哀怨痴情的特点，中唐以后还出现了艳情化、世俗化等特点。早期巫山神女传说经过宋玉具象化后，成了后世歌咏巫山神女的典型参照和模板，唐代对其内涵进行深掘后，意蕴更为深厚。从初唐以"直咏本事"为主，盛唐着重突出巫山神女的体态容貌和气质风度，到中唐呈现"艳情的仙化"这种复杂的偏向，再到晚唐时期对巫山神女的全盘批判，可以看出，朝代的兴衰、文人心态的转变极大地影响了巫山神女诗歌的主旨倾向。特别是女性视角下的巫山神女之作，尽管气量狭小、内容倾向以情爱为主，但其中不乏女性的自我体认与自我观照，她们对爱情执着不悔的企盼与追求、对自我性灵的抒发都是值得肯定的。

再次，以南音和巫音为源头发展起来的荆楚歌谣，在唐代仍然盛唱不衰，不仅宫廷保存了许多具有特色的荆楚乐舞，南朝时期的西曲也还在流行，还出现了具有荆楚特色的竹枝词。《竹枝词》在唐代首先是一种以巫祭为原型的民间乐舞，然后才是文人《竹枝词》，后又发展为只注重描写地方风物的风土诗。文人《竹枝词》以其"长于抒情"的楚语、声韵奇诡的楚声及原始灵动的歌舞形式来表现悲怨的风格主题和荆楚风俗画面，使它成为唐代诗歌中独具魅力的一种新诗体。它秉承了《九歌》以来的民歌传统，从形式到内容都与《九歌》有着密切的联系。唐代文人刘禹锡以其高超的艺术手法，将优美的意境，精练含蓄的词语融会于摇曳生姿的民间竹枝歌谣之中，创造出"新《九歌》"，为唐代诗坛添上了颇具地域风情的一笔。与九歌歌词相辅相成的踏歌，保留了原始的歌舞祭祀形式，无论是节日、送别、出游、劳作，踏歌都带有原始的狂欢意味，而狂欢中透露出来的激情、热情、哀情与欢情充分发扬了荆楚"尚情"的传统。

此外，由巫文化伴生或衍生的原始歌舞及其表现形式乃是荆楚歌谣之源头、楚辞文学之基础、神女传说之土壤。具体就文学作品而言，唐代诗歌中对荆楚之地巫风盛行状况的描写，对荆楚节俗中有关巫祭习俗的关注，以及对荆楚一些地区过度好淫祀带来的弊端的揭露与批判，特别是对由巫祭歌舞演变而来的《九歌》与唐《竹枝》创作上的承继关系，都能说明巫风对唐代文学的影响。

总的来说，荆楚屈骚文化使唐代文人具有"骚怨"情结，荆楚神女传说赋予唐代文人以瑰丽无比的想象力和浪漫气质；荆楚民间歌谣文化提供给唐代文人以充足的养分、丰富多变的艺术形式；巫文化则给唐代文学蒙上了一层神秘的面纱，使其诗歌更加灵逸，散文更加清奇，小说更为瑰丽。终唐一代，荆楚文化的影响不绝。

　　荆楚文化在唐代并不是沉寂的，它不但在诗歌中被激活，还显示了它强大的渗透力和感染力，用它的开放和包容来迎接唐人对它的传播、接受和批判，在与其他不同文化中进行碰撞、交流和再创中完善和发展自己，最终将文化的传承推向深远。特别是屈骚文化精神已经不再局限于一地一人，而是成为中国古代文人普遍共同的精神财富，在不断被理解、诠释和评价中获得长久的生命力。

参考文献

（按姓氏开头字母顺序排名）

一、著作类

[1] 班固. 汉书 [M]. 北京：中华书局，1962.

[2] 崔豹. 古今注. [M]. 北京：中华书局，1985.

[3] 崔令钦. 教坊记笺订 [M]. 任半塘笺订，北京：中华书局，1962.

[4] 陈尚君. 全唐诗补编 [M]. 北京：中华书局，1992.

[5] 陈尚君. 全唐文补编 [M]. 北京：中华书局，2005.

[6] 陈尚君. 唐代文学丛考 [M]. 北京：中国社科出版社，1997.

[7] 陈寿. 三国志 [M]. 裴松之注，北京：中华书局，1959.

[8] 陈运溶. 荆州记九种 [M]. 石洪运点校，武汉：湖北人民出版社，1999.

[9] 陈寅恪. 唐代政治史述论稿 [M]. 上海：上海古籍出版社，1997.

[10] 陈振孙. 直斋书录解题 [M]. 上海：上海古籍出版社，1995.

[11] 陈伟. 楚"东国"地理研究 [M]. 武汉：武汉大学出版社，1992.

[12] 陈士元. 江汉丛谈 [M]. 丛书集成初编本，北京：中华书局，1985.

[13] 陈士珂辑. 孔子家语疏证 [M]. 上海：上海书店，1987 影印本.

[14] 陈子展. 诗经直解 [M]. 上海：复旦大学出版社，1983.

[15] 陈元靓编. 岁时广记 [M]. 北京：中华书局，1985.

[16] 岑仲勉. 隋唐史 [M]. 北京：中华书局，1982.

[17] 常璩. 华阳国志 [M]. 严茜子点校，济南：齐鲁书社，2010.

[18] 蔡靖泉. 楚文化流变史 [M]. 武汉：湖北人民出版社，2001.

[19] 蔡靖泉. 楚文学史 [M]. 武汉：湖北教育出版社，1996.

[20] 董文焕. 声调四谱图说 [M]. 上海：上海医学书局，1927 影印本.

[21] 董楚平译注. 楚辞 [M]. 上海：上海古籍出版社，2006.

[22] 董诰等. 全唐文 [M]. 北京：中华书局，1983.

[23] 杜佑. 通典 [M]. 北京：中华书局，1988.

[24] 杜甫. 杜诗镜铨 [M]. 杨伦笺注，上海：上海古籍出版社，1980.

[25] 杜甫. 杜诗详注 [M]. 仇兆鳌注，北京：中华书局，1979.

[26] 杜牧. 樊川文集 [M]. 陈允吉点校，上海：上海古籍出版社，2007.

[27] 段成式. 酉阳杂俎 [M]. 北京：中华书局，1981.

[28] 戴伟华. 地域文化与唐代诗歌 [M]. 北京：中华书局，2006.

[29] 范成大. 吴郡志 [M]. 南京：江苏古籍出版社，1999.

[30] 范晔. 后汉书 [M]. 北京：中华书局，1965.

[31] 房玄龄等. 晋书 [M]. 北京：中华书局，1974.

[32] 冯其庸. 冯其庸文集·秋风集 [M]. 青岛：青岛出版社，2012.

[33] 傅璇琮. 唐才子传校笺（1）[M]. 北京：中华书局，1987.

[34] 傅璇琮. 唐才子传校笺（2）[M]. 北京：中华书局，1989.

[35] 傅璇琮. 唐才子传校笺（3—4）[M]. 北京：中华书局，1990.

[36] 傅璇琮. 唐才子传校笺（5）[M]. 陈尚君、陶敏补正，北京：中华书局，1995.

[37] 傅璇琮. 唐代诗人丛考 [M]. 北京：中华书局，1980.

[38] 范致明. 岳阳风土记 [M]. 古今逸史刊本，台北：成文出版有限公司，1976.

[39] 郭茂倩. 乐府诗集 [M]. 北京：中华书局，1979.

[40] 顾祖禹. 读史方舆纪要 [M]. 贺次君、施和金点校，北京：中华书局，2005.

[41] 甘鹏运. 楚师儒传 [M]. 石洪运点校，武汉：湖北人民出版社，1999.

[42] 庚桑楚. 洞灵真经 [M]. 四部丛刊三编景宋刻本.

[43] 韩婴. 韩诗外传集释 [M]. 许维遹校释，北京：中华书局，1980.

[44] 胡可先. 中唐政治与文学——以永贞革新为研究中心 [M]. 合肥：安徽出版社，2000.

[45] 胡应麟. 诗薮 [M]. 上海：上海古籍出版社，1958.

[46] 胡震亨. 唐音癸签 [M]. 台北：木铎出版社，1982.

[47] 湖北省地方志编纂委员会办公室影印. 湖北通志 [Z]. 武汉：湖北人民

出版社，2010.

[48] 洪兴祖. 楚辞补注 [M]. 北京：中华书局，1983.

[49] 洪亮吉. 洪亮吉集 [M]. 北京：中华书局，2001.

[50] 皇甫谧. 帝王世纪 [M]. 丛书集成初编本，北京：商务印书馆，1936.

[51] 黄庭坚. 黄庭坚全集 [M]. 成都：四川大学出版社，2001.

[52] 黄本冀. 湖南方物志 [M]. 长沙：岳麓书社，1985.

[53] 黄瑞云. 诗苑英华 [M]. 武汉：湖北教育出版社，2002.

[54] 计有功. 唐诗纪事 [M]. 上海：上海古籍出版社，2008.

[55] 景遐东. 江南文化与唐代文学研究 [M]. 北京：人民文学出版社，2006.

[56] 吕不韦. 吕氏春秋 [M]. 四部丛刊景明刊本.

[57] 令狐德棻. 周书 [M]. 北京：中华书局，1971.

[58] 郦道元. 水经注 [M]. 陈桥驿校证，北京：中华书局，2013.

[59] 刘昫等. 旧唐书 [M]. 北京：中华书局，1975.

[60] 刘知几. 史通通释 [M]. 南京：江苏广陵古籍刻印社，1991.

[61] 刘勰. 文心雕龙 [M]. 范文澜注，北京：人民文学出版社，1958.

[62] 刘歆. 西京杂记 [M]. 上海：上海古籍出版社，1999.

[63] 刘安等撰. 淮南子集释 [M]. 何宁集释，北京：中华书局，1998.

[64] 刘义庆. 世说新语 [M]. 徐震堮校笺，北京：中华书局，1984.

[65] 刘师培. 刘申叔遗书 [M]. 南京：江苏古籍出版社，1997.

[66] 刘师培. 刘师培学论政文集 [M]. 李妙根编，上海：复旦大学出版社，1990.

[67] 李百药. 北齐书 [M]. 北京：中华书局，1972.

[68] 李延寿. 南史 [M]. 北京：中华书局，1975.

[69] 李昉等. 太平御览 [M]. 北京：中华书局，1962.

[70] 李昉等. 太平广记 [M]. 北京：中华书局，1986.

[71] 李肇. 唐国史补 [M]. 上海：上海古籍出版社，1979.

[72] 李吉甫. 元和郡县图志 [M]. 北京：中华书局，1983.

[73] 李白. 李白集 [M]. 瞿蜕园，朱金诚校注，上海：上海古籍出版社，1980.

[74] 李耆卿. 文章精义 [M]. 文渊阁四库全书本.

[75] 李瀚章. 光绪湖南通志 [Z]. 长沙：岳麓书社，2009.

[76] 李幼平. 荆楚歌乐舞 [M]. 武汉：湖北教育出版社，1997.

[77] 李浩. 唐代三大地域文学士族研究 [M]. 北京：中华书局，2002.

[78] 李德辉. 唐代交通与文学 [M]. 长沙：湖南人民出版社，2003.

[79] 李学勤主编. 十三经注疏 [M]. 北京：北京大学出版社，1999.

[80] 柳宗元. 柳宗元集 [M]. 北京：中华书局，1979.

[81] 陆时雍. 诗镜 [M]. 任文京、赵东岚点校，石家庄：河北大学出版社，2010.

[82] 林宝. 元和姓纂 [M]. 岑仲勉校记，郁贤皓、陶敏整理，北京：中华书局，1994.

[83] 林纾. 韩柳文研究法 [M]. 北京：商务印书馆，1914.

[84] 林纾. 春觉斋论文 [M]. 北京：人民文学出版社，1959.

[85] 林永仁、来层林. 巴蜀文化 [M]. 北京：华文出版社，1999.

[86] 廖元度编. 楚风补校注 [M]. 湖北省社科院文研所校注，武汉：湖北人民出版社，1998.

[87] 雷梦水等. 中华竹枝词 [M]. 北京：北京古籍出版社，1997.

[88] 逯钦立. 先秦汉魏晋南北朝诗 [M]. 北京：中华书局，1983.

[89] 罗时进. 唐诗演进论 [M]. 南京：江苏古籍出版社，2001.

[90] 罗宗强. 隋唐五代文学思想史 [M]. 上海：上海古籍出版社，1986.

[91] 罗泌. 路史 [M]. 文渊阁四库全书本，台北：台湾商务印书馆，1983.

[92] 梁尔涛. 唐代家族与文学研究 [M]. 北京：中国社科出版社，2014.

[93] 墨翟. 墨子 [M]. 明正统道藏本.

[94] 欧阳修等. 新唐书 [M]. 北京：中华书局，1975.

[95] 欧阳修. 欧阳修全集 [M]. 张春林编，北京：中国文史出版社，1999.

[96] 皮日休. 皮子文薮 [M]. 上海：上海古籍出版社，1981.

[97] 彭定求等. 全唐诗 [M]. 北京：中华书局，1999.

[98] 潘昂霄. 金石例 [M]. 文渊阁四库全书本.

[99] 彭乘辑. 墨客挥犀 [M]. 北京：中华书局，2002.

[100] 启功等编. 唐宋八大家全集 [M]. 北京：国际文化出版公司，1998.

[101] 钱穆. 古史地理论丛 [M]. 北京：生活·读书·新知三联书店，2004.

[102] 邱紫华. 东方美学史 [M]. 北京：商务印书馆，2004.

[103] 阮阅编. 诗话总龟前集 [M]. 北京：人民文学出版社，1987.

[104] 任半塘. 唐戏弄 [M]. 上海：上海古籍出版社，1984.

[105] 任半塘. 唐声诗 [M]. 上海：上海古籍出版社，1982.

[106] 沈约. 宋书 [M]. 北京：中华书局，1974.

[107] 沈括著. 梦溪笔谈校证 [M]. 胡道静校证，上海：上海古籍出版社，1987.

[108] 沈德潜. 唐诗别裁集 [M]. 上海：上海古籍出版社，2008.

[109] 沈德潜. 古诗源 [M]. 北京：中华书局，1963.

[110] 司马迁. 史记 [M]. 北京：中华书局，1959.

[111] 司马光. 资治通鉴 [M]. 北京：中华书局，1956.

[112] 苏轼. 苏轼文集 [M]. 北京：中华书局，1986.

[113] 苏轼. 苏轼全集 [M]. 王文诰辑注，孔凡礼点校，北京：中华书局，1982.

[114] 宋祁. 景文集 [M]. 文渊阁四库全书本.

[115] 宋登春. 宋布衣集 [M]. 王云五主编，丛书集成初编本，台北：台湾商务印书馆，1936.

[116] 孙常叙. 楚辞九歌整体系解 [M]. 长春：吉林教育出版社，1996.

[117] 史念海. 唐代历史地理研究 [M]. 北京：中国社会科学出版社，1998.

[118] 尚永亮. 贬谪文化与贬谪文学 [M]. 兰州：兰州大学出版社，2004.

[119] 唐顺之. 荆川先生文集 [M]. 四部丛刊本.

[120] 童书业. 春秋左传研究 [M]. 北京：中华书局，2006.

[121] 王象之. 舆地纪胜 [M]. 北京：中华书局，1992.

[122] 王定保. 唐摭言 [M]. 北京：中华书局，1959.

[123] 王溥. 唐会要 [M]. 北京：中华书局，1955.

[124] 王嘉. 拾遗记 [M]. 北京：中华书局，1981.

[125] 王勃. 王子安集 [M]. 上海：上海古籍出版社，1995.

[126] 王国维. 人间词话 [M]. 施议对译注，长沙：岳麓书社，2008.

[127] 王建辉、刘森淼. 荆楚文化 [M]. 沈阳：辽宁教育出版社，1995.

[128] 王先谦. 诗三家义集疏 [M]. 北京：中华书局，1987.

[129] 王齐洲. 湖北文学史 [M]. 武汉：华中理工大学出版社，1995.

[130] 王会昌. 中国文化地理 [M]. 武汉：华中师范大学出版社，1992.

[131] 翁方纲. 石洲诗话 [M]. 北京：人民文学出版社，1981.

[132] 万树. 词律 [M]. 文渊阁四库全书本.

[133] 闻一多. 闻一多全集（6—8）[M]. 武汉：湖北人民出版社，1996.

[134] 闻一多. 唐诗杂论 [M]. 上海：上海古籍出版社，1998.

[135] 魏徵等. 隋书 [M]. 北京：中华书局，1973.

[136] 温庭筠. 温飞卿诗集 [M]. 上海：上海古籍出版社，1998.

[137] 吴树平等. 隋唐五代墓志汇编 [M]. 天津：天津古籍出版社，1989.

[138] 吴松弟编. 两唐书地理志汇释 [M]. 合肥：安徽教育出版社，2002.

[139] 吴在庆. 唐五代文史丛考 [M]. 南昌：江西人民出版社，1995.

[140] 吴澄. 吴文正集 [M]. 文渊阁四库全书本.

[141] 薛季宣. 浪语集 [M]. 文渊阁四库全书本.

[142] 萧子显. 南齐书 [M]. 北京：中华书局，1972.

[143] 萧统. 文选 [M]. 李善注，上海：上海古籍出版社，1986.

[144] 萧放. 荆楚岁时记研究——兼论传统中国民众生活中的时间观 [M]. 北京：北京师范大学出版社，2000.

[145] 巫瑞书. 荆湘民间文学与楚文化——楚文化探踪 [M]. 长沙：岳麓书社，1996.

[146] 习凿齿. 襄阳耆旧传 [M]. 舒焚校注，武汉：湖北人民出版社，1999.

[147] 肖兵. 楚辞文化 [M]. 北京：中国社会科学出版社，1990.

[148] 姚思廉. 陈书 [M]. 北京：中华书局，1973.

[149] 严可均. 全上古三代秦汉三国六朝文 [M]. 北京：中华书局，1985.

[150] 严羽. 沧浪诗话校释 [M]. 郭绍虞校，北京：人民文学出版社，1961.

[151] 颜之推. 颜氏家训 [M]. 北京：中华书局，2007. .

[152] 杨米人等. 清代北京竹枝词十三种 [M]. 北京：北京古籍出版社，1982.

[153] 叶维廉. 中国诗学 [M]. 北京：生活·读书·新知三联书店，1992.

[154] 朱熹. 楚辞集注 [M]. 上海：上海古籍出版社，1979.

[155] 朱熹. 诗集传 [M]. 王华宝整理，南京：凤凰出版社，2007.

[156] 庄绰. 鸡肋编 [M]. 北京：中华书局，1983.

[157] 宗懔. 荆楚岁时记 [M]. 宋金龙校注，太原：山西人民出版社，1987.

[158] 祝穆. 方舆胜览 [M]. 北京：中华书局，2003.

[159] 赵翼. 陔余丛考 [M]. 石家庄：河北人民出版社，1990.

[160] 邹浩. 道乡先生集 [M]. 宋集珍本丛刊，北京：线装书局，2004.

[161] 张耒. 张耒集 [M]. 北京：中华书局，1998.

[162] 张彦远. 历代名画记 [M]. 秦仲文、黄苗子点校，北京：人民美术出版社，1963.

[163] 张辅. 楚国先贤传校注 [M]. 舒焚校注，武汉：湖北人民出版社，1999.

[164] 张鷟. 朝野金载 [M]. 上海：上海古籍出版社，2012.

[165] 张正明. 楚文化史 [M]. 上海：上海人民出版社，1987.

[166] 张正明. 楚史论丛 [M]. 武汉：湖北人民出版社，1984.

[167] 张正明. 荆楚文化志 [Z]. 上海：上海人民出版社，1992.

[168] 张翅翔、归文秀编. 湖南风物志 [Z]. 长沙：湖南人民出版社，1985.

[169] 张伟然. 湖北历史文化地理研究 [M]. 武汉：湖北教育出版社，2000.

[170] 张伟然. 湖南历史文化地理研究 [M]. 上海：复旦大学出版社，1995.

[171] 周建军. 唐代荆楚本土诗歌与流寓诗歌研究 [M]. 北京：中国社会科学出版社，2006.

二、期刊类

[1] 陈绍辉. 楚文化与中原文化关系略论 [J]. 长白学刊，2010（4）.

[2] 陈尚君. 隋唐五代文学与历史文献 [J]. 科学战线，2002（5）.

[3] 陈地宇. 巫山神女——巴楚民族历史文化的融合的结晶 [J]. 中央民族大学学报，2004（3）.

[4] 程千帆. 先唐文学源流论略 [J]. 武汉师范学院学报，1981（1）.

[5] 邓小军. 刘禹锡竹枝词、踏歌词研究 [J]. 安徽师大学报，1983（4）.

[6] 何光岳. 荆楚的来源与迁移 [J]. 求索，1981（4）.

[7] 韩经太. 论唐人山水诗美的演生嬗变 [J]. 文学遗产，1998（4）.

[8] 胡可先. 论中唐南贬诗人的屈原情结 [J]. 陕西师范大学学报，2008（2）

[9] 江凌. 试论荆楚文化的流变、分期与近代转型 [J]. 史学集刊，2011（5）.

[10] 蒋方. 唐代屈骚接受史简论 [J]. 中国韵文学刊，2005（4）.

[11] 景遐东、曾羽霞. 柳宗元山水游记的文体特征 [J]. 湖南科技学院学报. 2011（4）.

[12] 刘铁峰. 骚怨情怀：刘禹锡《竹枝词》新论 [J]. 山东社会科学学报，2001（6）.

[13] 李梅训. 司马贞生平著述考 [J]. 安徽师范大学学报（人文社会科学版），2000.

[14] 李金坤. 楚文化与中原文化渊源六论 [A]// 面向二十一世纪：中外文化的冲突与融合学术研讨会论文集 [C]. 1998.

[15] 廖立. 唐代户籍制与岑参籍贯 [J]. 中州学刊，1986（4）.

[16] 廖立. 岑参兄弟考——兼及其若干家事 [J]. 信阳师范学院学报. 1994（2）.

[17] 鹿国治. 太极思维与中国山水诗的运思 [J]. 山东师范大学学报，1996（6）.

[18] 孟修祥. 李白与荆楚文化 [J]. 三峡论坛，2011（4）.

[19] 孟修祥. 西曲歌繁荣原因论略 [J]. 襄阳学院学报，2009（9）.

[20] 孟修祥. 荆楚歌谣与楚辞 [A]// 中国楚辞学（第十辑）. 北京：学苑出版社，2007.

[21] 孟修祥. 荆楚歌谣的地域文化特色略论 [J]. 长江大学学报，2005（3）.

[22] 莫立民. 唐代文学人才的地理分布及成因 [J]. 中州学刊，2006（5）.

[23] 邱紫华. 原始思维与印度美学的不解之缘 [J]. 华中师范学报，2003（5）.

[24] 童岳敏. 唐代文学家族的地域性极其家族文化探究 [J]. 人文杂志，2009（3）.

[25] 王水照. 北宋洛阳文人集团与地域环境的关系 [J]. 文学遗产，1994（3）.

[26] 王澧华.《高唐》《神女》的宗教分析与楚史研究. 湘潭大学学报，1991（1）.

[27] 萧放. 论荆楚文化的地域特征 [J]. 湖北民族学院学报，2001（2）.

[28] 叶修成、梁葆丽. 湘灵神话的嬗变 [J]. 中国文学研究，2007（1）.

[29] 周建军、王丹. 论元稹诗歌中的荆楚文化地域特色 [J]. 中南民族大学学报，2006（3）.

[30] 周建军、伍玖清. 对古代文学地域性研究的思考——以荆楚地区的唐诗研究为重点来考察 [J]. 怀化学院学报，2004（6）.

[31] 曾羽霞. 柳宗元与荆楚文化传统 [J]. 湖北师范学院学报. 2013（6）.

三、论文集类

[1] 游国恩. 游国恩学术论文集 [C]. 北京：中华书局，1989.

四、学位论文类

[1] 陈晓娥. 唐代荆南地区文化历史研究 [D]. 陕西师范大学，2007.

[2] 陈敏. 唐宋竹枝词研究 [D]. 辽宁大学，2012.

[3] 蒋玉兰. 论谪湘文人屈原、贾谊对湖湘文化精神的影响 [D]. 华中师范大学，2007.

[4] 刘红红. 唐代潭州诗歌研究 [D]. 湖南大学，2012.

[5] 刘铁峰. 论唐代贬谪文学创作的情感 [D]. 湘潭大学，2006.

[6] 李青. 唐宋词与楚辞 [D]. 苏州大学，2006.

[7] 李倩. 唐代楚辞评论与拟骚创作研究 [D]. 四川师范大学，2010.

[8] 李倩. 唐宋三峡诗 [D]. 广东师范大学，2010.

[9] 潘月. 唐宋八大家与襄阳考论 [D]. 广西师范学院，2011.

[10] 王生平. 中唐贬谪荆楚诗人诗歌主题探略 [D]. 新疆师范大学，2010.

[11] 肖献军. 唐洞庭湖诗与太湖诗比较研究 [D]. 湖南师范大学，2012.

[12] 肖献军. 唐岳州诗歌研究 [D]. 湖南师范大学，2009.

[13] 周建军. 民族文学视野下的竹枝词研究 [D]. 中央民族大学，2012.

[14] 张铁军. 挥毫当得江山助，不到潇湘岂有诗——试论湖湘文化对唐宋迁谪文学的影响 [D]. 湖南师范大学，2003.

[15] 张英. 唐宋贬谪词研究 [D]. 苏州大学，2009.

五、其他类

[1] （法）列维·布留尔. 原始思维 [M]. 北京：商务印书馆，1981.

[2] （日）青木正儿. 中国文学概说 [M]. 隋树森译，上海：开明书店，1947.

[3] （意大利）维柯. 新科学 [M]. 朱光潜译，北京：人民文学出版社，1986.